Petra Nadolny
Alles Neiße, Oder?

Petra Nadolny

Alles Neiße, Oder?

Meine Geschichten
aus dem Osten

Lübbe Paperback

Dieser Titel ist auch als E-Book erschienen.

Lübbe Paperback in der Bastei Lübbe GmbH & Co. KG

Originalausgabe

Copyright © 2011 by Bastei Lübbe GmbH & Co. KG, Köln

Textredaktion: Birte Meyer, Berlin
Umschlaggestaltung und Illustrationen: Gisela Kullowatz
Autorenfoto: Uli Grohs
Mit Dank für die freundliche Genehmigung des Abdrucks der Fotos im Innenteil:
Seite 179 © Thomas Fiebig; Seite 194 © Gerhard Koch, Fotohaus Gerhard Koch,
Rostock; Seite 264 © Jürgen Hartwig; alle anderen Fotos © privat
Satz: Helmut Schaffer, Hofheim
Gesetzt aus der Adobe Caslon Pro
Druck und Einband: GGP Media GmbH, Pößneck

Printed in Germany
ISBN 978-3-7857-6054-3

5   4   3   2   1

Sie finden uns im Internet unter: www.luebbe.de
Bitte beachten Sie auch: www.lesejury.de

INHALT

7	Es war einmal ein Land, das »Drüben« hieß
15	Schwein gehabt
23	Der Hahn ist tot
32	Bessere Zeiten
38	Ente sei Dank
49	Den oder keinen
61	Von einfachen Wahrheiten
72	Heiliger Bimbam – offiziell erwachsen
89	Regeln, die die Welt nicht braucht
95	Meine abgeschottete Welt
111	Ich bin so frei
123	Der mit dem Grill tanzt
140	Aktion Bummiflocke
151	Das Rote Kloster
165	Betteln und Hausieren verboten
183	Zur Feier des Tages kein Schnitzel
197	Bis zum Schwarzen Meer und zurück
214	Die Entscheidung
229	Großes Theater in der Republik
240	Tschüss DDR
257	Golden Eagle im Westen
265	Nachwort
271	Danke

ES WAR EINMAL EIN LAND, DAS »DRÜBEN« HIESS
Ein Prolog

 Viel länger noch als dem Fernsehen bin ich einem Theater treu, das sich auf die Aufführung von Märchen spezialisiert hat. Als wir es Mitte der Achtzigerjahre gründeten, lebte ich noch drüben. In Leipzig, in der DDR. Drüben, das wurde mir später bewusst, war eigentlich beides: Man meinte damit immer die andere Seite Deutschlands, die nämlich, wo man nicht war. Wenn der Leipziger sagte: »Ich geh nach drüben« oder besser »Isch moach nübbor«, wollte er in den verheißungsvoll gelobten Westen. Und wenn der Kölner den guten Kaffee ins Paket legte, tat er das für die Verwandten im Osten, denn: »Die da drüben haben ja nix.«

Heute gibt es »Drüben« nicht mehr. Die Mauer ist weg. Wenn ich durch Berlin laufe, fällt es mir schwer, ihren Verlauf genau nachzuvollziehen. Allenfalls anhand der Pflastersteine, die ihn dezent markieren.

Ich war eine der knapp siebzehn Millionen zwischen der Mauer und den beiden Grenzflüssen zu Polen. Alles Neiße, Oder? Nein, es war dort weder alles »nice« noch alles scheiße, aber anders und ganz bestimmt sehr verschieden. Ich war achtundzwanzig, also genauso alt wie der sogenannte antifaschistische Schutzwall noch werden sollte, als ich dieses Land mit einem genehmigten Ausreiseantrag verließ – ein Jahr vor der Wende. Zu dieser Zeit dachte ich, hier wird sich nie etwas ändern, in diesem sonderbaren Staat. Vieles war so abstrus und kommt mir mit den Jahren immer unwirklicher vor. Vor allem manche Strukturen der DDR-Diktatur. Wenn das, was in den vierzig Jahren passierte, nicht so erschreckend real gewesen wäre, könnte man fast glauben, es sei ein Märchen gewesen. Daher möchte ich – bevor ich meine eigene Geschichte beginne – erst von einem Land aus längst vergangener Zeit erzählen:

Es war einmal ein »real existierendes sozialistisches« Wunderland, aus dem es nur Schönes zu vermelden gab. Dafür sorgte ein König. Der war nicht sehr groß von Wuchs, eher etwas mickrig und dünn. Das galt auch für seine Stimme. Bei seinen energischen Reden überschlug sie sich oft und brach dann mitten im Wort ab, sodass er das Ende vernuschelte. Damit ihn das Volk trotzdem ernst nahm, beauftragte er seine Lakaien, in jede öffentliche Stube ein Bild von ihm zu hängen, auf dem er durch seine Brille sehr streng auf den Betrachter herabsah. Anstatt einer Krone und eines Zepters trug er ein ovales Abzeichen mit roter Fahne und Händedruck an seiner linken Brust. Das war das Symbol seiner Partei, zu deren Anführer er sich Jahr für Jahr einstimmig wählen ließ.

Die Partei verlieh ihm viel Macht, denn sie hatte sich alle guten Geschichten für eine bessere Welt auf ihre Fahnen geschrieben. Aber was davon übrig blieb, waren nur Parolen wie »Vorwärts zum Sieg des Sozialismus!« oder »Alles zum Wohle des Volkes!«, die als Spruchbänder über Ruinen und abgeblätterten Fassaden hingen.

Beim Volk kam das nicht besonders gut an. »Was soll das? So verliert ihr jeden Bezug zum Leben«, fürchtete es.

»Macht nix!«, sagte die Partei. Sie behauptete fortan einfach, dass sie immer recht habe, und ließ ein Lied komponieren, das vom königlichen Hofstaat gerne gesungen wurde und dessen Refrain ein richtiger Ohrwurm war: »Die Partei, die Partei, die hat immer recht, und Genossen, es bleibe dabei ...« [1]

Diese Sturheit und Rechthaberei bescherte den Menschen im Wunderland viel Unrecht. Nur durften sie darüber nicht sprechen. Zur Kontrolle hatte der König eine Garde von Kobolden ausgesetzt, die überall lauerten und mit ihren Riesenlauschern selbst durch

---

1 Das Lied »Die Partei« stammt von dem überzeugten Kommunisten und deutschsprachigen Tschechoslowaken Louis Fürnberg.

Wände und Leitungen hindurch alles hörten. Die Kobolde verpetzten dann diejenigen, die anders dachten und dies sogar laut zu tun wagten. Ihnen drohten harte Strafen.

Manche hatten auf all das keine Lust mehr und packten ihre Siebensachen. Da wurden König und Kobolde böse und bauten über Nacht eine Mauer um das Land. Die galt als unüberwindbar, denn sie hatte nicht nur Dornen, sondern wurde auch durch Minen, Selbstschussanlagen und Wachen mit Schießbefehl gesichert. Das Volk war entsetzt. Doch der König, ein gerissenes Kerlchen, erklärte, dies sei keine Mauer – denn »niemand hat die Absicht, eine Mauer zu errichten!«[2] –, sondern ein »antifaschistischer Schutzwall«, der seine Menschen vor bösen Feinden schützen werde.

Feinde? Nein, die konnte das Volk nicht gebrauchen. Es hatte einen furchtbaren Krieg hinter sich und musste zusehen, dass es satt wurde und wieder ein ordentliches Dach über den Kopf bekam. Deshalb begannen viele daran zu glauben, dass alles in Ordnung war, und machten es sich lieber in ihrer Datsche gemütlich und schenkten sich noch ein Glas Rotkäppchensekt ein, anstatt weiter zu grübeln.

Damit keiner mehr eine dumme Frage stellte, ließ der König den Menschen eine Schere in den Kopf pflanzen. Das tat nicht weh, es passierte still und leise, ohne OP-Termin. Flupp, war sie drin. In der Regel geschah dies schon im Kindergarten in den Tagen vor dem 1. Mai. Die Kleinen übermannte dann plötzlich wilder Eifer, Mainelken aus rotem Krepppapier zu basteln, mit denen sie den Staatsoberen auf der Bühne zuwinken durften, während sie zu Trommel und Fanfare freudig vorbeimarschierten. Später, in der Schule, wollten sie unbedingt »Junger Pionier« werden, »fröhlich sein und singen, stolz das blaue Halstuch tragen«.[3] Sie sammelten Gläser, Flaschen und Altpapier für den Weltfrieden, während sich der König im Kalten Krieg mit den Nachbarstaaten austobte.

---

2 Walter Ulbricht am 15. Juni 1961 auf einer internationalen Pressekonferenz, zwei Monate vor dem Bau der Mauer.
3 Erste Zeile vom »Pionierlied«.

In seinem Reich glaubte er jetzt alles im Griff zu haben. Die Kobolde waren sehr fleißig, kontrollierten und krochen selbst in die kleinsten Schlupfwinkel hinein. Sie wählten sogar die Filme für ihre Untertanen aus, und auch die Musik. Gegen »gepflegte Beatmusik«[4] hatte der König nichts, aber es gab einige Bands, die ihm zu viel von Freiheit und dergleichem sangen.

Seine einzige Schwäche war seine Kritikallergie. Deshalb durften nur Berichte über Verschönerung, Vergrößerung oder Verbesserung an die Öffentlichkeit. Er liebte die Worte mit einem »ung« am Ende so sehr, dass er sie in seinen Reden geradezu hinunterschluckte. Das wirkliche Leben interessierte den König nicht, und so engagierte er viele Märchenerzähler, die nur frohe Botschaften mit vielen »ungs« verkündeten.

Mit der Zeit aber begann sich der Wind, der durch das Wunderland wehte, zu drehen. Er kam mehr und mehr aus dem Westen und brachte Wellen mit, die über den ungeteilten Himmel in die Fernseh- und Radiogeräte der Arbeiter und Bauern flimmerten. Darin erfuhren die Menschen mehr über sich, als sie geahnt hatten, und sie fingen an, sich über die frohen Botschaften aus den eigenen Medien lustig zu machen. Aber nach außen hin machten fast alle weiter mit. Und darüber machten sich dann wieder fast alle lustig. So hatten die Untertanen eine Menge zu lachen. Manchmal, wenn sie nicht guter Dinge waren, übermannte sie auch die Wut.

Den Kobolden mit den großen Ohren blieb dies nicht verborgen. Sie wussten um die Kraft des Humors, und so liefen sie zum König, um Bericht zu erstatten.

Der aber hatte seinen eigenen Humor und reimte: »Den Sozialismus in seinem Lauf hält weder Ochs noch Esel auf!«[5]

»Ja, ja, natürlich Majestät, natürlich«, nickten die Kobolde, »wir wollten es nur mal gesagt haben.«

»Wenn es unbedingt sein muss«, antwortete der König, »dann bauen wir eben eine Mauer, also ich meine einen Schutzwall, der bis in den Himmel reicht!«

---

4 Ansprache von Erich Honecker, gesendet im Jugendfunk DT 64.
5 Erich Honecker kurz vor dem Zusammenbruch der DDR.

»Äh ... gute Idee, Majestät, gute Idee. Nur ... äh ... das geht leider nicht.«

»Wiewiewiewieso?« Die Stimme des Königs überschlug sich. Er wurde puterrot im Gesicht. »Alles geht im Sozialismus!«

»Richtig Majestät, richtig! Aber eine höhere Mauer ... äh Schutzwall ... das geht nicht, weil ... wir haben Materialprobleme. Der Zement ist alle.«

»Ärch!« Der König verdrehte die Augen und japste nach Luft, denn mit Problemen konnte er nichts anfangen. »Dann müssen wir den Kapitalismus eben überholen, ohne ihn einzuholen!«, stieß er mit letzter Kraft hervor.

Der Hofstaat applaudierte. »Oh, Majestät! Majestät haben Ideen! Das wird der neue Parteitagsspruch!«

»Überholen ohne einzuholen!«[6] Das verstand wirklich niemand mehr. Landesweit mussten deshalb die Nähte für die Scheren in den Köpfen überprüft werden. Doch leider war das Nähgarn von keiner besonders guten Qualität. Wurde es überspannt, riss es, und die Schere fiel raus.

Diejenigen, denen das passierte, sahen plötzlich die Wahrheit glasklar vor sich: Sie lebten in einem Königreich, das mehr Schein als Sein war. Viele waren so schockiert, dass sie sich freiwillig den Kobolden stellten und sich aus dem Land jagen ließen. Einige schrieben Briefe an den König oder reisten in andere Königreiche, um von dort über die Grenze zu fliehen.

Die Kobolde rannten verstört zu ihrem Gebieter: »Majestät, Majestät, wir haben wieder ein Problem. Uns laufen die Leute davon! Was machen wir denn jetzt?«

»Probleme, Probleme! Könnt ihr euch nicht mal was anderes einfallen lassen!«, schimpfte er und spürte, wie seine Luft knapper wurde. »Ärch! Wenn das so weitergeht, werde ich euch alle entlassen!«

»Oh nein, Majestät, was soll denn dann aus uns werden, wir tun doch alles ...«

6 Mit der Parole wurde bereits 1957 von Ulbricht die Überlegenheit des Sozialismus propagiert.

»Ruhe!«, unterbrach der König ihr Gejammer. »Ich habe eine Idee.«

Die Kobolde atmeten auf: »Wir sind ganz Ohr.«

»Ich werde den König des Nachbarlandes, meinen besten Freund und großen Bruder, um Rat fragen.«

Gesagt, getan. Der große Bruder kam und brachte zwei Gastgeschenke mit. Das eine nannte er Glasnost und das andere Perestroika. Offenheit und Umbau.

Doch diese Worte hatte der alte König noch nie gehört, deshalb konnte er auch mit ihren Inhalten nichts anfangen. Er war so verwirrt, dass er nicht einmal mehr schimpfen konnte. Verbittert zog er sich in sein Märchenschloss zurück.

Die Menschen aber hörten davon. Ihnen gefielen diese Geschenke. Sie gingen auf die Straße und riefen zu Tausenden: »Wir brauchen Freiheit«, »Demokratie – jetzt oder nie!« und »Wir sind das Volk!«

Mit diesen Schlachtrufen verloren die Kobolde ihre Zauberkraft. »Wwwas wwird ddenn das jetzt?«, stotterten sie.

Das Volk nahm allen Mut zusammen, stürzte die Mauer um und zwang den greisen König, endlich die Herrschaft abzugeben.

Die Kobolde hätten sich gern in Luft aufgelöst. Oder wenigstens all die Schriftrollen, die sie mit den Geheimnissen der Untertanen vollgepinselt hatten. Da beides nicht möglich war, versuchten sich viele unbemerkt unter das Volk zu mischen. Ihr Anführer versuchte sich zu retten, indem er stammelte: »Ich liebe ... ich liebe doch alle ... alle Menschen ... na, ich liebe doch ... ich setzte mich doch dafür ein.«[7]

Darüber mussten selbst einige Kobolde lachen.

Von einem auf den anderen Tag gab es das Wunderland nicht mehr. Die Menschen bekamen, was sie wollten: Freiheit, Demokratie und RTL. Und wenn sie nicht gestorben sind, dann wundern sie sich noch heute ...

---

7 Erich Mielke, Minister für Staatssicherheit, am 13. November 1989 vor der DDR-Volkskammer.

Märchen erzählen gehörte dazu. Weil die Bühnendeko immer ähnlich originell aussah, ist der Anlass hier nur noch schwer zu rekonstruieren. Das Selbstgestrickte passt in die Herbst/Winter-Saison, deshalb tippe ich auf den Tag der Republik, das Erntedankfest oder die Jahresendfeier, zu Deutsch: Weihnachten.

Das ist natürlich nur ein Märchen. Aber es kommt der Wahrheit schon ziemlich nahe. In diesem Buch erzähle ich Ihnen, wie es für mich wirklich gewesen ist: vom ganz normalen Alltag, von schrägen, lustigen und manchmal auch erschreckenden Erlebnissen, aber vor allem von den Menschen, die mir dort begegnet sind. Es sind meine Geschichten aus dem Osten.

SCHWEIN GEHABT

Die DDR war natürlich kein Märchenland, sondern ziemlich real, und jeder, der dort gelebt hat, kann seine eigene Geschichte erzählen. Meine begann zu der Zeit, als Walter Ulbricht und Erich Honecker schon heimlich von der Mauer träumten und die ersten fabrikneuen Autos der Marke Trabant P50 über die holprigen Straßen tuckerten. Die VEB Chemiefaserkombinate hatten eine Kunstfaser entwickelt, die sie in Anlehnung an den Namen ihres Standortes Dederon tauften, und die dafür sorgte, dass seitdem alle weiblichen Erwachsenen meiner Umgebung in geblümten Kittelschürzen steckten.

Meine Familie mütterlicherseits hatte sich nach der Flucht aus Ostpreußen im östlichen Mecklenburg-Vorpommern angesiedelt und versuchte in der kleinen Gemeinde Plötz heimisch zu werden. Opa hatte sich von seinem Nachbarn Theo gerade einen ausgedienten Pflugkarren besorgt. Und Oma war stolz, dass ihre Älteste so einen ordentlichen Abschluss als Lebensmittel-Fachverkäuferin hingelegt hatte und damit eine gesicherte Anstellung im Dorfkonsum antreten konnte. Doch schon bald interessierte sich ihre Tochter nicht nur für Wurstaufschnitt und das Einräumen von Mehl und Zucker ins Verkaufsregal, sondern auch für einen jungen Mann aus dem Nachbarort, der sie beim Tanzen im Dorfgasthof wild über das Parkett gewirbelt hatte.

Die beiden waren sich ihrer Liebe schnell sicher, gaben sich nach kurzer Zeit das Jawort und zogen zu Oma und Opa ins Stübchen unter dem Dach.

Meine Mutter trug zu dieser Zeit am liebsten knielange Kleider mit Glockenrock, die Taille betont dünn und die

Haare hochgesteckt wie Audrey Hepburn – nur blond. Mein Vater frisierte sich eine Haartolle wie der King of Rock 'n' Roll, hatte aber im Unterschied zu diesem, wie meine Mutter, helles Haar.

Eines Morgens beim gemeinsamen Frühstück in der bäuerlichen Wohnküche fiel meinem Opa etwas auf.

»Willst du mit dem Bauch die Tischplatte wegschieben, oder was wird das jetzt?«, fragte er seine Tochter und beäugte kritisch ihre anwachsende Körpermitte. Alle grinsten.

»Franzchen, Franzchen.« Oma schüttelte leicht den Kopf.

»Ach so, stimmt, bald noch ein Esser mehr!«, sagte er und lachte. Ich war, wie man so schön sagt, unterwegs.

Kurz vor meiner Geburt hatte die Familie dann die Idee, eines der im Sommer ausgiebig mit Kartoffeln und Schrot gemästeten Schweine zu schlachten. So ein Schlachtfest auf dem Land ist ein Gelage, bei dem alles, was Beine hat und auch nur im entferntesten Sinne dazugehört, dabei ist. Dabei sein muss, denn solche gemeinsamen Aktionen sind aufregender als Weihnachten und Ostern zusammen. Man hat etwas zu tun, und trotzdem ist es ein Fest.

»Wir schlachten!«, rief mein Opa über den Hof, um auch den Nachbarn Bescheid zu geben. »Wochenende!« Auf unnötige Satzteile verzichtet der männliche Norddeutsche gern.

Diese Information reichte aus, damit sich die Sippe, Freunde und Bekannte an einem grauen Sonntagmorgen bei uns zusammenfanden. Zum einen in Erwartung auf das, was sich an Fleisch und Wurst alles mit nach Hause schleppen ließ, und zum anderen neugierig auf das, was meine Mutter seit gut neun Monaten mit sich herumschleppte.

»Is ja schon über«, sagte Omas Schwester Liesel zu meiner Mutter und beäugte deren Bauch ganz genau. Sie hatte recht: Seit ein paar Tagen hätte ich da sein müssen und als Stimmungskanone das Schlachtfest aufmischen sollen. So war es geplant. Ich machte es aber weiterhin spannend. Zur Frage, ob es ein Peter oder eine Petra werden würde, schloss man sogar Wetten ab.

»Aus Langeweile«, spielte Tante Liesel diesen Umstand in späteren Erzählungen herunter. Klar, sie hatte die Wette ja auch verloren.

Die ersten Strampler und Jäckchen warteten in neutralem Weiß in dem bereits seit Tagen gepackten Koffer. Ich genoss noch ein bisschen die Wärme im Bauch meiner Mutter, denn draußen sollte es jetzt kalt werden. Der Frost war bereits im Anmarsch, und den Schnee konnte mein Vater angeblich »schon riechen«.

Zum Schlachten hatte mein Opa den Eber Bruno ausgewählt. Bruno war das rosigste und fetteste unter den acht Schweinen aus dem Stall.

Mein Opa, mit seinen dunklen Brauen und Haaren und der sonnengegerbten Haut, glich vom Typ eher einem Andalusier als einem Ostpreußen. Er hatte ein ausgeprägtes ästhetisches Empfinden und klopfte Bruno auf den prallen Arsch. »Jo, du bist der Schönste, ne! Du kommst uf'n Tisch!«

So wurde Bruno zu Wochenbeginn schon mal in einen kleinen Verschlag zum Fasten verbannt. Nicht wegen des In-sich-Gehens und Abschiednehmens, sondern schlicht zur Darmentleerung. Wurst im Naturdarm, noch dazu in dem des Schweins, das ist schließlich eine Delikatesse!

Mein Vater, Opa, Onkel Herbert und Nachbar Theo stießen in der Küche gut gelaunt mit ein paar Gläsern »selbst Aufgesetztem« an, bevor sie Bruno mit einigen Streicheleinheiten, aber bis an die Zähne bewaffnet mit Jagdgewehrkolben, Strick und Messer zum Schafott in den Vorgarten führten.

»Dat is nix für Frauen«, sagte Onkel Herbert und ließ die Haustür hinter sich zuknallen, damit sie ihre Ruhe hatten. Es reichte, wenn das Tier quiekte, da wollten sie nicht noch hören, wie das Weibsvolk die Schnapsrunden mitzählte.

Während die Männer Brunos Todesstoß fachgerecht vorbereiteten, waren meine weiblichen Verwandten mit ihrer Zwangsevakuierung in die warme Küche mehr als zufrieden. Sie schoben noch ein paar Holzscheite in den gusseisernen Ofen, genehmigten sich ein Likörchen und schwatzten über Gott und die Welt. Norddeutsche Frauen sind keinesfalls so wortkarg wie ihre Männer, vor allem dann nicht, wenn sie unter sich sind. Nebenbei holten sie Schüsseln, Töpfe und Gläser aus den Schränken, stellten den Fleischwolf auf und legten Messer, Gabeln, Löffel und Tüten voller Gewürze bereit: Majoran, Thymian, Lorbeer, Piment und Nelken würden bald ihr volles Aroma im Haus entfalten.

Plötzlich drang Brunos Quieken durch die geschlossenen Fenster und Türen, durch Holz und Stein und Mark und Bein und direkt an meine zwar noch im Fruchtwasser befindlichen, aber anscheinend bereits funktionstüchtigen Ohren, sodass ich aufschreckte und einen Salto schlug, was meine Mutter eine tausendstel Sekunde später zu einem Schrei veranlasste.

»Kindchen, geht's los?«, fragte Oma besorgt. »Aber doch nicht jetzt!«

Tante Liesel wollte sogleich auf das bevorstehende Ereignis anstoßen. Sie goss nach. »Sach ich doch! Dat Kind kommt heute noch. Dat hab ich im Urin. Darauf Prost!«

»Nein, nein, das kommt nur vom Bücken«, sagte meine Mutter, die sich das Schlachtfest auf keinen Fall entgehen lassen wollte, und biss die Zähne zusammen.

Am Nachmittag zerlegte sie mit den anderen Frauen rosa Koteletts, half Bratenstücke zu portionieren, drehte saftiges Fleisch durch den Wolf, formte Hack, säuberte den Darm, um Fleisch, Blut und Leber hineinzupressen. Kurzum, es wurde alles, aber auch wirklich alles, was an so einem Schwein dran ist, in Wurst und Fleischportionen verwandelt, in Gläser gequetscht, gekocht, gebraten oder geliert. Der Winter konnte kommen. Und ich auch.

Es qualmte aus gusseisernen Töpfen und Pfannen, die Frauen schwitzten, und die Fenster waren mit Dunst beschlagen. Es roch im ganzen Haus nach Fleisch und scharfem Gewürz.

»Wenn es dat abkann«, sagte Tante Liesel und meinte mich, »wird's garantiert ein Junge.«

Von wegen!

Bruno war fast vollständig verarbeitet. Schweineblut tropfte auf den Fußboden und schlängelte sich als kleiner roter Bach am Tischbein vorbei, streifte den Haufen mit den Knochen und abrasierten Borsten, um sich in Richtung Schrank zu bewegen. Dazwischen hatten sich schmutzige Pfützen aus getautem Schnee angesammelt, den die Männer mit ihren Stiefeln hereinbrachten.

»Schön«, sagte meine Mutter und sah sich um. »Ich mach noch sauber, dann ist das Gröbste geschafft.« Sie holte einen Eimer Wasser und einen Feudel, kniete sich, so gut es ging, hin und besah sich den Schlamassel. Dann wurde sie auf einmal blass.

»Nee!«, rief sie und stöhnte auf.

»Wie nee?«, fragte Oma.

Ein Blick genügte, um zu verstehen, dass ihre Tochter, der bereits Schweißperlen auf der Stirn standen, nach der Arbeit doch nicht mitfeiern würde. Ich hatte genug. Ich wollte raus. Dieser Sauerei beizuwohnen schien mir so unmittelbar vor dem Start ins wirkliche Leben nicht angemessen.

Draußen begann es zu schneien. Dunkel war es auch schon. Wie sollten wir jetzt in die benachbarte Stadt kommen, wo das Krankenhaus war? Meinem Vater war klar, dass er die Sache in die Hand nehmen musste. Er rannte zu Familie Heiner, die die Poststelle verwaltete und damit auch das einzige Telefon im Dorf besaß. Es stand auf ihrer Eichen-Anrichte im Wohnzimmer, und mit dem Abheben des Hörers drückte Frau Heiner auf die große Stoppuhr. *Fasse dich kurz!*, stand auf dem grünen Gehäuse. Doch mein Vater brauchte einige Zeit, um den

Taxifahrer zu überreden, seine hochschwangere Frau abzuholen. Dieser hatte bereits Feierabend gemacht und wollte bei dem schlechten Wetter nicht mehr raus. So bot meine Geburt den Anlass für das erste Tauschgeschäft meines Vaters: Ein Filet aus Brunos Hüfte beflügelte die Motivation des Chauffeurs. Ich habe es also einem Schwein zu verdanken, dass ich nicht in der Küche zur Welt kam!

In einem russischen Wolga wurden wir wenig später acht Kilometer über eine abenteuerliche Pflastersteinstraße mit vielen Schlaglöchern bis zur Poliklinik geschaukelt. Ich ließ meine Mutter noch ein wenig entspannen, um mich dann pünktlich zu Werktagsbeginn ins Licht zu drängen.

Draußen schneite es weiter. Unaufhörlich. Ganz Mecklenburg versank unter meterhohen Schneewehen. Ein Durchkommen wäre nun nicht mehr möglich gewesen.

Glück gehabt! Es war mir gelungen, unter Leuchtstoffröhren und der ordnungsgemäßen Beobachtung einer staatlich-sozialistisch ausgebildeten Hebamme auf dem frisch gestärkten Leinen einer Poliklinik ins Leben zu starten. Der Prachtbau war angemessen, fand ich – immerhin die schönste Villa im Ort, die enteignet worden war, um als Klinik genutzt zu werden.

Mit Jarmen als meinem Geburtsort war vorbestimmt, dass ich nicht im Wirtschaftswunderland, sondern nur im Wunderland groß werden würde, mit Ulbricht, Stoph und Honecker statt mit Adenauer, Schmidt und Kohl. Ich würde nicht mit *Heidi*, *Wickie* oder *Sindbad* aufwachsen, sondern mit *Pittiplatsch*, *Schnatterinchen* und *Professor Flimmrich*. Statt den ersten Joint zu rauchen, würde ich so tun, als drehte ich an meinem Klassenbewusstsein – auch was zum Verblöden. Ich würde Russisch lernen statt Englisch. Wisent-Jeans tragen und keine Levi's. Im Trabant über Land fahren statt mit dem Golf durch die Welt. Nackt über den Ostseestrand laufen statt zur Überbevölkerung auf den Mittelmeerinseln beizutragen. Von der Aufrüstung

20

des Warschauer Paktes mit SS-20-Raketen aus der *Aktuellen Kamera* erfahren, statt auf die Straße gehen zu können wie ein paar Hundert Kilometer weiter westlich die Demonstranten, die mit Sprüchen wie »Hopp, hopp, hopp – Atomraketen stopp!« gegen Pershing II aufbegehrten. Ich würde viertel zehn sagen und Viertel nach neun meinen.

Um mal was vorwegzunehmen: Mir ist nicht, wie manch anderem in diesem Unrechtsstaat, Erschütterndes passiert. Da habe ich Schwein gehabt.

Übrigens auch mit meiner Familie. Die kann man sich bekanntlich nicht aussuchen.

Ich bin eine im Zeichen des Schweins Geborene! In jeder Hinsicht. Nur das mit dem Horoskop war mir damals noch nicht klar, denn astrologische Bestimmungen spielten in Ostdeutschland keine Rolle, nicht mal chinesische.

Unverkäufliche Matrjoschkapuppe im Jahr 1960 auf einer Wiese in Mecklenburg-Vorpommern. Um zum Kern zu kommen, musste ich erst einmal sämtliche Schalen abwerfen. Und das dauerte eine Weile.

DER HAHN IST TOT

 Obwohl meine Eltern recht bald ihren eigenen Hausstand im Nachbardorf gründeten, verbrachte ich als Kind viel Zeit auf dem kleinen Bauernhof meiner Großeltern, den sie im Nebenerwerb bewirtschafteten.

Zum Kindergarten liefen Oma und ich nur ein paar hundert Meter durch den ehemaligen Gutspark, und um später zur Grundschule zu gelangen, würde ich gerade mal ein Stück weiter zum ehemaligen Schloss gehen müssen.

Vom Kindergarten holte meine Oma mich mittags wieder ab, denn bei meinen Großeltern fand die Nachmittagsbetreuung statt. Das war sehr praktisch für meine Mutter, so konnte sie wieder ihrer Arbeit im Konsum nachgehen.

Das Grundstück meiner Großeltern war umsäumt von Pappeln zur einen und einer genossenschaftlichen Wiese zur anderen Seite. Im Süden grenzte ein sandiger Weg, der wegen seiner ungewöhnlich tiefen Schlaglöcher zumeist nicht mal von Traktoren befahren wurde, und im Norden gab es einen Zaun, durch dessen Pforte man in den ehemaligen Schlosspark des Gutsherrn gelangte. Das Haus meiner Großeltern stand am südlichen Weg. Als kleines Kind musste ich viel Kraft aufwenden, um das Törchen aufzustemmen, das Opa in den hölzernen Zaun gebaut hatte, dann öffnete es sich knarzend und man betrat einen sandigen Pfad, der sich durch den von Oma angelegten Vorgarten schlängelte, vorbei an Rosensträuchern, an die sich Kletterrosen anschlossen, die mit ihren roten und weißen Blüten die Hausfassade berankten.

»Hat denn Prinzessin von und zu schon gegessen?«, begrüßte mich Opa, als er einmal mittags von der Arbeit kam und mich mit Muttis Hochzeitsschleier und einer gebastelten Pappkrone durch den Garten springen sah.

»Prinzessin aus *Das singende, klingende Bäumchen*«, verbesserte ich ihn.

So hieß der Märchenfilm der DEFA, den ich vor dem letzten Weihnachtsfest auf unserem neuen Schwarz-Weiß-Fernseher der Marke Rafena gesehen hatte. Nun setzte ich die Geschichte selbst in Szene und ließ dafür das bäuerliche Anwesen als Königshof lebendig werden.

Dabei war das Heim von Oma und Opa ein kleines, nach dem Krieg erbautes Steinhaus, das man in Mecklenburg allerorten sieht und heute für 'n Appel und 'n Ei kaufen kann. Eine typische Dorfkate, die meine Großeltern Ende der Fünfzigerjahre übernehmen durften, weil die ehemaligen Besitzer in den Westen geflohen waren. Durch Omas Sinn fürs Florale wirkte es wie herausgeputzt, sodass es für mich ohne Weiteres als Schloss durchging. Es hatte einen angebauten Stall und mehrere kleine Holzverschläge, die den Hof bildeten, auf dem es kreuchte und fleuchte. Hinter den Ställen lagen die Nutzgärten für Obst und Gemüse, in denen meine Großeltern oft bis in die Dunkelheit hinein schufteten, damit uns ihre Erträge über das Jahr hindurch versorgten.

»Von nix kommt nix!«, war Opas Devise, wenn er sich nach der täglichen Arbeit in der landwirtschaftlichen Genossenschaft auf dem eigenen Hof mit Hacke und Spaten ans Werk machte.

»Warum musst du denn immer so viel arbeiten, Opa?«, fragte ich ihn. Schließlich hätte ich viel lieber mit ihm gespielt.

»Damit was auf den Tisch kommt!«, sagte er und strich mir über den Kopf.

Das schien mir eine einleuchtende Erklärung zu sein, und ich schob ab. Auch bei Oma konnte ich beobachten, dass sie den ganzen Tag damit beschäftigt war, den runden Tisch in der Küche einzudecken, aufzutischen und abzuräumen, ein ständiger Essenskreislauf.

Oma war genauso rund wie der Tisch. Die Einzige aus unserer Familie, der man die Liebe zum Essen ansah. Ich mochte das. Alles war weich, zum Ankuscheln. »Essen hält Leib und Seele zusammen!«, sagte sie. »Und die Familie.«

Wie ein Magnet zog sie die gesamte Verwandtschaft an, sodass die sechs Stühle um den runden Tisch fast immer besetzt waren. Wurden es noch mehr, konnte man ihn ausziehen.

Gelegentlich schauten Tante Liesel und Onkel Herbert unverhofft vorbei, dann gab es Omas Spezialgericht: Schnitzel und Ei aus der Pfanne. Das ging schnell und schmeckte immer.

»Iss noch was!«, sagte sie aufmunternd zu ihrem Schwager Herbert. Den Spruch kannte ich schon. Das war ihre ständige Aufforderung bei Tisch. Es schien, als sollte damit die Erinnerung an den erlittenen Hunger zu Kriegszeiten, von dem sie oft sprach, endlich getilgt werden.

Onkel Herbert hatte bereits zwei Schnitzel verdrückt, die so groß wie seine Schuhsohlen waren. »Lass man!«, sagte er und rieb sich den prallen Bauch.

Oma sah ihn besorgt an. »Davon kannst du doch nicht satt sein, Herbert! Nimm noch was!« Und bevor er einen Ton sagen konnte, lag das nächste Stück Fleisch auf seinem Teller.

Ich stützte den Kopf in die Hände und überlegte, wie viele Schnitzel er essen musste, bevor sie aufhören würde, ihm nachzulegen. Fünf? Niemals. Erst wenn die Servierplatte leer war, würde sie wahrscheinlich zaghaft fragen: »Und Herbert, bist du auch satt geworden? Sonst nimm doch noch ein paar von den Keksen! Sind mit guter Butter gebacken.«

Ob es eigentlich auch schlechte Butter gibt?, grübelte ich und machte mir Gedanken über Onkel Herberts Magen. Würde der nicht platzen, wenn er immerzu nachgelegt bekam? Ich selbst nahm mal wieder sehr wenig vom Teller.

»Ein schlechter Esser«, sagte Oma über mich.

Mir leuchtete nicht ein, warum man die Tiere zuerst aufpäppelte und liebevoll umsorgte, sie dann aber aufaß. Oma tätschelte meinen Kopf und wollte mir nachlegen. Doch mir kam beim Anblick des Schnitzels plötzlich ein furchtbarer Gedanke.
»Werd ich jetzt auch geschlachtet?«, rutschte es mir heraus.
»Kind, wie kommst du denn darauf?« Oma war entsetzt.
»Die wird ma nich dumm!«, sagte Opa und begann lachend zu singen: »Ich hab dich zum Fressen gern ...«

Unsere Hauptgerichte wohnten gleich nebenan: vier Kühe, acht Schweine, ein paar Schafe, hundert Hühner, Gänse, Enten, Kaninchen, dazu ein Pferd, ein Hund und zwei Katzen. Diese bunte Mischung hatten wir der sogenannten Kollektivierung der Landwirtschaft zu verdanken, zu der alle Bauern mehr oder weniger gezwungen wurden. Ursprünglich hatte Opa vorgehabt, sein vom neuen Staat zugewiesenes Land mit Rüben zu bewirtschaften und eine Schweinezucht aufzubauen. Doch zu einem sozialistischen Staat passten keine selbstständigen Bauern, wie man bald feststellte, und deshalb holte sich Vater Staat das zugeteilte Land nach ein paar Jahren wieder zurück. Stattdessen versprach man sich Fortschritt durch die Landwirtschaftlichen Produktionsgenossenschaften – kurz LPG: große Anbauflächen, große Mastanlagen, große Ernte. In diesem Gefüge hätten die Bauern nur gestört.
Da Oma und Opa als Flüchtlinge aus Ostpreußen erst kurz zuvor sesshaft geworden waren, stürzte sie diese Staatsentscheidung nicht in eine Krise. Das war bei den einheimischen Bauern anders, die damit ihren über Jahrzehnte, manchmal sogar schon von ihren Vorfahren bestellten Besitz verloren. Bauer Matuschek aus dem Nachbardorf, der sich deswegen mit der Staatsmacht angelegt hatte, wurde eines Morgens von seiner Frau am Birnbaum erhängt aufgefunden. Und Familie Lange, die kurz vor dem Ortsausgang gewohnt hatte, war wie so viele von heute auf morgen nicht mehr auf ihrem Hof anzutreffen.

Unsere Hühner, Marke Bio-Freiland. Meine Oma beteuerte immer, dass jeder etwas Einzigartiges vollbringen kann. Als Kind wollte ich herausfinden, ob das auch für diese gemeinhin selten als hochbegabt geltende Tierart zutrifft. Ergebnis der Untersuchung: Sie hatte recht! Hühner sind fantastisch darin, einen entspannten Hocke-Tiefschlaf auf der Stange hinzulegen, ohne herunterzufallen. Wer denkt, das sei nichts Besonderes, sollte es erst einmal selbst versuchen!

»Ja, wo sind die wohl? Auch in den Westen!«, erzählte man sich fast ein bisschen neidisch, weil die meisten es sich nicht trauten, zu gehen und wieder neu anzufangen.

Wir blieben, und Opa und Oma bauten ihren kleinen Hof in Richtung Vielviecherei aus. Das machten nun alle so. Denn ein paar Tiere von jeder Sorte, sozusagen zur Selbstversorgung und als Zusatzlieferant für die Lebensmittelproduktion waren erlaubt.

»Schätzchen, etwas fehlt noch«, sagte Opa eines Tages zu meiner Oma und blickte nach oben.

»Och, nee!« Sie erinnerte sich sofort an seinen lang gehegten Traum von einer Taubenzucht. »Nee, mein Lieber, für so'n Pille-palle so viel Arbeit, und als Dank scheißen sie einem dann auf den Marmorkuchen!«

»Ich kümmere mich«, beteuerte er.

Bald schon flatterte und gurrte es über dem Hof. Die Tauben hielten sich aber brav damit zurück, den Marmorkuchen von Oma auf dem Terrassentisch zu verzieren. Sie landeten ja irgendwann alle selbst auf einem Teller. Vielleicht hatten sie deshalb Respekt und mieden diesen Essplatz im Freien.

So unkompliziert wie diese Vögel waren nicht alle Tiere. Am zickigsten zeigte sich Lotte, der Schimmel, den ich gern in mein Prinzessinnen-Spiel eingebaut hätte. Doch bei einem Reitversuch ging er mit mir durch, und ich plumpste auf die Wiese. Damit nicht genug, schlug er einmal mit seinen Hufen nach mir aus, als ich im Stall hinter ihm stand. Ich überlebte, weil Opa mich im rechten Augenblick zur Seite riss. Und was die Kühe anging: Melken klingt idyllischer, als es ist, weil so eine Kuh nicht immer Lust hat, still zu stehen, und wenn doch, dann haut sie dir gern mal den mit Kackbröseln verklebten Schwanz um die Ohren. Bis ein Eimer voll ist, kommt das nicht nur einmal vor.

Täglich musste Opa die Tiere mehrmals füttern und auf die Wiese führen. Im Stall stank es nach einer deftigen Mischung aus Pferdeäpfeln, Kuhfladen und Schweinekacke. Dieser beißende Geruch stach mir immer sofort in die Nase, wenn ich ihn betrat. Und das, obwohl Opa jeden Morgen vor Sonnenaufgang und abends vor dem Zubettgehen den ganzen Mist auf die Karre schaufelte und auf einem Haufen hinter dem großen Schuppen entsorgte. Wenn ich mal bei meinen Großeltern übernachtete und dann früh um halb sieben geweckt wurde und aus dem Küchenfenster schaute, sah ich den Mist in der Morgenluft dampfen. Dann wusste ich, die Welt ist in Ordnung. Opa würde gleich zur Tür hereinkommen, seine braune Cordjacke an den Haken hängen, die blaue Mütze darüberstülpen und mit mir Haferflockensuppe löffeln. Dazu aß er sein obligatorisches Brot mit Butter, gern auch mit Leberwurst und Schinken obendrauf, bevor er zu seiner eigentlichen Arbeit in die LPG ging und ich von Oma zum Kindergarten gebracht wurde.

Im Herbst schaufelte er die Gülle vom Haufen dann wieder auf unzählige Schubkarren und schob sie zum Düngen in den Gemüsegarten. Damit die Kartoffeln besser wuchsen und die Tiere fetter wurden.

Ein paar von den großgezogenen Schweinen und Kühen mussten sie jedes Jahr gegen ein ordentliches Entgelt an die LPG abliefern. Auch ein Nebenerwerbshof hatte je nach Bestand ein gewisses Soll zu erfüllen. Die frisch gemolkene Milch schüttete Opa täglich in Kannen aus Aluminium und stellte sie auf eine Rampe, damit der Milchmann sie abholen und zur Molkerei bringen konnte. Und die Eier schleppte Oma alle zwei Tage in Körben zum Eiermann. Man war froh über solche Zusatzlieferungen, da es sonst noch mehr Engpässe in der Versorgung gegeben hätte.

Geburt und Schlachtung unserer Tiere gehörten dazu. Doch zeitlebens hatten sie es gut auf unserem Hof. Es musste schon etwas Außergewöhnliches passieren, damit wir ein Tier mit Abscheu ins Jenseits beförderten. An eines, das ich gern loswerden wollte, erinnere ich mich besonders. Erich, der Hahn.

Erich hatten wir beim Kauf auf dem Markt besonders sorgfältig ausgewählt, weil er immerhin über hundert Hennen in Schach halten musste. Seine braunroten Federn wölbten sich prächtig und glänzend über seinem Hinterteil, und wenn er mit stolz gerecktem Kopf, auf dem ein glutroter Kamm thronte, über den Hof spazierte, warfen sich ihm die Hühner reihenweise zu Füßen.

»So muss das sein«, sagte Opa Franz und betrachtete den gefiederten Casanova bewundernd.

Oma stupste ihn an. »Das hättest du wohl gern, was!«

Er legte seinen Arm um ihre molligen Hüften: »Nee, du bist die Einzige für mich! Komm, lass uns Walzer tanzen!«

Oma schmunzelte, und ihre blauen Augen strahlten. Sie drehte mit ihm ein paar unbeholfene Runden auf dem Hühnerhof.

»Wenn uns einer sieht«, sagte sie und lachte.

»Ist doch wurscht!«

Mit meinen vier Jahren betrachtete ich Erich lieber aus sicherer Entfernung, denn sein blödes Getue war mir suspekt. Wenn ihn irgendetwas nervte, plusterte er sich auf und ging wie ein gefährlicher Irrer auf sein Opfer los. Selbst der Hofhund Bobby, eine krummbeinige Promenadenmischung, der sonst alle Tiere im Griff hatte, mochte den Hahn nicht und machte einen Bogen um ihn. Das ließ Erich noch eingebildeter werden.

Irgendwann muss dem Hahn seine Vormachtstellung auf dem Hof zu Kopf gestiegen sein. Ich war gerade dabei, auf dem Sandhaufen hinter dem Hühnerstall eine Burg zu vollenden, als er sich von hinten anschlich, mir auf den Kopf sprang, sich dort festkrallte und auf meinen Schädel einzuhacken begann.

Ich schrie so laut, dass Oma trotz verschlossener Fenster und Türen in der Küche das Kartoffelmesser fallen ließ und mir zu Hilfe eilte. Als sie mich erreichte, saß ich immer noch mit dem Hahn auf dem Kopf da. Der krähte jetzt mit mir um die Wette.

Mit einem Griff packte sie das Federvieh und befreite mich von ihm. Opa disponierte daraufhin sofort den Speiseplan um und gab Erich der Lächerlichkeit preis, indem er ihn kopflos auf dem Hof eine Runde drehen ließ. Dann landete das ehemals stolze Tier im Backofen.

Mit einem weißen Verband um den Kopf – der entfernt an den Kamm auf Erichs Kopf erinnerte – saß ich drei Stunden später mit Oma und Opa um den mit einem knusprig braunen Erich bestückten Küchentisch. Meine Oma schlug leicht mit der Gabel an den Tellerrand und stimmte ein Lied an. *»Der Hahn ist tot, der Hahn ist tot ... Er kann nicht mehr schrei'n, kokodi kokoda ...!«*

Lange habe ich geglaubt, dieser Kanon sei nur für mich erfunden worden.

BESSERE ZEITEN

Ein Essen ohne Fleisch war bei meinen Großeltern kein Essen. »Sind wir noch im Krieg?«, fragte Opa, wenn es mal Kartoffelpuffer und Apfelmus gab, und stand auf, um im Schrank nach Würstchen zu suchen.

Er war als Soldat im Krieg gewesen und musste nach dessen Ende noch für fast fünf Jahre in russischer Kriegsgefangenschaft ausharren. »Warst du auch beim Russen?«, war eine gängige Frage bei Tisch, sobald wir einen männlichen Gast hatten. Mir kam es vor, als ob alle erwachsenen Männer beim Russen gewesen waren, denn es schien, als ob diese Frage stets mit einem Nicken beantwortet wurde. Mit der Frage und der Antwort darauf war das Thema meist beendet, denn Omas Blick verdüsterte sich, sobald davon die Rede war.

»Lasst doch die ollen Kriegsgeschichten!«, sagte sie, und damit hatte es sich.

So ganz gelang es ihnen nicht, den Krieg zu vergessen, denn Oma hatte ihre zwei Brüder durch ihn verloren, und Opas kleiner Finger der rechten Hand und das halbe rechte Ohr waren irgendwo in Sibirien geblieben. Und Cousine Hanna hatte sich angeblich in Ostpreußen am Apfelbaum hinter dem Haus erhängt, als es hieß: »Die Russen kommen!«

»Ja, wer hat den Schietdreck angefangen?«, meinte Tante Liesel einmal. »Der Kriech macht doch alle zu Barbaren.«

Ich saß am Tisch und schnappte das auf. »Was sind Barbaren, Tante Liesel?«, fragte ich, denn dieses Wort kannte ich noch nicht.

»Nichts, du hast doch gehört, wat Oma gesacht hat: Über Kriech woll'n wir nich mehr sprechen.«

»Aber du hast es gerade gesagt«, beharrte ich.

»Wat?«

»Barbaren.«

»Dat können wir alle sein«, sagte Liesel.

»Ich auch?«

»Dat verstehst du noch nich, dat sacht man so.« Sie rückte den Stuhl beiseite und nahm ihren Teller, um ihn in die Spüle zu stellen.

»Zu was denn?«

»Na, zu so wat.« Meine Tante schüttelte missmutig den Kopf.

»Zu was?«

»Zu ungezogenen Kindern, die so viele Fragen stell'n. Und jetzt sei still und geh spiel'n!«

Ich ging noch in den Kindergarten, da kamen »die Russen« hierher und blieben. Sie waren ganz in der Nähe, nur zehn Kilometer entfernt, eine Armeeeinheit der Alliierten in Adolfs ehemaligen Baracken.

Die Soldaten taten Opa leid. »Die sind auch nur zwangsversetzt, die Armen!«, sagte er.

»Ja«, pflichtete Oma bei, »die wären sicher lieber bei ihren Familien zu Hause.«

Ab und an sahen wir die Militärkolonnen vorbeifahren. Dann war die Straße für eine Weile gesperrt. Sonst bekamen wir sie selten zu Gesicht. Nur zu staatlich verordneten Anlässen wie der Maidemonstration oder bei den Reden der Partei saß einer der russischen Offiziere neben dem Parteisekretär der Gemeinde und dem Bürgermeister auf den vorderen Plätzen der Festtribüne.

Mein Freund Svenni kam einmal mit großen Neuigkeiten in den Kindergarten: »Ich, ich hab den Panzer gesehen von den Russen. Der hat sooo eine große Kanone vorne. Sooo groß.« Er war begeistert und breitete seine Arme aus, um uns das Ausmaß der Sensation zu verdeutlichen.

»Das heißt nicht ›die Russen‹«, verbesserte ihn unsere Kindergärtnerin Tante Inge, »sondern ›Sowjetbürger‹.«

Svenni guckte ungläubig.

»Weil das Menschen sind aus der Sowjetunion«, erklärte sie weiter. »So heißt das Land jetzt. Merkt euch das mal! Die sorgen dafür, dass wieder Frieden ist. Und jetzt basteln wir für die Sowjetbürger Mainelken aus rotem Krepppapier.«

»Zum Verschenken?«, fragte ich begeistert, denn Basteln war mein Ding.

»Ja, die sind für den Kampftag der Arbeiter und Bauern«, erklärte Tante Inge. »Wenn ihr brav seid, darf unsere Gruppe mit auf die Demonstration, und ihr dürft dann jedem Genossen eine rote Nelke überreichen.«

Toll! Das klang ja aufregend!

Meine rote Nelke wurde so groß wie der Unterteller von Omas Kaffeepott. Zusammengehalten wurde sie von einem fingerdicken Draht aus Opas Karnickelstall, den ich grün anmalte. Schön! Am liebsten hätte ich sie selbst behalten.

Am ersten Mai durfte ich meine weißen Kniestrümpfe anziehen, den von Mutti gestrickten roten Glockenrock und eine weiße Bluse. Unsere Kindergartengruppe musste sich in Viererreihen aufstellen und im Takt der Fanfarenmusikgruppe, die den Demonstrationszug anführte, mitmarschieren. Das machte uns Spaß, das konnten wir gut. Tante Inge hatte nach Musik aus dem Radio mit uns geprobt. »Und: Links, zwo, drei, vier …«

Freudig schritten wir durch das Dorf bis vor das Gemeindehaus. Davor war eine Holztribüne aufgebaut, auf der viele grau gekleidete Männer saßen, denen wir unsere roten Nelken schenken sollten.

Doch das sah ich plötzlich nicht mehr ein. Für solche alten Herren hatte ich doch nicht stundenlang mit Papierschere, Kleber und Draht herumgefummelt.

Allergien kannten wir nicht, geschweige denn so etwas Ausgebufftes wie Laktose-Intoleranz. Zu einer gesunden Lebensführung gehörte eben auch, sich hin und wieder richtig im Dreck zu suhlen. Oh Mecklenburg, deine Pfützen ... äh, Seen.

»Hier wird nicht aus der Reihe getanzt!«, sagte Tante Inge und zog mich an der Hand mit. Ich hielt meine Nelke ganz fest.

Als wir vor der Tribüne standen, grabschten plötzlich zwei große, schwitzende Pranken nach mir und hoben mich auf einen Männerarm. Hier oben, neben einem roten Stern auf der Mütze und einer behaarten Nase, roch es nach Bier und Zigaretten. Der Offizier lachte und sprach mit mir, aber ich konnte ihn nicht verstehen. Er versuchte, mir die Blume aus der Hand zu nehmen, aber ich umklammerte sie so fest, dass er schließlich mit meiner Hand winkte. Ein Reporter schoss davon sogar ein Foto für die Zeitung.

Ich wehrte mich, und in dem Gerangel passierte es, dass die schöne Blüte von der Mainelke abfiel. Den Stängel wollte ich nun auch nicht mehr und drückte ihn dem Offizier in die Hand. Er sprach etwas ins Mikrofon. Ich hatte wieder nichts verstanden, aber alle lachten und klatschten.

Na warte, dachte ich, der Stängel ist nur mit Wasserfarbe bemalt, und Oma hat gesagt: »Wenn einer feuchte Hände hat, werden die grün.«

Nachdem das Marschlied vorüber war, setzte er mich endlich auf den Boden. Jetzt winkte ich ihm zu, und er hob die Hand, um den Gruß zu erwidern – zwei dicke grüne Streifen prangten auf seiner Handinnenfläche.

Hah, gewonnen!

Meine Familie war stolz auf mich. Mutti wegen des schicken roten Rocks, der ihr wirklich gut gelungen war, wie sie fand, Vati darauf, dass die Wahl natürlich nicht nur zufälligerweise auf mich gefallen war, und Oma, weil sich durch dieses Zusammentreffen ihrer Enkelin mit dem Offizier die Hoffnung auf bessere Zeiten endlich zu erfüllen schien.

Ich hatte nun einen kennengelernt, einen Sowjetbürger oder Russen, egal, jedenfalls einen mit großer Mütze, rotem Stern und komischer Sprache, und ihm eine schöne grüne Hand als

Andenken hinterlassen. Über meine abgebrochene Mainelke war ich nicht traurig, ich konnte mir ja eine neue basteln.

Ob ich damit eine Barbarin war, würde ich später herausfinden, jetzt gab es erst mal Eis, Zuckerwatte und Kettenkarussell.

ENTE SEI DANK

 Mein Vater hatte zwei Leidenschaften. Die eine hieß Bockwurst im Glas und war sein Leibgericht. Die zweite hieß »Bückware«[8] – und sein Motto dazu war: »Besorg ich dir!«

Die erste Leidenschaft war durch die zweite auf Dauer befriedigt und stand als allzeit verfügbare Kartonware neben vielen anderen Gläsern und Büchsen in unserer Vorratskammer unter der Treppe. Und wenn er mit der zweiten wieder einmal erfolgreich gewesen war, belohnte er sich mit der ersten: dem Halberstädter Würstchen, einem Häufchen Tutower Senf und einem Dreiundneunziger-Butterbrot.

Das Brot wurde »93er« genannt, weil es zu den billigen Grundnahrungsmitteln gehörte, die der Staat subventionierte, sodass es immer und überall dreiundneunzig Pfennig kostete.

»Wenigstens etwas, auf das man sich hier verlassen kann«, sagte mein Vater zu mir. »Essen, Kind, essen musst du jeden Tag!« Für mich klang dieser Satz wie eine freundliche Drohung. Immerhin war ich das Speisenüberangebot bei meiner Oma gewohnt, und auch in meinem Elternhaus herrschte kein Mangel. Bei den Beständen unserer Vorratskammer mit den vielen selbst eingeweckten Gläsern hätten wir Produktionsausfälle von ein paar Monaten locker überlebt.

Ein beliebtes Spiel, das meine Mutter für mich erfunden hatte, war das Ordnen der Einmachgläser nach ihrem Herstellungsdatum. Manchmal lag das schon ein paar Jahre zurück – die ältesten mussten dann als Erstes »weg« und daher ganz nach vorn gestellt werden.

[8] Der Begriff erklärt sich daher, dass die Ware ohne die einzuhaltende Wartefrist oder nicht frei verkäuflich, quasi unter dem Ladentisch, veräußert wurde.

Schwieriger, aber nicht unmöglich war die Anschaffung anderer Dinge. Meine Eltern hatten mittlerweile, gerade mal zwei Kilometer von den Großeltern entfernt, eine eigene Wohnung gemietet, in einem Dörfchen namens Wilhelminenthal. Diesen Ort hatte Gutsherr Wilhelm von Heyden 1825 für seine Knechte entstehen lassen. Er hatte ihnen drei Tagelöhnerkaten gebaut, in denen jeweils mehrere Familien wohnen konnten, und diese Ansammlung in romantischer Erinnerung an seine verstorbene Frau Wilhelmine benannt. Warum er ein »thal« ans Ende gehängt hat, versteht kein Mensch, denn den dazugehörigen Berg sucht man vergebens. Die Gegend ist schließlich flacher als der Busen von Wilhelmine unter dem Mieder.

Ich lebte nun mit meinen Eltern in einer dieser ehemaligen Tagelöhnerkaten, zu denen sich im Laufe der Jahre noch ein paar weitere Häuschen gesellt hatten. Ihre Bauweise erinnerte an eine Festung. Die Wände waren aus großen Feldsteinen und Lehm gemauert und so dick wie Vatis ausgestreckter Unterarm lang. Fenster und Türen waren im Halbrund von roten Ziegeln umrahmt – alles in allem von denkmalwürdiger Besonderheit. Im Sommer war es darin kalt wie in einer Höhle und im Winter leider auch. Deswegen war gerade in den langen Wintermonaten unser Kachelofen gefordert, sein Äußerstes zu geben, um wenigstens ein Zimmer – die gute Stube – anständig zu beheizen.

Mutti fand den Begriff Kate unzeitgemäß: »Wir leben doch nicht mehr in der Feudalgesellschaft! Unser Haus ist wie, na, wie sagt man, eben wie ein Reihenhaus.«

Ob Reihenhaus oder Kate, die Wohnung musste eingerichtet und ausgestattet werden.

»Der Herd macht mich wahnsinnig!«, schimpfte meine Mutter, nachdem sie wieder einmal in panischer Eile in die Küche gerannt kam, weil sich bereits Rauchwolken durch die Stubentür schlängelten. Sie riss den Topf mit angebranntem Fleisch von der glühenden Herdplatte. Vorwurfsvoll blickte sie auf den nostalgischen, völlig unpraktischen Küchenofen aus Gusseisen, den man mit Holzscheiten und Kohlestückchen befeuerte und dadurch nie genau wusste, wie heiß die Platten wurden. Außerdem heizte er die Küche – auch heute, an einem heißen Sommertag.

Mein Vater öffnete schnell Fenster und Türen. »Raus mit dem Qualm! Wir ersticken ja.«

Aufgeregt stand ich im Türrahmen. »Brennen wir jetzt?«

Meine Mutter löschte gerade den angebrannten Topf mit Wasser, sodass es noch mehr qualmte. Sie war völlig aufgelöst. »Ich hab keine Zeit, stundenlang am Herd zu stehen, um die Töpfe hin und her zu schieben.«

Jetzt drängte sich Oma an mir vorbei in die Küche. »Ach Gott, Kindchen, was ist denn passiert? Das riecht man ja bis in den Garten.«

»Ja, der Herd, ich werd mit dem nicht fertig.« Meine Mutter war mit den Nerven am Ende.

Oma schüttelte verständnislos den Kopf. Sie kochte ausschließlich auf so einem Ding. »Der Ofen ist doch gut!«

»Nein.« Mutti seufzte. »Es gibt heutzutage Herde, bei denen du einfach mit einem Drehen am Knopf bestimmst, wie viel Hitze du an den Topf lässt!«, erklärte sie.

Mein Vater mischte sich in das Gespräch. »Du«, sagte er, »den besorg ich dir.«

Hätten sie im Westen gewohnt, hätte er wahrscheinlich »Kauf ich dir!« gesagt. Immerhin waren es die Sechzigerjahre. Aber zum einen verdiente meine Mutter wie die meisten Frauen in der DDR selbst Geld, zum anderen gab es das, was sie sich wünschte, nicht unbedingt gleich zu kaufen. Nicht dass es das überhaupt nicht gab. Man musste es nur eben besorgen. Was hieß: Vati ging auf die Jagd. Und die führte ihn in die Stadt zum Konsum-Warenhaus.

»Gasherde?«, fragte Verkäufer Heinz Kämmerer, ein entfernter Bekannter meines Vaters, noch mal nach und schüttelte dann den Kopf. »Die können Sie in diesem Jahr vergessen, Herr Nadolny. Aber ich geb Ihnen mal einen Schein für die Bestellung mit.«

»Hm.« Mein Vater nahm den Bogen und begann noch vor Ort mit dem Ausfüllen. Währenddessen erzählte er beiläufig: »Was für ein Sommer! Wir haben so viele Johannisbeeren geerntet, hab grad den ganzen Kofferraum voll, weil ich welche zum Markt bringen will.«

»Oh, Johannisbeeren!« Heinz Kämmerer blickte interessiert auf. »Die mag meine Frau so gerne.«

»Wollen Sie welche?« In meinem Vater keimte ein Funken Hoffnung auf.

Ein Lächeln huschte über Kämmerers Gesicht. »Joa.«

Er kam mit zu unserem Trabi, und der Eimer Johannisbeeren wechselte von unserem Kofferraum in seinen.

Kämmerer hatte schlagartig bessere Laune, und auf dem Weg zurück in den Laden duzten sich die beiden schon. »Lass deine Bestellung hier, ich guck mal, ob in der nächsten Lieferung was dabei ist. So in acht Wochen.«

Schon sechs Wochen später trudelte der Bescheid ein, dass der Herd abgeholt werden könne.

Heinz nahm die Abhol-Papiere über dem Ladentisch entgegen, obwohl der Herd in diesem Fall als Bückware veräußert wurde. Bezahlt wurde dafür der volle Preis, das verstand sich von selbst. Da gab es auch für Waren unter dem Ladentisch keinen Verhandlungsspielraum. Schließlich galt mit dem Einzelhandelsverkaufspreis – kurz EVP – ein von Ahlbeck bis Zittau gültiger Festpreis.[9]

»Wenn du wieder mal was brauchst, sag Bescheid!«, ermunterte Heinz meinen Vater. »Ach, und hier, vergiss nicht den

---

9 Mit dem EVP waren Festpreise staatlich verordnet. Das Stück Nautik-Seife kostete also nicht nur irgendwo am Meer, sondern auch im Thüringer Wald exakt 95 Pfennig, das Schulheft A5 überall 10 Pfennig und das ACTION Haarspray 11 Mark.

Eimer. Waren lecker, die Beeren. Die Kinder haben reingehauen, und meine Frau hat auch noch welche eingeweckt.«

Jetzt waren beide zufrieden. Unser Geld oder die Aluchips, wie wir die Münzen nannten, die kaum etwas wogen und ebenso wenig wert waren, halfen bei begehrten Dingen kaum weiter, und da überall Mangel herrschte, zahlten sich eher gute Beziehungen aus. »Vitamin B« hieß das Zauberwort. Wie gut, dass wir auf dem Land lebten, denn unser Garten verschaffte uns einige Vorteile.

Wer in der Stadt wohnte, verbrüderte sich durch angebotene Dienstleistungen. Oder man ließ »gutschreiben«, was so viel hieß wie: »Helf ich dir heute, hilfst du mir morgen.« Jeder schaute, was er für sich in die Waagschale werfen konnte, denn etwas zu besorgen glich gleichzeitig einem kleinen Talent-Wettbewerb. Oma brachte es auf den Punkt, indem sie sagte: »Irgendwas Gutes kann jeder. Not schweißt eben zusammen und macht erfinderisch.«

Als mein Vater zurückkam und den Herd auf der Sackkarre durch die Tür schob, machte ich gerade meine Hausaufgaben.

Ich wollte aufspringen und mich mit ihm freuen, aber er wies mich an, sitzen zu bleiben und weiter meine Buchstaben zu üben.

»Lern du mal schön in der Schule«, sagte er. »Was du kannst, das kann dir keiner mehr nehmen!«

Ich begriff damals noch nicht ganz, was er damit sagen wollte.

Meine Mutter war überglücklich, als mein Vater den ersehnten Herd anschloss. Beflügelt von seinem Verhandlungserfolg malte sie sich aus, was das Leben in unserer Kate sonst noch erleichtern und verschönern könnte. Ein Wollteppich beispielsweise.

»Dann wär's nämlich endlich vorbei mit den ewig kalten Füßen. Kälte gehört in einen Kühlschrank!« Für den hatte sie in der Küche bereits einen Platz freigeräumt.

Ich war dem Experiment des Sozialismus ausgesetzt, mein Hund Bobby dem der vegetarischen Kost. Bobby wurde mit Möhrchen-Kartoffel-Durcheinander und Haferflocken-Milch-Müsli gesunde fünfzehn Jahre alt, und mich gibt es auch immer noch. Ein Beweis, dass man vieles ohne nachhaltigen Schaden überleben kann.

Als auch der Kühlschrank in die Küche gerollt wurde, klatschte sie in die Hände.

»Ich muss demnächst einwecken«, sagte sie dann. »Aber die Gummiringe für die Gläser sind alle. Du wirst es nicht glauben, es gibt keine.«

Lächelnd nahm Vati die Bestellung auf. »Besorg ich dir.«

Tags darauf zog er los. Nicht dass er immer etwas Passendes im Kofferraum parat hatte, um den Verkäufer zu erfreuen – auch wir unterwarfen uns bei den meisten Bestellungen ordentlich der Wartezeit. Dennoch kümmerte er sich rührig, hörte sich um und organisierte. Wenn er selbst nicht weiterwusste, konnte einer seiner vielen Bekannten helfen. Er war ein verdammt guter Netzwerker, schon bevor es diesen Begriff überhaupt gab. Er kannte alle, und alle kannten ihn.

Als er ein paar Wochen später mit einer grün-beigen Linoleumrolle für den Küchenfußboden zurückkam, sah er sehr nachdenklich aus.

»Was ist?«, fragte meine Mutter. »Die Farbe ist doch gar nicht schlecht, und wenn wir dazu noch den neuen Schrank bekommen ...«

Mein Vater schüttelte energisch den Kopf. »Das geht nicht mehr so weiter.«

»Wieso?« Meine Mutter war irritiert.

»Die haben hier alle einen Garten. Wir brauchen was anderes als Beeren, Möhren und Kartoffeln.«

Sie atmete auf. »Woran dachtest du?«

»Fleisch«, sagte er zögerlich.

»Fleisch?«

»Fleisch.« Mein Vater nickte entschlossen.

»Aber wie ...« Meine Mutter verstand gar nichts mehr.

»Wir wohnen auf dem Land. Warum halten wir keine Tiere?«

»Tiere! Bist du verrückt? Ohne mich. Da stinkst du immer

nach Kuh!« Seit wir ein paar Kilometer entfernt vom Bauernhof meiner Großeltern wohnten, manövrierte sich meine Mutter langsam in ein fast städtisch distanziertes Verhältnis zur
Tierhaltung hinein.

»Keine Kühe. Enten«, beschwichtigte mein Vater sie.

»Enten?« Meine Mutter verzog den Mund, als hätte sie
Zahnschmerzen. »Wie kommst du denn auf Enten?«

»Wir essen die doch so gerne. Lass mich mal machen.« Er
stand auf und ging in den Flur. Als er wieder ins Zimmer kam,
trug er eine Kiste, in der acht flauschige Entenküken um die
Wette piepsten. »Für 'nen Sack Kartoffeln! Da kannst du nix
gegen sagen!«

»Oh, raus mit denen!« Wenn meine Mutter etwas hasste,
dann waren es Tiere in der Wohnung. »Enten! Wer züchtet
denn Enten? Zum Tauschen! Du kommst auf Ideen. Wenn das
so einfach wäre, würd's ja jeder machen!«

Eine Minute später fand sich mein Vater samt Kiste draußen vor der Tür wieder.

»Na, hätt dine Alte dich rausschmetten?« Der alte Jupp
von nebenan hatte wie üblich schon einen im Kahn und lachte
schadenfroh. Eigentlich war er derjenige, der immer überall
rausflog.

»Pass up, Jupp, du hilfst mir jetzt hinten im Garten 'nen
Bretterschuppen fürs Federvieh bauen! Dafür spendier ich dir
noch ein Schnäpschen, und die erste fette Ente ist deine.«

»Nee«, sagte Jupp, »ick moag kin Fleisch.« Er klopfte auf
seine Flasche Pfefferminzlikör. »Den moag ick.«

»Kriegste.«

Damit war der Grundstein für unsere Jahr um Jahr wachsende
Zucht gelegt, die uns den Sonntagsbraten sicherte und uns außerdem modernen Zeiten entgegenziehen ließ. Denn mein Vater hatte den richtigen Riecher bewiesen. Die Ente wurde zum
idealen Tauschmittel für einige Dinge, die eigentlich nur mit

einem Bonus zu haben waren. Zum Beispiel meine Fahrerlaubnis[10] mit gerade mal achtzehn, einen ungewöhnlich schönen, weil spontanen Zelturlaub an der Ostsee sowie die unverzügliche Reparatur unseres Trabis. Auch Handwerkertüren öffneten sich leichter, wenn ein Entenbraten als Aufschlag winkte.

Das war auch bitter nötig, denn in mancherlei Hinsicht herrschten in unserem Dorf noch mittelalterliche Zustände. Das Wasser holten wir bis Ende der Siebzigerjahre in Eimern von einer hundertfünfzig Meter entfernten Pumpe, und unser Geschäft verrichteten wir in einem schwarzen Häuschen mit Herz in der Tür. Bis dahin waren es bestimmt zwanzig Meter zu laufen.

Als Kind stellte ich mir auf diesem Plumpsklo grauenvolle Szenarien vor: Was wäre, wenn man durch das Loch im braunen Sumpf verschwände? Gäbe es dort unten anderes Leben? Wer waren jene Wesen, und wie viele von ihnen lauerten in der Tiefe? Oder: Was würde geschehen, wenn ich im Winter am Donnerbalken festfröre? Wer würde die Schreie bemerken in einem Dorf, in dem bei Außentemperaturen von minus zehn Grad alle schön am warmen Ofen saßen? Und müsste man, wenn man festfror, das halbe Klo mit sich durch die Gegend schleifen? Würden sie einen per Säge befreien?

Als ich vom Klo zurückkam und meinem Vater diese Fragen stellte, meinte er schlicht, ich solle nicht so viel Fernsehen gucken. Und endlich den Pinkelpott rausrücken. »Der ist was für Babys.«

Dieser Horror meiner Endverdauungsfantasien hielt an, bis unser Dorf endlich an die Kanalisation angeschlossen wurde. Aus der Abstellkammer wurde nun ein Badezimmer mit Toilette und Wanne. Meine Mutter richtete es nach der Mode der Siebziger in Orange ein. Die sonnige Farbe von Apfelsinen, die wir als zwar verfügbaren, aber wegen seiner strohigen Kon-

---

10 Im Westen sagt man Führerschein – wir waren wohl damals demutsvoller! Und mussten darauf in der Regel – ohne Ente – einige Jahre warten.

sistenz leider ungenießbaren Fruchtimport aus Kuba kannten, fand sich an Wänden und Vorhängen wieder, ja sogar die Plaste-Wannen für den Wäschetransport zur Leine im Freien, die Wassereimer und die Zahnputzbecher waren orange. Einen besonderen Akzent setzte die oberste Fliesenreihe mit ihren großen orangefarbenen Chrysanthemenblüten, die Mutti als Zieraufkleber von der Westverwandschaft geschenkt bekommen hatte. Die Idee dazu war ihr bei der Lektüre der ostdeutschen Einrichtungszeitschrift *Kultur im Heim* gekommen, deren monatliche Ausgaben sie akribisch studierte und sammelte.

Heute frage ich mich manchmal, was schlimmer war: der Mangel oder die Geschmacksverirrungen! Immerhin lernte ich dank der segensreichen Farbgebung: Orange wirkt nicht nur als Frucht, sondern auch als Farbe verdauungsfördernd!

Unser Apfelsinen-Bad löste allerlei praktische Probleme und weckte – natürlich – auch neue Bedürfnisse. Mit dem Wasser, das aus der Wand kam statt aus dem Brunnen, waren der Waschautomat plus Schleuder und der Warmwasserboiler überfällig.

Die Jahre vergingen, die Geräte verschlissen, aber die Ente wurde nicht unbeliebt. Vor allem nicht als Gericht. Neben der traditionellen Backofenente, gefüllt mit Äpfeln und Pflaumen und serviert mit Rotkohl und Klößen, hatten wir zahlreiche Rezepturen erprobt und verfeinert, von Ente in Aspik oder zart geräuchert bis zur Schwarz-sauer-Spezialität.

Bis heute ist in unserer Familie ein Entenbraten zu Weihnachten oder besonderen Anlässen ein absolutes Muss. Das Tier kommt zwar nicht mehr aus unserem eigenen Stall, aber wenn der knusprige Vogel aus dem Ofen geholt und auf den gedeckten Tisch gestellt wird, beobachte ich rundherum einen besonderen Glanz in den Augen mit einer gewissen Andacht vor diesem Mahl – und vor meinem mittlerweile verstorbenen Vater.

Und so manches Mal denke ich heute, wenn ich die vergänglichen Werte der unsicheren Finanzmärkte beobachte, dass wir uns in diesen Zeiten lieber wieder auf handfeste Dinge beziehen sollten. Also auf Ente und Talente statt Euro. Denn wenn das Waschbecken fehlt, wäscht schließlich eine Hand die andere.

DEN ODER KEINEN

In Wilhelminenthal gab es zwei Orte, an denen die Menschen zusammenkamen: der Konsum, in dem Mutti arbeitete, und direkt daneben die Haltestelle für den Bus, der mich und drei andere Kinder jeden Morgen um kurz nach sieben in die Polytechnische Oberschule und einige Dorfbewohner für ihre Besorgungen in die Stadt Jarmen mitnahm.

Seit Kurzem war ich keine Grundschülerin mehr und hatte mit dem Schulwechsel einen stattlichen Ranzen aus dickem braunem Leder bekommen, in den ich jetzt auch Lehrbücher für Geschichte, Biologie und Russisch packen konnte. Ich sammelte politische Abzeichen, die Ausgaben der Zeitschrift *FRÖSI*[11] und die Blicke eines Jungen, der morgens immer im nächsten Dorf in den Bus zustieg. Sein Name war Jürgen. Der hatte die schönsten Augen der Welt, fand ich, braune, vielsagende, in die ich alle Sehnsüchte reinlegen konnte, für die ich noch keine Worte gefunden hatte.

Jürgen war drei Klassen über mir, zwei Köpfe größer als ich und trug eine Jacke, die war aus dem gleichen Stoff gemacht wie Niethosen. So was hatte ich noch nie gesehen. Fetzig fand ich die. Ich wollte auch fetzig sein. Mit meinen gestrickten Schlaghosen, Pullovern und Jacken Marke Eigenbau von Mutti war ich mir da nicht so sicher. So etwas hatte zwar auch keiner, aber es war schon wieder so außergewöhnlich, dass ich als Elfjährige Bedenken wegen der Fetzigkeit hatte. Als ich im Bus auf dem Heimweg von der Schule mal wieder Jürgens

---

11 Der Titel kommt vom Lied der Thälmannpioniere »Fröhlich sein und singen«. Und wer wollte das nicht! Die Zeitschrift enthielt Geschichten und Bastelbögen, das »Kunstblatt«, Umwelttipps von »Korbine Früchtchen« und Propaganda-Comics.

Hinterkopf mit meinen Blicken durchbohrte, sprach mich Frau Renz, eine alte Bäuerin aus der Nachbarschaft, von der Seite an und zupfte dabei ungeniert mit Daumen und Zeigefinger an meinem Strickmantel. »Wat für 'n schicker Mantel, Peti! Von Muddi, wat? Is dat Zopfmuster denn auch zwei links, zwei rechts?«

»Weiß nicht, auf alle Fälle durcheinander«, antwortete ich und hätte anfügen können: »Genau wie ich gerade.« Als Beweis für fetzige Garderobe mochte ich ihre Begeisterung für meine Klamotte jedenfalls nicht verbuchen.

»Woher hat dine Mudder nur immer die schöne Wolle? Aus 'm Katalog?«, fragte sie weiter.

Ich zuckte mit den Achseln. Mist, nun war Jürgen schon ausgestiegen, und ich hatte es nicht mitbekommen. Moment, was hatte Frau Renz gerade gesagt: Katalog? Stimmt, ja, der Versandhauskatalog, den bekamen wir doch zweimal im Jahr per Post. Vielleicht gab es darin Sachen aus einem Niethosenstoff.

Wieder zu Hause, war meine Laune nicht die beste, denn im Mathetest hatte ich nur eine Drei geschrieben und Jürgen hatte an diesem Tag nicht ein einziges Mal zu mir herübergeguckt. »Ist der Katalog schon da?«, fragte ich und warf meine Schultasche neben die Treppe.

»Welcher Katalog?«, hakte meine Mutter nach, während sie auf der Küchenanrichte Heringe in Mehl wälzte.

»Na, der vom ›konsument‹-Versandhaus.«

»Ach so, der Herbstkatalog. Der muss noch kommen, wir haben doch erst Ende September«, sagte sie und beförderte die weiß gepuderten Fische vorsichtig ins heiße Öl der Pfanne.

»Für mich ist schon Herbst«, maulte ich. »Bis die Bestellung dann bei uns ist, wird's Weihnachten.«

»Hast du was?«, fragte sie und blickte von den brutzelnden Heringen zu mir herüber.

»Nee.« Ich nahm das Transistorradio und ging hoch auf mein Zimmer, das mir meine Eltern unter dem Dach ausgebaut hatten. Chris Doerk sang gerade ihren Hit »Jedes junge Mädchen wird mal geküsst«. Die hatte gut lachen, die hatte ja ihren Frank, den Schöbel, schon gefunden. Die beiden waren das DDR-Schlager-Traumpaar. Zum Glück arbeitete Vati als Filmvorführer, und so hatte ich ihre Musicalkomödie *Heißer Sommer* gleich drei Mal hintereinander gesehen und konnte die Gassenhauer inzwischen alle mitsingen: »Woher willst du wissen, wer ich bin? Ich hab dir in die Augen geseh'n ...« Dabei träumte ich von Jürgen.

Bei dem kam ich in der nächsten Zeit nicht weiter. Und der Katalog kam auch nicht. Aber so schnell gab ich nicht auf. Modemäßig blieb ich vorerst in Strick stecken.

Irgendwann im Oktober, als ich die tägliche Frage danach schon aufgegeben hatte, lag der Katalog endlich auf dem Küchentisch. »Mode für den Herbst/Winter 1971/72«, stand auf seinem Deckblatt, und eine schöne Frau mit weißer Pelzkappe lächelte optimistisch. Juchhu! Na, das wollten wir doch mal sehen! Und zwar sofort. Wie im Rausch schlug ich Seite um Seite auf, wobei sich die ersten Blätter gleich aus der Klebebindung lösten. Also ganz vorsichtig noch einmal zurückblättern, denn eigentlich hatte ich das Objekt meiner Begierde bereits bei der ersten Durchsicht gefunden. Aus Niethosenstoff gab es leider nichts, dafür sah ich den Anorak »Biggi« in Orange! Der war toll! Was für eine Farbe! Nicht alle Abbildungen waren bunt, aber «Biggi« schon, und das hatte seinen Grund. Der Anorak war ein magischer Knaller. Wie der leuchtete! Der Stoff hatte die Struktur einer Waffel, und die Kapuze war mit braunem Kunstfell abgesetzt, sehr lässig. Das Mädchen, das ihn trug, war wunderhübsch und hatte einen braunen Pferdeschwanz mit langem Pony. Wirklich schick. Herausfordernd hatte sie ihre Arme in die Hüften gestemmt und lachte einen Jungen an, der auf sie zukam. Ich musste sofort an Jürgen denken. »Flottes für die jugendliche Trägerin« stand daneben. Für mich war klar: den oder keinen!

Aufgeregt lief ich mit dem Katalog zu meiner Mutter in den Konsum: »Bitte, Mutti, bitte! Guck mal!«

Sie schleppte gerade die frisch gelieferten Bierkästen ins Lager. »Fasst du mal mit an?«, bat sie, ohne richtig hinzusehen. »Ich guck mir das später an.«

Hatte sie nicht begriffen, was für eine modische Sternstunde das für mich war? Ein Blick hätte doch genügt.

»Mutti!« Widerstrebend half ich ihr, war aber sauer, denn jetzt musste ich bis zum Abend warten.

Ich kannte das Ritual: Erst wurde Abendbrot gegessen, »weil ein ruhiges Ausklingen des Tages wichtig ist«, wie Mutti fand. Dann sahen wir die *Aktuelle Kamera*, »denn man muss doch wissen, was in der Welt los ist«. Und wenn ich ins Bett musste, holte sie meistens ihr Strickzeug aus dem Schrank, um den neuesten Schrei aus ihrer Lieblingszeitschrift *Modische Maschen* umzusetzen.

»Dabei kann ich mich endlich richtig erholen«, betonte sie oft.

Heute aber war nach den Nachrichten Zeit für den Katalog.

»Nun zeig mal!«, forderte sie mich auf.

Einen einzigen Griff kostete mich das, die Seite hatte ich schon aufgeschlagen.

»Hm.« So begeistert wie ich war sie nicht, betrachtete das Bild von »Biggi« aber lange. »Ich weiß nicht, ob dir Orange steht, die hat ja dunkle Haare!«, sagte sie endlich.

»Was hat das damit zu tun? Klar steht mir Orange. Klar!« Ich drehte durch. Diese Jacke wollte ich unbedingt.

Mir fiel die Schlaghose ein, die mir meine Mutter letztes Jahr gestrickt hatte – aus grüner Shetlandwolle. Ich rannte in mein Zimmer, um sie zu holen. »Die würde super dazu passen!«, sagte ich und schwenkte sie vor meiner Mutter hin und her.

»Grün und Orange beißen sich doch!«, meinte Mutti trocken. Mein Vater, der nach eigenen Angaben keine Ahnung von Mode hatte, mischte sich ein: »Lass sie doch, wenn er ihr so gefällt!«

Das war meine Rettung. Ich fiel ihm um den Hals.

Meine Mutter grinste. »Dann hol mal den Kuli!«

Wir bestellten ihn in Größe 164, etwas größer als meine aktuellen Kleider, zum Reinwachsen.

Sie brauchte noch einige Tage, bis die Entscheidung für die Sachen gefallen war, die zusätzlich auf den Bestellschein kamen, dann ging die Postkarte endlich auf die Reise. Nun hieß es wieder warten.

Jürgens und meine Blicke trafen sich jetzt ab und zu, aber wir hatten immer noch kein Wort miteinander gesprochen.

Meine Begeisterung für den bestellten Anorak flammte erneut auf, als fünf Wochen später die Bestätigung ins Haus flatterte: »Biggi« war lieferbar. Doch es sollte noch über einen Monat dauern, bis das Paket endlich eintrudelte, sozusagen als Neujahrsgeschenk vom Versand aus Karl-Marx-Stadt.

»Toll«, fand meine Mutter und legte es auf den Schrank, »so kurz vor deinem Geburtstag. Die paar Tage können wir dann auch noch warten.« Mein Protest war schwach, ich wusste, es würde sowieso nichts nützen.

Am besagten Tag pustete ich erst mal die zwölf Kerzen auf dem Geburtstagskuchen aus, bevor mir meine Mutter einen neuen bunten Strick-Poncho überreichte und ich danach die Post aus Karl-Marx-Stadt aufreißen durfte.

Beim Auspacken wurde ich blass. Wo bitte war »Biggi«? Gut, ich hielt einen Anorak in den Händen, der sah aber irgendwie anders aus als im Katalog. Ich kramte die mittlerweile völlig zerfledderte Verkaufsfibel aus dem Schrank – der Katalog war zwischenzeitlich durch alle Dorfhaushalte gewandert – und verglich. Das Original leuchtete nicht, es war eher, sagen wir mal, glanzlos, und der Stoff fühlte sich kratzig und hart an. Ich probierte ihn an. Die Kapuze konnte ich nicht aufsetzen, weil sie mir bis über die Nase fiel und an den Ohren breit abstand, und dem angenähten Synthetikfell fehlte reichlich Fülle. Die Ärmel reichten bis über meine Fingerspitzen, und auch sonst hing er etwas steif und viel zu weit an mir herunter. War ich damit fetzig?

Meine Mutter krempelte die Ärmel von »Biggi« hoch. »So sieht's doch schon besser aus! Wenn es richtig kalt ist und du was Dickes drunter trägst, brauchst du die Größe.« Sie suchte nach dem Schildchen im Innern. »Ah, hier steht's: hundert Prozent Dederon. Hoffentlich hält er richtig warm.«

Sie selbst hatte sich aus dem letzten Katalog ein Kostüm aus »Präsent 20« bestellt, einer Stoffneuheit aus chemischen Fasern, die zum zwanzigsten Jahrestag der DDR kreiert worden war. Das Kostüm knisterte beim Tragen und schlug manchmal beim Ausziehen sogar Funken. Das nervte Mutti. »Der Rock bleibt immer am Bein kleben. Und in der Jacke friere ich entweder oder schwitze wie verrückt. Was ist das nur für ein Zeug!«

Ob Dederon warm hielt, interessierte mich gerade nicht. Ich fragte mich eher, wie viel ich unter dem Anorak anziehen müsste, damit er mir so gut passte wie dem Mädchen im Katalog. Die war doch auch dünn. Es konnte nicht nur an mir liegen. Ob sich Jürgen damit erobern ließ, wagte ich zu bezweifeln.

Schlimmer wurde es noch, als meine Großeltern zum Geburtstagskaffee eintrafen.

»Kind«, sagte Oma, als ich »Biggi« vorführte, »irgendwie siehst du darin blass aus. Oder bist du krank?«

»Nun lass sie mal«, entgegnete Mutti, »wir können uns in Ruhe überlegen, ob wir ihn zurückschicken.«

Bevor ich »Biggi« kampflos aufgab, entschied ich mich, ihn am nächsten Tag im Konsum zu präsentieren, während meine Mutter Nachmittagsschicht hatte. Hier gab es die Möglichkeit, die Meinung von vielen einzuholen. Erst wenn »Biggi« diese Prüfung bestanden hatte oder auch nicht, würde ich eine Entscheidung fällen. Und so ließ ich das Warenschild dran und stiefelte los.

Die kleine Verkaufsstelle war in einer Hälfte eines Zweifamilienhauses untergebracht und bot alles, was man für das tägliche Leben brauchte. Die knapp hundert Einwohner unseres Ortes kamen hier nicht nur zum Kaufen zusammen, sondern auch, um die neuesten Geschichten auszutauschen. Im Dorf kannte schließlich jeder jeden, da gab es eine Menge zu erzählen, auch gerne mal übereinander.

»Und dat is auch gut so«, hatte mir einmal die hagere Frau Lehmann erklärt, die immer gerne noch ein Stündchen im Laden verweilte, nachdem sie ihre Einkäufe längst erledigt hatte. »Stell dir mal vor, Peti, in der Stadt kennen sich nich mal die Leute, die zusammen in einem Haus wohnen, so einsam sind die. Furchtbar.« Und während sie mir ein Stück von der gerade gekauften »Schlager-Süßtafel«[12] anbot, drehte sie ihren Kopf schon zur Frau, die neben ihr wartete, und plapperte weiter: »Die Rüben gleich vorn am Feld stehen aber schlecht. Sind dat die von Böttchers? Ich weiß ja ouk nich, aber Arbeit ham die nich erfunden. Die sollten sich mal ein Beispiel nehmen ...«

Ich war gespannt, ob ich »Biggi« zum heutigen Tagesthema machen könnte, und öffnete die Eingangstür. Gleich im Flur rechts in den gemauerten Nischen waren die Bier- und Brausekästen gestapelt. An denen vorbei trat ich links ins Konsum-Wohnzimmer. Der Laden war rappelvoll. Aber trotz meines neuen Anoraks bemerkte mich niemand. Alle Aufmerksamkeit richtete sich nach vorn auf die Verkaufstheke, hinter der meine Mutter beschäftigt war. Es musste wohl etwas Besonderes geben. Mir war kalt, und so stellte ich mich an den Ofen direkt neben der Tür und beobachtete erst einmal das Geschehen.

---

12 Sah aus wie eine Schokolade, war aber fast ohne Kakao hergestellt. Sie schmeckte furchtbar süß und fettig, ein Stück reichte mir völlig.

Ich hatte recht: Mutti schnitt gerade Stücke aus einem Fleischberg und packte diese auf die rechte Schale einer Waage. Auf die andere Seite legte sie Gewichte und wartete, bis die Schalen in der Waagerechten standen, dann las sie das Gewicht ab. Für eine Zehntelsekunde blickte sie mit den Augen zur Decke, rechnete im Kopf und tippte den Betrag in die Registrierkasse ein. Dann nahm sie zwei Tüten Mehl und eine Rotkraut-Konserve aus den voll gestopften Regalen hinter sich und reichte die Einkäufe über den Ladentisch.

Die dünne Frau Lehmann verstaute alles in ihrer braunen Tasche. »Gib ma noch zwei Stück Seife und Klorollen!«, forderte sie.

»Klorollen kommen erst wieder in vierzehn Tagen«, antwortete meine Mutter und ging schnell nach hinten, um die Seife zu holen. Dort lagerte die sogenannte Chemieware.

»Musst die *Freie Erde* nehmen«, riet Jupp, der wie immer mit seiner Flasche Pfefferminzlikör auf dem Stuhl neben dem großen Kühlschrank im Verkaufsraum saß. »Dat is die einzige Zeitung, die gut abschmiert.«

Frau Lehmann hatte andere Probleme: »Kannst für mich anschreiben?«, bat sie meine Mutter leise. »Bis Montag? Und ein Kammkotelett noch.«

Mutti begann mit einem Beil aus dem großen Stück Fleisch, einem Schweinenacken, Koteletts zu hacken. Mich nahm immer noch keiner zur Kenntnis. Alles stierte auf die Kammkoteletts.

Frau Lehmann packte ihr eingewickeltes Stück Fleisch zu den anderen Einkäufen in ihre Tasche, verließ den Laden aber noch nicht, sondern wendete sich zum Schwatzen wie gewohnt zur Seite, wo die weißhaarige Frau Hinze auf einem Stuhl beim Fenster saß. Die kaufte immer wenig, hörte aber gerne zu. Abends lief sie durchs Dorf, um die Neuigkeiten zu verbreiten, weshalb sie hinter vorgehaltener Hand auch »die Zeitung« genannt wurde. Wenn man wollte, dass eine Infor-

Im Schulfach »Unterricht in der Produktion« wurde schnell klar, wofür ich so gar nicht geeignet war. Schleifen in der Werkzeugmacherei war eine dieser Fertigkeiten.

mation schnell die Runde machte, brauchte man es nur ihr zu sagen. Frau Hinze klopfte an die Tür, wenn sie jemanden länger als zwei Tage nicht gesehen hatte, und wenn einer krank war, brachte sie ihre berühmte Hühnersuppe, die angeblich jeden gesund machte. Der Stammplatz hier im Konsum war ihr zweites Zuhause.

»Ich brauch acht, gib mir mal acht!«, flötete nun die dicke Uschi Kolbe und meinte die Stücke vom Kammkotelett. Sie trug sommers wie winters eine ärmellose Schürze, aus der ihre fleischigen Oberarme herausquollen, so auch heute.

»Für jeden im Haushalt nur eins, Uschi, sonst reicht's nicht für alle! Also für euch fünf«, stellte meine Mutter klar und schob ihr hellblaues Stirnband zurecht, das sie im Laden immer trug, damit ihre halblangen Haare sie nicht beim Arbeiten störten.

Uschi murrte: »Nee, wenn die Kinder zu Besuch kommen, brauch ich acht!«

Es war spannend zu beobachten, wie um das begehrte Gut gefeilscht wurde.

Hinter ihr in der Schlange kreischte Frau Pötter, deren Haare ganz dünn waren und immer wie unter Strom in alle Richtungen standen: »Willst uns wieder alles wegfressen, Uschi, ick will och noch welche!«

Jupp grinste in sich hinein und murmelte, bevor er den nächsten Schluck nahm: »De Uschi is ouk fett genug!«

Uschi stand zwar vorn, hörte jedoch jedes Wort: »Dat musst du grad sagen. Pass bloß up, dat dir der Stuhl nich wegkracht unterm Hintern, wenn ich gleich vorbeikomm«, schrie sie nach hinten.

Meine Mutter packte fünf Koteletts ins Papier.

»Tu ma noch wat bi!«, flüsterte Uschi bittend.

»Tut mir leid, es muss für alle reichen.«

Jupp freute sich. »Siehst du, hier geht dat anders zu, nich wie in eure LPG-Kartoffelhalle!«

»Sei bloß still du«, zischte Uschi, »sonst sach ich der Margot, wo dat Haushaltsgeld blievt.«

»Wieso?«, fragte Jupp unschuldig. »Ich bin hier nur, damit ihr Frauen dat netter habt.«

»Lat man sin, diene Fahne riech ich doch bis hier!«

»Nee, et stinkt nach wat anderem«, sagte Frau Hinze, die ihre Unterhaltung mit der dünnen Frau Lehmann kurz unterbrach, um zu schnuppern.

»Stimmt.« Meine Mutter hielt die Nase in die Luft, um zu ergründen, woher der seltsame Gestank kam.

»Wie Chemie«, stellte Frau Lehmann fest, und alle nickten.

»Hier ist keine Chemie!«, sagte meine Mutter kopfschüttelnd und hob das Hackebeil in die Höhe. Da trafen sich unsere Blicke. Sie ließ das Beil ins Fleisch fallen und schrie: »Peti, du brennst!«

Häh, ich merkte nichts. Frau Pötter riss mich weg vom Ofen. Alle Frauen stürzten herbei, um die Flammen zu ersticken, aber es waren gar keine da. Nur ein wenig Rauch, der von meinem Rücken aus in den Laden qualmte. Die runde eiserne Ofentür hatte sich in »Biggi« mit einem tellergroßen Loch direkt unter der Kapuze verewigt.

Das war ja noch mal gut gegangen. Nachdem ich den ersten Schreck und das Getümmel verkraftet hatte und sich alle sicher waren, dass ich auch wirklich nicht brannte, fassten die Frauen einen einstimmigen Beschluss: Vor diesen eisernen Ofen gehört ein Schutzblech.

»Dat da nich schon vorher wat passiert is«, sagte Frau Pötter immer wieder. »Nee, nee, nee.«

Jetzt fiel es mir erst auf: Die Frauen trugen durch die Bank weg Dederon-Schürzen über dem Pullover oder unter der Jacke. Gestreift, geblümt oder mit Punkten. Auch Muttis Schürze war aus diesem Zeug, nur in Weiß.

»Nee, nee, dat da von uns noch keine angekokelt is«, wiederholte Frau Pötter.

Damit verabschiedete ich mich von »Biggi«. Der Anorak hatte den Konsum-Test eindeutig nicht bestanden und flog in die Mülltonne. In diesem Winter trug ich meinen alten Mantel aus brauner Baumwolle auf, und wenn es ganz eisig wurde, den von Mutti gestrickten Poncho darüber.

Von Jürgen verabschiedete ich mich auch – in Gedanken. Er ging, wie sich herausstellte, mit einer Brünetten aus seiner Klassenstufe. Hand in Hand. Ich schloss mich in mein Zimmer ein. Im Radio hörte ich Frank Schöbel singen: »Einmal muss ein Ende sein.« Genau.

Ich blickte von meinem Bett auf meinen Schwarm Gojko Mitić, den Helden-Darsteller aus vielen Indianerfilmen, den ich in allerlei Posen auf Fotos und mit einem Original-Kino-Plakat an die Wand gepinnt hatte. An den kam Jürgen sowieso nicht ran. Dieses Jahr sollte wieder ein neuer Indianerfilm mit Mitić in die Kinos kommen. Wenn das keine guten Aussichten waren …

VON EINFACHEN
WAHRHEITEN

Bevor der Indianerfilm *Tecumseh* mit meinem Leinwand-Idol Gojko Mitić im Sommer 72 in den Kinos anlief, war ich schon bestens informiert. Da mein Vater ja Filmvorführer war, hatte er mir über den Progress Film-Verleih alles darüber zukommen lassen. Sogar Fotos.

Heute war Premiere in Tutow, einem der Dörfer, die er bespielte. »Landkino« nannte sich das. Klar, dass ich da mitfahren würde.

Tecumseh sollte »politischer« sein als seine erfolgreichen Vorläufer *Die Söhne der Großen Bärin* oder *Chingachgook, die große Schlange*. Der neue DEFA-Film war mit großen Schlachtszenen angekündigt und einem traurigen Schluss, weil die Indianer »der Übermacht unterlagen«, wie ich überall las. Mitićs Perücke auf dem Plakat fand ich diesmal hässlich und diese Uniform, die er trug, auch.

»Na, ob das wirklich was für dich ist?«, fragte Vati mit hochgezogenen Augenbrauen.

»Wieso denn nicht?«, entrüstete ich mich. »Natürlich will ich den sehen.«

Mein Vater wusste doch, dass die Indianerfilme mit Gojko Mitić zu meinen Lieblingsfilmen gehörten. Ich hatte sie mir viele Male angeschaut, an einigen Stellen konnte ich sogar mitsprechen. Mitić verkörperte immer den Helden, der mit großer Würde und halsbrecherischen Stunts um Freiheit und Gerechtigkeit kämpfte. Das gefiel mir. Und wenn er mit freiem Oberkörper in den jugoslawischen Bergen stand, stolz den Kopf hob und mit Pathos in der Stimme solche Sätze sprach wie: »Wenn wir zusammenhalten, werden wir morgen frei sein«, [13] dann sah er dabei nicht nur verdammt gut aus, sondern wir glaubten es ihm auch.

»Ich lass mir doch nicht seinen neuen Film entgehen«, betonte ich erneut.

»Ich dachte nur, wegen des traurigen Endes«, sagte mein Vater.

»Das verkrafte ich schon«, versicherte ich ihm.

Der Favorit meines Vaters war eine Produktion des Klassenfeindes. *Zwölf Uhr mittags*, ein Western, in dem es der einsame Held Will Kane, gespielt von Gary Cooper, gegen eine Gangsterbande aufnahm. Obwohl dieser Film bereits damals in die Jahre gekommen war, nahm er ihn von Zeit zu Zeit ins Programm, um ihn auf den Dörfern zu zeigen. Ich weiß nicht, wie oft er ihn gesehen hatte, und doch verfolgte er ihn immer wieder wie gebannt, sodass er einmal sogar vergaß, rechtzeitig die Filmrollen zu wechseln.

Von den Indianerabenteuern mal abgesehen, liebte ich das Kino an sich und begleitete meinen Vater zu den Vorführungen, sooft er und meine Mutter es mir erlaubten. Mich faszinierten die großen Bilder und dass es, sobald das Licht aus war, nichts anderes gab außer der Geschichte da vorn auf der Leinwand. Essen und Trinken waren während der Vorstellung strikt verboten.

Neben Kinderfilmen und Komödien hatte ich mir sogar sowjetische Epen wie *Krieg und Frieden* und *Befreiung* angeschaut. Da saß ich dann mit höchstens zehn anderen Besuchern im Saal und verstand die Hälfte nicht, aber für mich zählte vor allem eines: Hauptsache Kino.

Nach Tutow fuhr ich am liebsten mit, denn hier war die Leinwand am größten. Die Leute kannten mich schon als »die Kleine vom Kinofritzen«. Der Saal hatte nostalgisches Mobiliar und war mit einer großen Bühne und Bar ausgestattet. Er

---

13 Historisch gesehen hat er damit sogar recht behalten. Übrigens: Etwa neun Millionen Menschen stürmten in der DDR in die Kinos, um *Die Söhne der Großen Bärin* zu sehen.

gehörte zum alten Dorfgasthof und wurde an den anderen Tagen für große Feiern oder Partei- und Gemeindeveranstaltungen genutzt.

Bevor wir aufbrachen, half ich dabei, unseren Trabi mit den Filmrollen, die Vatis Kollege Ewald früh aus der Kreisstadt geholt hatte, zu beladen. Wir legten die grauen Kartons, die mit dem blauen, schmucklosen Schriftzug *Tecumseh* bedruckt waren, auf die Hintersitze. Aus den Pappkisten roch es nach Chemie und Farbe, obwohl das eigentliche Filmmaterial zusätzlich in runden Aluminiumdosen eingeschlossen war. Darin lagen die schwarz glänzenden Filmrollen, fein säuberlich und fest aufgespult, jeweils ein bis zwei Kilo schwer, mit ihren Bildern, die ich gleich sehen würde.

»Ja, nun mal nicht die Aktentasche mit Karten-Rolle und Kasse vergessen!«, sagte mein Vater mehr zu sich selbst, packte alles ein und zog schon mal seinen grauen Kittel, den er stets bei der Arbeit trug, über. Aus seiner Hosentasche holte er seinen blauen Plastekamm, fuhr sich damit dreimal über das kurz geschnittene, nach hinten frisierte Haar und strich zur Kontrolle noch mal mit der rechten Hand darüber. Für mich das Zeichen, dass es jetzt losgehen würde.

»Darf ich heute wieder Karten verkaufen?«, fragte ich.

Eine Mark zehn kostete der Eintritt für Erwachsene, für Kinder fünfundzwanzig Pfennige, das konnte ich gut rechnen.

»Nee, heute nicht«, antwortete er, »heute wird's voll. Du kannst mit am Einlass stehen und abreißen.«

In einer Viertelstunde waren wir mit dem Trabi in Tutow. Die Zwillinge Gundi und Spuki standen schon wie zwei Säulen vor der Saaltür. Die beiden Jungen, die schon sechzehn waren, halfen gerne mit, wenn es darum ging, Stuhlreihen aufzustellen und sauber zu machen. Dafür durften sie umsonst rein. Außerdem gab es ihnen das Gefühl, wichtig zu sein. Ihre Markenzeichen waren die im Sommer wie im Winter getragenen Woll-Pudelmützen, karierte Hemden und schlabbrige Cordhosen. Ich konnte sie nur anhand ihrer Art zu sprechen auseinanderhalten. Gundi stotterte, und Spuki lispelte so feucht, dass er beim Reden spuckte.

»Na, noch nicht bestuhlt!«, stichelte mein Vater beim Aufschließen scherzhaft. »Wenn ihr kein Kino wollt, fahr ich besser nach Hause!«

Die Jungen kannten seine Sprüche schon und grinsten.

»Nnnnee, nnnee Bbboss! Dddat wird!«, versicherte Gundi.

Mein Vater öffnete gut gelaunt die Tür. Dann erblasste er. Im Saal sah es aus wie nach einer Schlacht: Papier, Essensreste und Kippen lagen herum, die Tische waren nicht an die Seite geräumt. Es roch nach Fett und kaltem Rauch.

»Nicht schon wieder!«, stöhnte er. »Die faulen Säcke!«

Ich konnte sehen, wie der Ärger in ihm hochstieg. Anscheinend wusste er, wer das Chaos hinterlassen hatte.

Spuki versuchte, ihn zu beruhigen. »Du Chef, wir machen dat schon. Geh ma den Film aufbauen!« Wütend stapfte mein Vater nach hinten zu dem kleinen Kabuff und schloss auf. Für den Vorführraum hatte nur er einen Schlüssel. Hier standen die fest installierten Projektoren für die Filmrollen, die er während der Vorstellungen so geschickt wechselte, dass es zwar ein kleines Ruckeln gab, aber nie eine Pause.

»Das ist die große Kunst«, sagte er immer.

Je nachdem, wie stark es ruckelte, konnte ich sehen, in welcher Verfassung er gerade war.

Na, das kann ja heute was werden, dachte ich und holte aus dem Gasthof für alle rote Fassbrause, die hier immer so schmeckte wie Radler, weil der Wirt es mit der Einteilung seiner Zapfhähne nicht so genau nahm. Dazu »Bockwurst mit trocken Brot« und Tutower Senf. Wenn mein Vater sich besänftigen ließ, dann durch diesen kleinen Imbiss.

Als ich wiederkam, hatte er die Film-Apparaturen aufgebaut und die Rollen eingelegt. Die beiden Helfer hatten aufgeräumt, die Bestuhlung stand.

»Picobello, Jungs, so, und jetzt die Leinwand!« Mein Vater atmete zufrieden durch und biss in seine Wurst. Gundi und Spuki leckten sich die Lippen, sie hatten ihre bereits hinuntergeschlungen, ohne auch nur einen Happen vom »trocken Brot« abzubeißen.

Normalerweise wurde die Kinoleinwand, die als Rolle an der Decke aufgehängt war, vorsichtig mit einem Seilzug heruntergelassen. Mein Vater zog jetzt mit der rechten Hand den Bühnenvorhang auf und stockte. »Das darf doch nicht wahr sein!« Vor Schreck rutschte in seiner Linken die Wurst samt Brot vom Teller und fiel auf den Boden.

Hinter dem Vorhang kam ein riesiges Banner zum Vorschein. Es trug die Aufschrift: *So wie wir heute arbeiten, werden wir morgen leben – unsere Taten zum Jahrestag der Republik!*[14] Die Kinoleinwand aber – sein Heiligtum als Filmvorführer – lag abgehängt und schief zusammengerollt auf dem staubigen Bühnenboden.

Mein Vater lief dunkelrot an und schrie: »So nicht!«

Gundi und Spuki nickten verschreckt.

»Die Leinwand!«, schrie er. »Die Leinwand!«

Ich wusste, es war ein Akt, sie in vier Metern Höhe richtig anzubringen. Deshalb achtete er immer darauf, dass sie behutsam auf- und abgerollt wurde. Außerdem musste sie makellos sein.

»Sonst hast du die Flecken auf jedem Bild!«, predigte er.

Jetzt aber lag sie auf dem Bühnenboden, von Schuhsohlenprofilen gestempelt und mit Ketchup garniert. Sein Arbeitgeber, die Kreis-Filmstelle, hatte wahrscheinlich kaum eine zweite in dieser Größe auf Lager.

Mein Vater griff sich mit den Händen an den Kopf. »Was haben die nur gemacht, die Idioten!«

---

14 Beliebter Propagandaspruch, den die Partei alle Jahre wieder im Oktober zum Tag der Republik aus irgendeiner Kammer kramte, so wie wir die verstaubten Kugeln zu Weihnachten.

Ich beschloss, dass es besser war, nichts zu sagen, setzte mich auf den nächsten Stuhl und hielt die Luft an. So wütend war er selten.

Zornig blickte er auf den Parteitagsspruch. »»Unsere Taten zum Jahrestag!‹ Na, da schau einer an, was ihr da zum Jahrestag vollbracht habt!«, sagte er gepresst und atmete noch mal kräftig durch. Sein Gesicht wurde um noch eine Nuance röter, als er auf seine Armbanduhr blickte und dann unvermittelt aus dem Saal rannte. Kurze Zeit später heulte der Motor unseres Trabis auf, und noch ehe Gundi, Spuki und ich draußen waren, war er weg.

»Puh! In vierzig Minuten ist Einlass!«, spuckte Spuki und holte seine Zigaretten aus der Hosentasche. »Wo der hinfährt, da möchte ich nicht sein!«

Was hatte mein Vater vor? Ich wusste, wenn es um Dinge ging, die er falsch oder ungerecht fand, konnte er sehr eindeutig werden.

Die Zigarettenpause der Jungs ging in die zweite Runde, da hörte ich unseren Trabi schon wieder heranbrausen. Drei weitere Köpfe waren im Auto zu erkennen. Einer gehörte dem Bürgermeister Dieter Langhof, dessen dicker Bauch auf dem Beifahrersitz bis fast an die Armatur reichte, ein anderer dem dagegen sehr dürren Parteisekretär Erwin Schmidt. Die Dame mit den Locken neben ihm kannte ich nicht. Den Kulleraugen nach zu urteilen, bestimmt Schmidts Sekretärin, dachte ich. Alle waren sie ziemlich blass, nur mein Vater hatte ein paar rote Flecken im Gesicht. Wie hatte er die nur ins Auto gekriegt?, fragte ich mich.

Was nun folgte, erinnerte mich an eine Szene aus einem Stummfilm: Sie stiegen schweigend aus, mein Vater allen voran, und stapften mit großen Schritten in den Saal. Wir hinterher.

»So!«, sagte er schlicht und zeigte auf die Leinwand am Boden: »Wenn das so einfach ist, bitte schön! In fünfundzwanzig

Minuten geht's los mit der Vorstellung! Heute ist Premiere. Das Publikum lässt man nicht warten. Aber das wisst ihr ja. Stimmt's, Genossen?«

Die drei nickten, guckten aber etwas hilflos. Als Erste begriff die Dame mit dem Lockenhaupt, was zu tun war, und eilte nach nebenan zum Gastwirt, die zwei Männer hinterher. Sie kamen mit zwei großen Leitern wieder, die sie umständlich auf die Bühne stellten. Äußerlich betont ruhig öffnete mein Vater jetzt seine Kasse am Saaleingang. Heute reichlich vor der Zeit, wie mir schien.

»Nnnee, ne!?« Spuki blieb die Spucke weg.

Die Zwillinge beobachteten das Geschehen kettenrauchend vom Eingang aus. Hier hatten sie einen guten Überblick. Ich gesellte mich zu ihnen.

Die Zuschauer stockten bereits beim Gang zu ihren Plätzen. Was ist denn hier los?, schienen sie zu denken. Langhof und Schmidt – die zwei Ortsobersten – standen zwar oft auf Bühnen, aber diesmal nicht in Schlips und Kragen und auch nicht mit der üblichen roten Mappe bewaffnet. An diesem Tag machten sie einen eher unbeholfenen Eindruck auf den Leitern, von wo aus sie versuchten, die Schnüre des Spruchbandes zu entknoten.

»Wat macht ihr denn hier? Is Parteiversammlung statt Kino?«, rief einer in den Saal.

»»So wie wir heute arbeiten, werden wir morgen leben««, las Fleischermeister Krüger vor. »Sach ich doch auch immer. Soll'n wir wat helfen?«

Die drei auf der Bühne reagierten nicht. Sie waren zu sehr beschäftigt, vielleicht hatten sie die Zurufe auch nicht richtig verstanden. Der hagere Parteigenosse Erwin zerrte gerade so sehr am Banner-Seil, das in sich völlig verknotet war, dass es sich noch ein paarmal um sich selbst drehte und zu einer Knotenkugel wurde. Er hatte Mühe, sein Gleichgewicht auf der Leiter zu halten.

Wenn man lange genug auf etwas wartet, freut man sich umso mehr darüber. Nach acht Jahren Vorfreude brachte uns unser Trabi aus dem VEB Sachsenring Zwickau innerhalb der von Honi gesetzten Grenzen überallhin – sogar bis vor den Konsum in Wilhelminenthal.

»Sollen wir helfen?«, rief Fleischer Krüger noch mal in Richtung der drei ungewöhnlichen Bühnenarbeiter.

Bürgermeister Langhof blickte verstohlen zu meinem Vater, der ihm einen strengen Blick zuwarf, woraufhin Langhof schnell schuldbewusst abwinkte: »Nee, nee, wir machen das schon! Wir sind gleich wieder weg.«

Das sah vom Zuschauerraum aus nicht so aus.

Prompt ließ Dorf-Suffkopp Rudi den ersten Spruch los. »Ja, dann! In der Ruhe liecht die Kraft, Dieder!«

Einige mussten lachen. Parteisekretär Erwin versuchte zu orten, woher die Bemerkung gekommen war, rutschte dabei aber mit einem Fuß von der Leitersprosse, was kurz zu einem Aufschrei im Publikum führte. Dann balancierte er sich wieder ins Gleichgewicht.

Drei Männer applaudierten.

»Wer abrutscht, darf noch mal!«, grölte Rudi und lachte laut über seinen eigenen Witz.

Dem Bürgermeister war es am linken Ende jetzt endlich gelungen, die Knoten zu öffnen. Das Banner löste sich auf seiner Seite und flog dem Parteisekretär um die Ohren.

»Oh, oh!«, riefen welche aus der Menge. Die gelockte Dame, die bislang hilflos zwischen den beiden Partei-Artisten hin- und hergependelt war, verdrückte sich jetzt in die linke Bühnenecke.

»Joh! Mensch Erwin, du bist besser als der Chaplin!«, sagte laut ein kleiner untersetzter Mann, den ich als Busfahrer kannte.

Doch mit diesem Kompliment wusste Erwin nichts anzufangen, er zog und zerrte weiter an seinem Knotenball, die Lage schien aussichtslos.

»Lass!«, befand der Bürgermeister, »wir holen die Leinwand und hängen sie drüber!«

Ich wusste, die Leinwand wog ein paar Dutzend Kilo. Sie musste waagerecht hochgenommen und gleichzeitig auf beiden

Seiten in die Verankerung eingehakt werden. Bürgermeister Langhof war fast einen halben Meter kleiner als der lange Parteisekretär, deshalb kam sie auf seiner Seite in starke Schräglage.

»Mehr links hoch!«, brüllte einer aus dem Publikum.

Der Saal war mittlerweile voll.

»Nee! Andersrum! Links ist andersrum, Genosse Erwin!«, rief eine Frau mit einem Dutt.

Alles lachte jetzt.

Erwin schaffte es, die Filmleinwand auf seiner Seite in die Verankerung zu stemmen, geriet dabei aber in eine bedrohliche Schieflage und konnte ein Straucheln nur dadurch verhindern, dass er beherzt in das herabhängende Banner griff.

Bürgermeister Langhof hielt das andere Ende nun allein.

»Dieder, dat schaffst du!«, rief der Busfahrer ihm zu.

Dem sonst eher gemütlichen Bürgermeister stand die Panik ins Gesicht geschrieben. Er war puterrot, seine Stirn schweißbedeckt.

Der Saal feuerte ihn an: »Eins, zwei, drei! Hopp!«

Auf Zehenspitzen und mit nach oben durchgedrückten Armen versuchte der kleine Dicke, die Leinwand in die Verstrebung zu hieven. Das sah gefährlich aus, aber er schaffte es.

Mit wackligen Beinen stiegen sie nun von ihren Leitern. Die Leute klatschten, und einige pfiffen jetzt sogar. Aber anstatt sich zu verneigen, nahmen die drei hastig den Hinterausgang.

»Dann können wir ja jetzt anfangen«, sagte mein Vater mit einiger Genugtuung in der Stimme, strich sich mit der rechten Hand über das Haar und ging nach hinten zu seinem kleinen Kabuff.

Ich gebe zu, ich hatte jetzt Schwierigkeiten, mich auf Tecumsehs Schlacht einzulassen. Den anderen Zuschauern muss es ähnlich ergangen sein, denn ich hörte noch lange von überall her Geflüster.

Im Nachhinein kann ich gar nicht sagen, was spannender war, das Bühnenvorspiel oder der Film. Mein Vater hat mir nie verraten, wie er das Trio hatte bewegen können, mitzukommen – vielleicht hatte es schon ausgereicht, dass er ihnen die Meinung gegeigt hatte. »Wer Dreck macht, muss ihn auch selber wegräumen«, könnte er gesagt haben. Solche einfachen Wahrheiten lagen ihm auf der Zunge. Auf alle Fälle war er nicht »der Übermacht unterlegen« wie Häuptling Tecumseh in dem Film mit meinem Lieblingsschauspieler.

HEILIGER BIMBAM –
OFFIZIELL ERWACHSEN

In der *Aktuellen Kamera* sah ich eines Abends, wie der sowjetische Staatschef Leonid Breschnew seine Lippen über die unseres Staatschefs Honi stülpte und danach ins Mikro brummte, dass sich nun die Wende vom Kalten Krieg zur Entspannung vollzogen habe. Ich hatte keine Ahnung, was das bedeuten sollte. Von wegen Entspannung! Mich hatte keiner gefragt. Ich hatte Pickel im Gesicht und den Kopf voll wirrer Gedanken. Schon im kommenden Frühjahr sollte ich die Jugendweihe erhalten. Und meinen Personalausweis. Damit wäre ich dann »offiziell erwachsen«. Schlugen die roten Pusteln auf Stirn und Kinn Alarm, weil sie sich dagegen wehren wollten? Und würde mein erster Kuss genauso werden wie bei Breschnew und Honi?

Der jedenfalls war noch weit entfernt, so schien es. Die Mädels und Jungs unserer Klassenstufe bildeten zwei getrennte Rudel, wobei das eine das jeweils andere so fremd und unheimlich fand wie Zombies von einem fremden Stern. Es fiel uns Mädchen nichts ein, was wir mit diesen merkwürdig schlaksigen und unsicheren Gestalten in den zu kurzen Hosen anfangen sollten. Wir schielten zu den größeren, denen aus Klasse neun und zehn, aber die sahen uns gar nicht.

Mit Jürgen hatte ich mich ja schon vor einiger Zeit auf so einen unerfüllten Blickaustausch eingelassen. Seitdem er was mit einer älteren Schülerin angefangen hatte, wollte ich auch älter werden.

Das Erwachsenwerden war ein langsamer Prozess. Spargel-Edgar, der eine Klassenstufe über mir war und den Spitznamen wegen seiner schlaksigen Figur trug, machte sich gern über unsere Unreife lustig.

»Was ist denn das für 'n Babykram!«, brüllte er über den Schulhof, als er mich mit Christiane und Marion Gummitwist spielen sah. Die anderen Jungs aus seiner Clique quittierten seine Worte mit einem breiten Grinsen. Gummitwist war wohl auf dem Weg zum Erwachsenwerden hinderlich, schloss ich und warf das Gummiband noch am gleichen Abend in die Kiste mit den alten Spielsachen, die auf unserem Dachboden stand.

In unserer Klasse wurden Poesiealben herumgereicht. Ich selbst hatte immer noch keines, weil wir die Lieferung im Schreibwaren-HO[15] verpasst hatten. Eines Tages drückte mir meine beste Freundin Christiane ihr Album zum Reinschreiben in die Hand und reichte mir dazu gleich ein zweites.

»Für wen ist denn das zweite?«, fragte ich.

»Für dich«, sagte sie. »Oma hat mir eins mitgebracht und Mama auch, da hab ich gedacht, ich schenk es dir. Hab mich auch schon drin verewigt.«

Freudig schlug ich das rot glänzende Leinenbuch mit der goldenen Aufschrift *Poesie* auf.

Wer Freunde sucht, ist sie zu finden wert.
Wer keinen hat, hat keinen noch begehrt. (Lessing)
Zur bleibenden Erinnerung an Deine Freundin
Christiane

stand dort in feinster Schönschrift, und da wir beide uns ja gefunden hatten, war ich ziemlich erleichtert. Der Erinnerungsnachsatz beunruhigte mich allerdings etwas, denn er klang so, als läge unsere Freundschaft schon in der Vergangenheit. Wir waren doch gerade ganz dicke miteinander, und bisher war ich davon ausgegangen, dass das immer so bleiben würde.

---

15 HO oder Konsum hießen die Ladenketten des Landes, und die gab es auch in Jarmen. HO war schlicht die Abkürzung für Handelsorganisation, die rein staatlich geführt wurde, während der Konsum der Genossenschaft gehörte. »Ham wir nich«, hieß es meistens in beiden.

Auf der linken Seite hatte Christiane ein Foto von sich eingeklebt. Ihre langen blonden Haare, sonst immer etwas wild durcheinander, waren hier ordentlich zu einem Seitenzopf gebunden und am Kopf mit einer Spange gehalten. Sie blickte in schräger Pose lächelnd an mir vorbei. So brav war sie mir fast ein bisschen fremd. Ich blätterte weiter. Die Seiten waren natürlich noch leer. Was würden die anderen mir mit auf den Weg geben?

Erst mal ging das quadratische Büchlein in der Familie reihum. Mutti schrieb, dass man nur durch Fleiß was werden kann, und Vati setzte auf Goethe und hoffte, dass der Mensch edel sei, hilfreich und gut. Ich nahm das als Aufforderung. Nach Oma und Opa verewigten sich die Geschwister meiner Eltern mit Sinnsprüchen für ein gutes Leben, dann reichte ich es in der Klasse herum. Seit ein paar Tagen lag es bei Ursel, unserer Klassenschönsten.

Die Poesiealben waren nicht das Einzige, was auf dem Schulhof die Runde machte. Ich versuchte mit Filmpostern aus Vatis Kinobeständen zu punkten und tauschte sie gegen Autogrammkarten von den Puhdys, von Renft und der Gruppe WIR. Christiane hatte einen Plattenspieler und die neuesten Singles von den Puhdys: »Türen öffnen sich zur Stadt« und »Geh zu ihr«. Letzteres Lied kannte ich aus dem Kinofilm *Die Legende von Paul und Paula*, den ich nur von Vatis Vorführraum aus gucken durfte, weil der Streifen ab sechzehn und ich erst dreizehn war.

Verstohlen wischte ich mir zig Mal die Tränen aus den Augen, weil ich befürchtete, mein Vater würde mich sonst vielleicht nicht bis zu Ende schauen lassen. Als die Protagonistin Paula stirbt, musste ich aber dann richtig losheulen.

»Bist doch noch zu jung für den Film«, sagte er, als er mich schluchzend neben dem knatternden Projektor den Abspann verfolgen sah. Ich hatte aber beobachtet, wie fast alle Frauen im Saal die Taschentücher zückten. Vor allem die älteren.

»Weinen doch alle«, verteidigte ich mich und schnäuzte ins Tuch.

Mein Vater schüttelte verständnislos den Kopf. »Ist wohl ein Frauenfilm«, sagte er, »mir zu schnulzig.«

Gundi war nach dem Film ganz nervös und kratzte sich unter der Wollmütze dauernd am Kopf. Als ich ihn fragte, wie er den fand, stotterte er noch mehr als sonst: »Ggggut. Gggeht schön um Fffficken.«

Bei der romantischen Liebesszene mit den Rosenblüten im Bett war wohl seine Fantasie mit ihm durchgegangen.

Spuki grinste in sich hinein und fingerte Zigaretten aus seiner Schachtel f6. »Dat verstehst du doch noch gar nich«, sagte er zu mir.

»Aber ihr!«, entgegnete ich beleidigt. Die zwei waren schon etwas älter als ich, aber ich hatte noch keinen von beiden mit einem Mädel zusammen gesehen.

Mit Christiane, die den Film nicht hatte gucken dürfen, konnte ich am nächsten Tag endlich darüber sprechen und ihr alle Szenen nacherzählen. Immer wieder. Die verstand mich. Und wir legten auch die Platte wieder und wieder auf. »Geh zu ihr ...«, brummten die Puhdys, »und lass deinen Drachen stei-hei-gen ...« Was sie damit meinten, versuchten wir uns vorzustellen.

Die Einzige aus meiner Klasse, die darin bereits Erfahrung hatte, war die schöne Ursel. Sie war zweimal sitzen geblieben und schon fünfzehn und wusste, wie *es* läuft.

»Scharfes Gestell«, sagten die Jungs über sie und stierten auf ihre Wölbungen unter dem eng anliegenden Rolli und ihren knapp sitzenden Minirock. Obwohl sie mit einem ging, der schon mit der Schule fertig und in der Lehre war, genoss sie diese Blicke auf dem Schulhof sichtlich. Wenn sie ihre langen dunklen Haare zu einem Pferdeschwanz hochgebunden hatte, erinnerte sie mich an das Mädchen aus dem Katalog, das mich zum Kauf des orangefarbenen Anoraks verführt und mir mit seinem Wegschmoren am Konsum-Ofen ein unvergessliches Erlebnis beschert hatte. Mit der Kunst der Verführung kannte sich Ursel auch aus. Sagte sie. Und wir glaubten es.

In der Turnhalle standen große Holzboxen mit abnehmbaren lederbezogenen Deckeln. Darin gab sie uns Nachhilfeunterricht. Jedes Mädchen aus meiner Klasse durfte für ein paar Minuten zu ihr rein. Jetzt war ich dran: Ursel fasste mir zwischen die Beine und an die Stelle, wo mal Busen vorgesehen war.

Ich musste kichern und schüttelte mich. »Mann, das kitzelt!«

»Dabei darfst du nicht lachen!«, sagte sie streng und küsste mich auf den Mund. Mit einer Stimmlage, als habe sie Halsschmerzen flüsterte sie mir ominöses Zeug ins Ohr. »Morgen zieh ich dir dein Höschen aus und häng es an die Tafel!«, raunte sie.

Ich befreite mich aus ihrer Umarmung und schubste sie gegen die Holzwand der Kiste. »Eh, das tust du nicht!«

»Das sagt man doch nur so«, beschwichtigte sie mich.

»Ich will das aber nicht!«

Sie kicherte. »Macht doch auch keiner.«

»Wie meinst du das denn?«

»Egal. Mach jetzt mal die Augen zu und den Mund auf!«

Ich schloss die Augen und wollte gerade fragen warum, da steckte Ursel mir etwas Nasses, Wulstiges zwischen die Zähne. Ich fing an zu würgen, weil ich dachte, ich müsste ersticken.

»Hör auf! Was soll *das* denn?«

»So geht Zunge.«

»Wie, Zunge?«

»Na Zunge eben. Eh, du kapierst ja gar nichts. Ist besser, du setzt erst mal aus! Du bist ja noch voll kindisch!«

Da wir alle – außer Ursel – mehr oder weniger kindisch waren, machte mir ihr Urteil über meine Reife nicht allzu viel aus. Ich schwor mir aber, so eine alberne Angelegenheit, bei der Lachen verboten war, und »Zunge«, bei der man erstickte, so bald nicht wieder zu probieren.

Wir krabbelten aus der Kiste, da fiel mir mein Poesiealbum ein. Ich hatte es ihr schon vor über einer Woche gegeben, was ich nach diesem Erlebnis fast bereute.

»Oh, muss ich noch reinschreiben«, sagte sie, kramte das Album in der großen Pause aus ihrer Tasche, hockte sich hin und schrieb völlig schief über das rechte Blatt:

Was du hinter dir gelassen,
schau nicht lang danach zurück.
Vor dir liegen blaue Berge
und dahinter manches Glück.

Da sie dabei ihre Wurststulle aß, verewigte sie sich daneben mit zwei Fettflecken, die sich bis durch die nächsten zwei Seiten zogen. Ich war sauer. Der Spruch klang allerdings verheißungsvoll. Mir war nicht klar, wo die geheimnisvollen blauen Berge sein sollten, ich kannte hier bislang nur den ungetrübt weiten Blick bis zum Horizont. Vielleicht würde ich ja eines Tages sogar begreifen, was an dieser ganzen Fummelei so schön sein sollte.

Ich musste wieder an Ursels Vers denken, als die Zwillinge mir ein paar Tage später überraschend von ihren Reiseplänen erzählten.

»Kannst du vergessen hier die Gegend«, stellte Spuki zwischen zwei Zigarettenzügen fest. »Wir hauen hier bald ab. Hier is dote Hose.« *Dote* sprach Spuki durch seinen Sprachfehler so engagiert, dass er mich dabei anspuckte.

»Dote Hose?«, wiederholte ich und wischte mir seine Spucke von der Wange. »Abhauen?« An so was hatte ich noch nie gedacht. Wohin denn abhauen?

Bevor sie hier verschwanden, wollte ich aber mein Poesiealbum wiederhaben, das ich ihnen nach Ursel gegeben hatte.

»Habt ihr mein ›Pösi‹ mit?«, erinnerte ich sie.

Spuki haute Gundi in die Seite, worauf der aus seiner Jackentasche grinsend mein kleines Buch holte.

»Hhhhaaaaham wir zzuusammen geschschriebn«, sagte Gundi stolz und reichte es mir.

Ich schlug es gleich auf:

Seih immer foksam und bescheidn,
sochen mak man stehts gut leidn.

Ich runzelte die Stirn, als ich die Zeilen las. Das mussten die gerade sagen. Aber abhauen wollen. Ich traute den beiden nicht zu, unser flaches Land zu verlassen, und erzählte meiner Mutter beim Spülen nach dem Essen davon.

»Das ist so, wenn man erwachsen wird«, sagte sie und bekam einen Blick, den ich nicht zu deuten vermochte. »Manche wollen dann was erleben, in der großen Stadt oder in einem anderen Land.« Sie hielt einen Moment inne und stellte dann den Teller zum Abtropfen auf das Sieb.

»Aber ich habe doch hier alle meine Freunde«, sagte ich, »und euch.«

Sie zuckte mit den Schultern. »Wer weiß, vielleicht wirst du in der nächsten Klasse schon woanders zur Schule gehen. Jeder braucht was anderes, um seinen Weg zu finden.«

Vorerst war ich jedoch in Jarmen, und einer der Menschen, die uns dabei helfen sollten, uns zu entwickeln, war Pfarrer Blümchen. Der hieß eigentlich Blum, aber wir nannten ihn so, weil er gern alles verniedlichte. Zu der aus einem Stück Lindenholz geschnitzten Figur für die Krippe sagte er »unser Jesuskindlein«, Gott war nicht einfach Gott, sondern immer »der liebe«, und wenn ich in der Christenlehre, dem evangelischen Religionsunterricht, auf einem vorgefertigten Blatt die fehlenden Heiligen Drei Könige malte, strich er mir über den Kopf und sagte: »Sehr schön, Petichen!«

»Tinilein«, meine Freundin Christiane, durfte den Engelchen Flügelchen ankleben und Matthias, der »kleine Matz«, das Krönchen auf das Köpfchen der heiligen Mutter Maria setzen.

Konnte Blümchen uns helfen, erwachsen zu werden? Ich war mir da nicht sicher. In seiner schwarzen Kutte, die ihn so breit wie hoch machte, sah er ein bisschen aus wie ein Maulwurf. Um seinen Hinterkopf wölbte sich ein halbrunder Haarkranz, der restliche Teil glänzte wie frisch poliert. Wenn er über etwas sprach, das ihm besonders wichtig war, begannen seine braunen Knopfaugen zu leuchten.

»Gott sieht alles«, mahnte er mit eben diesem Blick, als Matz während des Unterrichts vorsichtig einen Keks aus der Verpackung zog und vor sich hinmümmelte, und schlug mit dem Zeigestock auf seine Bank.

Ich wollte wissen, was so einer wie Blümchen, der für jede Situation den passenden Spruch parat hatte, in mein Poesiealbum schreiben würde, darum ließ ich es ihm an einem Dienstagnachmittag nach der Christenlehre da.

Eine Woche später bekam ich es bereits bei der Begrüßung zurück und warf trotz meines Versprechens, es erst zu Hause zu tun, einen schnellen Blick hinein. Mit schwarzer Tinte und neben einem gemalten Kreuz stand in gestochen scharfer Schrift:

Wenn Dich des Schicksals Leiden treffen,
so fange nicht zu zagen an,
Du sollst die Worte nicht vergessen,
was Gott tut, das ist wohlgetan.

Das klang düster. Ich hatte gehofft, er hätte etwas Erhellendes für mich oder zumindest etwas Freundliches. Dass ich mich bei Leid auf Gott verlassen sollte, reichte mir nicht.

Im Unterricht erklärte er uns, dass Maria durch die Wirkung des Heiligen Geistes ein Kind empfangen hätte. »Jesus«, sagte er in seiner üblichen betulichen Art, »Jesus konnte übers Wasser gehen und Blinde und Lahme wieder gesund machen.«

Ich merkte, dass Christiane kurz davor war einzunicken.

»Hah!«, rief mein Banknachbar, der »kleine Matz«, dazwischen, so laut und unvermittelt, dass Christiane erschrocken hochfuhr. »Das soll der mir mal vormachen, wie das geht!«

Pfarrer Blum hob die Stimme. »Das sind Gottes Wunder! Und Jesus ist der Erlöser, der Heiland, der Retter.«

»Dann kann er es ja auch bei Sybille tun«, legte ich nach. Meine Mitschülerin saß seit ein paar Jahren im Rollstuhl.

Blümchen faltete die Hände und blickte nach oben. »Wen Gott liebt, den lässt er leiden.«

»Das ist ja völliger Schwachsinn.« Matz fuhr wieder dazwischen. »Für wen macht Gott denn überhaupt was? Für die, die er doof findet, oder was?«

Blümchen bekam eine steile Falte über der Nasenwurzel, das erste Anzeichen, dass seine Geduld zu Ende war. »Wichtig allein ist der Glaube!«, stellte er mit strenger Stimme klar. »Ehre sei Gott in der Höhe und Friede auf Erden den Menschen seiner Gnade!« Er bekreuzigte sich, notierte dann etwas in sein Heft und entließ uns mit diesen Floskeln nach Hause.

Auf dem Weg zum Bus gestand ich Matz, dass ich seinen Vorstoß ziemlich mutig fand.

»Weißt du«, sagte er, »das ist doch Kindergarten, Blümchens Geschichten. Peinlich! Ich hör jedenfalls mit der Christenlehre auf.«

»Dann wirst du aber nicht konfirmiert«, sagte ich.

»Will ich auch nicht, das ist doch was von vorgestern.«

Ich beneidete Matz um diese Entschiedenheit. »Magst du auch was in mein Poesiealbum schreiben?«, fragte ich ihn. Ich hoffte auf etwas Wegweisendes und entzifferte dann aus seiner krakeligen Schrift:

Jeder Lenz bringt neue Lieder,
jeder Tag bringt neues Licht,
alles in der Welt kehrt wieder,
nur die schöne Jugend nicht.

Blöder Spruch, fand ich. So schön war meine Zeit gerade nicht. Aber vielleicht war Matz ja schon weiter als ich, vielleicht sah er das Ganze schon aus einer anderen Perspektive.

Der Nächste in meinem Album sollte jemand sein, der, ähnlich wie Blümchen, vorgab, auf alles eine Antwort zu haben. Das war unser Staatsbürgerkundelehrer Martin Sennebrecht. Wir nannten das Fach Stabü und unseren Lehrer Senne. Er hatte im Gegensatz zum Pfarrer gleich drei Götter im Gepäck: zwei mit Rauschebart und einen mit Spitzbart, so wie ihn Rapper oder Fernsehköche heute gerne tragen. Diese drei, Marx, Engels und Lenin, versprachen den Himmel schon auf Erden. Und so etwas wie seine Bibel zeigte uns Senne auch, sie hieß *Das Kommunistische Manifest.*

»Diese Schrift hat es in sich«, betonte er. Deshalb sprachen wir darüber in den Jugendstunden, die für den ersten Montagnachmittag im Monat anberaumt waren. »Damit können wir uns schön auf die Jugendweihe vorbereiten, Freunde!«

Ja, aus uns Pionieren, die wir seit der Grundschule waren, hatte man Freunde gemacht. Quasi über Nacht, mit dem ersten Tag in der achten Klasse, waren wir automatisch alle in der FDJ und sagten jetzt »Freundschaft« anstatt »Immer bereit«. Im Gegensatz zur Christenlehre hieß »unser Glaube« hier »unser Klassenstandpunkt« und bestand im »eindeutigen Bekenntnis zum Arbeiter-und-Bauern-Staat«.

Senne war unser jüngster Lehrer, trug die Haare bis über die Ohren und hatte einen langen Pony. Das fanden wir schon mal gut. Einige Eltern, die ihren Söhnen immer noch Fassonschnitt verordneten, rümpften darüber die Nase. »Der sieht ja aus wie einer von den Beatles«, sagten sie, »und das als Lehrer!« Das machte Senne bei uns nur noch beliebter.

Nach den Jugendstunden nahm er oft seine Gitarre und sang dazu, wobei sein langer Pony dann seinen Blick verdeckte und fast seine Nase berührte. Dann sah er ein bisschen aus wie Hartmut König von der politischen Songgruppe Oktoberklub, die auch im Fernsehen auftrat. Von denen spielte er auch die meisten Lieder, eine Mischung aus Folk, Rock und Chanson mit deutschen Texten.

Mit der Gitarre kriegte er uns.

Die Mädchen stürmten in seinen gerade gegründeten FDJ-Singeklub, meine Freundin Christiane war eine der Ersten.

»Das fetzt«, sagte sie. »Total modern die Lieder, richtig rockig und so.«

Ich überlegte noch und wollte erst mal wissen, was Senne mir in mein Poesiealbum schreiben würde. Bestimmt etwas Zeitgemäßes. Vielleicht würde er sogar selbst etwas dichten.

Ich weiß nicht, ob das von ihm war, jedenfalls las ich:

Wir können den Wind nicht bestimmen,
aber wir können die Segel richtig setzen.[16]

Wollte er mir damit sagen, dass ich nur noch die Segel zu setzen brauchte? Aber wohin würde die Fahrt mich führen? Oder meinte er damit sich selbst, der er angetreten war, uns von den kommunistischen Ideen zu überzeugen? Ich hatte immer häufiger das Gefühl, dass die Verse oftmals weniger

---

16 Hätte Senne ruhig dazuschreiben können, dass er es vom römischen Philosophen Seneca geklaut hat. Vielleicht war der ihm aber nicht sozialistisch genug, oder vielleicht lag es schlicht daran, dass es Google noch nicht gab und er es nicht wusste – wie ich zu diesem Zeitpunkt.

mit mir, sondern eher mit demjenigen zu tun hatten, der sie hineinschrieb.

Im Unterricht gingen wir das Gelöbnis zur Jugendweihe durch, das wir im Frühjahr ablegen würden. Es ging um ewige Treue zum Sozialismus und zur Partei.

»Egal, was die macht?«, fragte ich.

»Wir können davon ausgehen, dass alles, was unter der Führung unserer Partei geschieht, dem Wohl des Volkes dient«, antwortete Senne und setzte sich lässig auf seine Tischkante. Seine Worte klangen, als wäre dies ein Naturgesetz.

Matz grinste und sprach im zittrigen Ton von Blümchen: »Wichtig allein ist der Glaube!«

Die ganze Klasse lachte.

»Vom wem hast du denn den Spruch?«, fragte Senne.

»Das haben wir von Pfarrer Blum gelernt«, antwortete Matz.

Senne warf seinen langen Pony zur Seite und stand auf. »Hey Leute, geht ihr etwa auch noch in die Kirche? Ihr seid jetzt in der FDJ, und ich denk, ihr wollt die Jugendweihe! Wenn ich das so höre, haben wir ja noch 'ne Menge zu tun, um euch zu bewussten Staatsbürgern zu erziehen!« Er lachte und schüttelte den Kopf. »Christenlehre, das geht doch nicht. Ihr müsst euch entscheiden. Wird Zeit, dass sich mal jemand darum kümmert!«

In der folgenden Woche führte er mit jedem von uns ein Einzelgespräch.

Meines war sehr kurz.

»Petra, was willst du?«

Was sollte ich denn wollen? Meinte er meine Wünsche für den nächsten Geburtstag, ob ich Hunger hatte oder dass ich mich heimlich, aber sehr intensiv nach einer Levi's 501 und einer Jeansjacke sehnte? Ich verstand die Frage nicht. Bis jetzt hatten uns die Erwachsenen immer gesagt, was wir wollen sollten, damit es uns gut ging. Ich schwieg.

Das schien ihn nicht zu stören, er blätterte in Papieren: »Willst doch Abitur machen, oder?«

»Hm«, antwortete ich zögerlich, aber nicht sehr entschieden.
Darüber hatte ich noch nicht nachgedacht. Ich wäre gern erst
mal vierzehn geworden.

»Ja dann ist doch alles klar, oder? Wenn du noch mit einem Bein in der Kirche hängst, könnte das schwierig werden.
Komm mal morgen mit in den Singeklub. Das ist was für
dich.«

Ich zuckte mit den Schultern und nickte dabei.

»Gut, dann hol mal die Christiane rein!«

Ich wollte erst einmal mit Blümchen reden und das mit der
Christenlehre klären. Am nächsten Dienstag standen von den
ehemals vierzehn Teilnehmern aus unserer Klasse nur noch
sechs vor seiner Gemeindetür. Auch Matz war nicht mehr dabei und Christiane ebenfalls nicht.

Pfarrer Blum öffnete uns nach langem Klopfen mit hoch-
rotem Gesicht. Offenbar war er schon vorgewarnt, denn er begrüßte uns nicht einmal, sondern schrie uns gleich an: »Was ist
denn mit euch los? Jugendweihe, Jugendweihe! Ich lass mich
nicht in die Ecke drängen. Das klär ich alles mit euren Eltern.
Das versprech ich euch. Und jetzt erst mal fort mit euch! Geht
nach Hause!«

Wütend schlug er die Tür zu. Warum hatte er nicht mit uns
gesprochen? Auf dem Heimweg stand mein Entschluss fest.

Für meine Eltern war das in Ordnung, sie waren selbst keine großen Kirchgänger und meinten, wenn ich das so entschieden hätte, wäre es auch richtig. Sie wollten sich auf keinen Fall
Ärger mit der Schule einhandeln.

Zwei Tage später bekamen sie einen Brief. Nicht von Blümchen, sondern von Senne. Er lobte mich für meine eindeutige
Entscheidung für die Jugendweihe und für meinen Klassenstandpunkt. Dann stand da noch so etwas wie, dass unser Gespräch ein erfolgreicher Schritt auf dem Weg zum sozialistischen Kollektiv war, »Vom Ich zum Wir«.

Das war ja nun auch übertrieben, fand ich. Außerdem hätte ich gern erst gewusst, wer das »Ich« war, das sich da so schnell und ohne mein Mittun zum »Wir« entwickelte.

Das Senne-Blümchen-Spiel ging ganz klar mit 23:3 für unseren Stabülehrer aus. Nur drei Schüler wollten neben der Jugendweihe auch noch die Konfirmation erhalten.

»Dann lassen wir das mal als ›Ausnahmejahr‹ gelten«, meinte Senne, der in Zukunft wohl hundert Prozent der Schüler allein für sein Anliegen verbuchen wollte.

Damit löste die eine Religion die andere ab.

Im Januar wurde ich vierzehn, und vier Monate später fand die Jugendweihe statt.

An diesem Tag erkannten wir uns und unsere Mitschüler kaum wieder. Die Jungs steckten in dunklen, meist braunen Anzügen und trugen Schlips und Kragen, genau wie Senne. Den langen Pony hatte er sich ordentlich zur Seite gekämmt. Wir Mädchen kamen im Mini. Mein Kleid war hellblau, auf Taille geschnitten und mit breitem Kragen. In meinen BH hatte ich Watte gesteckt, damit die Abnäher am Kleid nicht nach innen beulten. Offensichtlich war ich nicht als Einzige auf diesen Trick gekommen, denn noch einige andere Mitschülerinnen hatten über Nacht eine erstaunliche Oberweite vorzuweisen.

Christiane war beim Friseur gewesen und hatte ihre langen Haare geopfert. Ihre Frisur mit dem Mittelscheitel und langem Pony glich ein wenig der unseres Stabülehrers.

»Weg mit dem alten Zopf«, sagte sie.

Meinen trug ich an diesem Tag zum Pferdeschwanz gebunden.

In der bestuhlten Aula saßen bereits Eltern und Geschwister, während wir zur Musik vom ortsansässigen Blasorchester in Zweierreihen nach vorn marschierten und in den ersten Zuschauerreihen Platz nahmen. Über der Bühne war das Banner

»Alle Kraft unserer Deutschen Demokratischen Republik!«
gespannt, und davor sangen jetzt Jungpioniere und rezitierten
Gedichte. Während uns Schuldirektor Brandt die Bekennt-
nisse für die edle Sache des Sozialismus jeweils mit einem
durch den Saal raunenden »Ja, das geloben wir!«[17] abnahm,
erkannte ich, dass die Töpfe mit den Grünpflanzen vor der
Bühne aus den einzelnen Klassenzimmern stammten. Klar,
der kleine Gummibaum war eindeutig aus dem Biozimmer.
Wer wird die wieder hochschleppen?, dachte ich und hörte
plötzlich meinen Namen. Oh, ich war schon dran. Das hieß
aufstehen, auf die anderen fünf warten, sich einreihen und auf
die Bühne steigen, um vom Direktor eine Aster mit Grünzeug,
eine Urkunde und den Wissensband *Weltall Erde Mensch* entgegenzunehmen.

Bis jeder Schüler sein Sprüchlein aufgesagt und seinen
Pflanzenbund bekommen hatte, vergingen zwei Stunden.
Dann setzte der Direktor noch mal zu einer Rede an und betonte, dass wir mit diesem Akt in die Reihen der Erwachsenen aufgenommen wären und was für eine große Verpflichtung
das dem Staat gegenüber sei. Alle klatschten. Senne sang mit
den Siebtklässlern den Hit des Oktoberklubs »Sag mir, wo du
stehst«, und als ich mich umblickte, entdeckte ich meinen Vater,
der sich vor Rührung die Tränen aus den Augen wischte.

»Peti, egal ob Jugendweihe oder Konfirmation – du bist jetzt
erwachsen«, sagte er und umarmte mich, als wir nach der offiziellen Feier zum Trabi gingen, um nach Hause zu fahren. Dort
warteten schon die Verwandten zum gemeinsamen Feiern. Als
Geschenk schoben meine Eltern einen nagelneuen Motorrol-
ler – eine weiße »Schwalbe« – vor das Haus.

»Alles Gute«, wünschten die Gäste und die Dorfbewoh-

---

17 Der Text war vom Zentralen Ausschuss für Jugendweihen vorgeschrieben und
umfasste das Bekenntnis für den Einsatz zum Weltfrieden, für den Arbeiter- und
Bauernstaat, für Völkerfreundschaft mit der Sowjetunion, für die »entwickelte sozialistische Gesellschaft« unter Führung der Partei und zum Kampf gegen die »impe-
rialistische Bedrohung« – dauerte also ewig.

Wir erlangten auch ohne christlichen Segen eine gewisse Reife – oder das, was wir dafür hielten. Der Bonus nach der steifen Übergabe der Urkunde auf der Bühne: die dann folgende Familienfeier – und die Tatsache, dass uns die Lehrer ab dem nächsten Tag mit »Sie« ansprechen mussten.

ner und brachten Briefumschläge mit vorgefertigten Glückwunschkarten, in denen meistens ein Geldschein steckte.

Nun war ich »offiziell erwachsen«. Was genau das bedeuten sollte, wusste ich immer noch nicht. Denn so viel hatte sich im letzten halben Jahr nicht geändert. Die Erwachsenen, das war sicher, kannten auch keine Antworten auf alle meine Fragen. Sollten sie uns ab jetzt ruhig mit »Sie« ansprechen, das war mir gleich.

Abends zählte ich das Geld aus den Briefumschlägen. Fünfhundertzwanzig Mark. Das hatte sich aber gelohnt.

Auf dem Nachttisch neben meinem Bett lag das Poesiealbum – es war fast voll. Durch die eingeklebten Fotos und Glanzbilder war es prall gefüllt. Das rote Leinen hatte Kratzer abbekommen, innen gab es Flecke und ein paar Eselsohren. Aber das machte nichts. Ich blätterte darin herum und musste lächeln, während ich über so manchen Spruch, manches Klebebildchen mit dem Finger strich. Ob die sozialistische Freundschaft mir etwas bringen würde, wusste ich nicht. Aber wer brauchte die schon, wenn man wirkliche Freunde hatte.

REGELN, DIE DIE WELT
NICHT BRAUCHT

Kurz nach der Jugendweihe erhielt ich von der Schule ein Schreiben, in dem stand, dass ich ab Klasse neun die Erweiterte Oberschule, abgekürzt EOS, besuchen durfte: Ich war zum Abitur zugelassen. Gymnasium sagte bei uns keiner. Diesen latinisierten Begriff der alten Griechen hatte man aussortiert. Der Dreier EOS passte besser in die Welt der sozialistischen Neuschöpfungen und Abkürzungen.[18]

Das größte Abenteuer daran war, dass ich dafür in die Kreisstadt ziehen würde. Zumindest unter der Woche, denn Landschüler sollten nicht täglich pendeln müssen, die kamen ins Internat. Das wurde von der Schule aus organisiert. Christiane und ich hatten uns schon wochenlang vorher ausgemalt, was wir mitnehmen und wie wir unser Zimmer ausgestalten würden. Denn dass wir eine gemeinsame Butze haben würden, war ja wohl klar!

In der folgenden Nacht tat ich kein Auge zu, so sehr freute ich mich darauf, mit meiner Freundin alles zu bereden und zu planen.

Ungeduldig erwartete ich am nächsten Tag den Schulbus, in den Christiane schon an der vorherigen Haltestelle eingestiegen war. Bereits beim Hereinkommen winkte ich ihr aufgeregt zu. Christiane hatte die Kapuze tief ins Gesicht gezogen, so, als wollte sie nicht gesehen werden. Ich drängte mich an den anderen Schulkameraden vorbei zu ihr. An ihren roten Augen sah ich sofort, dass sie geweint hatte.

---

18 Wobei der falscheste Buchstabe einer der bekanntesten Abkürzungen in meinen Augen das mittlere D in DDR war. Ich erinnere mich auf Anhieb auch an DSF, GST, FDJ, ABV, EVP, LPG, VEB, OGS, HGL, BSG, MfS und SED. Erschreckend, wie wenig man dann doch vergisst.

»Was ist los?«

»Bin abgelehnt worden«, sagte sie. Tränen liefen ihr über das Gesicht.

Zuerst dachte ich, dass ich mich verhört hätte. »Was? Das kann doch nicht wahr sein. Wieso?«

Christiane konnte vor Weinen nicht reden und zuckte mit den Schultern.

Ich nahm sie in den Arm. Das musste ein Missverständnis sein, etwas anderes konnte ich mir nicht vorstellen. Mit einem Zensuren-Durchschnitt von Eins Komma vier hatte sie eines der besten Zeugnisse in unserer Klasse.

»Lass uns in der großen Pause zu Senne gehen!«, schlug ich vor. »Der kann das bestimmt aufklären.« Nachdem unser Deutschlehrer sich vor einiger Zeit das Leben genommen hatte, war Senne jetzt auch unser Klassenlehrer. Ich wusste, dass er Christiane mochte, schon deswegen, weil sie eine der ersten Begeisterten in seinem Singeklub war.

Doch Senne wich uns auf dem Schulhof aus und verschwand schließlich im Schulgebäude. Wir folgten ihm bis ins Lehrerzimmer, dort konnte er ja nicht weg. Er kramte in seiner Aktentasche und tat sehr beschäftigt, als wir nach dem Klopfen, ohne sein »Herein« abzuwarten, einfach die Tür öffneten.

»Warum darf Christiane kein Abitur machen?«, platzte ich gleich heraus.

»Kommt mal mit«, sagte er leise, kam auf uns zu und schob uns vor sich her auf den Schulhof. Dort fasste er sie bei den Schultern und sah in ihr blasses Gesicht. »Es tut mir leid«, sagte er. »Ich habe eine Empfehlung für dich abgegeben. Aber das Gesuch ist von der Direktion und vom Bezirksamt abgelehnt worden.«

»Warum?«, schluchzte Christiane.

Sie träumte davon, Ärztin zu werden wie ihre Mutter, ein lang gehegter Plan. Biologie und Chemie waren ihre Lieblingsfächer. Im Gegensatz zu uns anderen Schülern verstand sie, was sie da lernte.

»Weißt du, die Plätze sind begrenzt«, erklärte Senne, »da müssen wir Kindern von Arbeitern und Bauern den Vortritt lassen.«

»Ich bin doch auch kein Arbeiter- und Bauernkind«, entfuhr es mir.

»Aber die Tochter von einfachen Angestellten. Christiane kommt aus einer Familie mit ausgesprochen bürgerlicher Tradition – so nennen wir das. Ja, das ist nun mal so.« Senne konnte uns nicht in die Augen sehen. Das kannten wir nicht von ihm.

In meinem Kopf ratterte es. Christianes Mutter war Ärztin mit eigener Praxis, und ihr Vater hatte sich als Elektromeister mit einem Angestellten vor ein paar Jahren selbstständig gemacht. Kleine private Betriebe wie dieser waren nicht gerade erwünscht, aber geduldet. Sollte Christiane dafür den Preis zahlen, dass ihre Eltern auf diesem nicht gerade sozialistischen Weg beruflich erfolgreich waren?

»Dann will ich auch kein Abitur!«, entschied ich.

Christiane sah mich an. Ich nickte zur Bekräftigung. Wir hatten doch vor einem Jahr Blutsbrüderschaft geschlossen und uns ewige Treue geschworen.

Senne achtete nicht auf mich. Er strich Christiane über den Kopf. »Es tut mir wirklich leid«, sagte er. »Ich werde mit deinen Eltern sprechen, aber darüber hinaus kann ich nichts für dich tun. Du wirst auch so deinen Weg gehen. Bist doch ein starkes Mädel.«

Jetzt weinte ich auch. Ich konnte mir nicht vorstellen, wie es sein würde, ohne meine beste Freundin die Schule zu wechseln.

Zu Hause fragte ich meine Eltern, ob wir gegen diese Ungerechtigkeit etwas unternehmen könnten.

Mein Vater schüttelte den Kopf. »Da kommen wir nicht gegen an, das kommt von ganz oben.«

»Und wenn ich dann auch nicht gehe?«, rief ich und erwartete ein Donnerwetter.

»Tu, was du für richtig hältst. Das musst du selbst entscheiden«, sagte er ruhig, knetete aber, wie immer, wenn er nervös war, die Hände.

»Allerdings wirst du nicht dein ganzes Leben mit Christiane verbringen«, unterbrach Mutti. »Egal, ob ihr nun zusammen Abitur macht oder nicht. Deshalb solltest du machen, was du für dein Leben richtig findest.«

Die Gedanken kreisten in meinem Kopf. Mein ganzes Leben, das konnte ich mir doch noch gar nicht vorstellen. Nur was jetzt war, schien wichtig, und ich fand das alles furchtbar ungerecht. Ich hatte das Gefühl, mich träfe eine Schuld an Christianes zerbrochenem Lebenstraum, wenn ich nun ohne sie Abitur machte.

Wenige Wochenenden später war ich bei ihren Eltern zum Sonntagskaffee eingeladen. Christiane hatte ihnen davon erzählt, dass ich zu ihr halten wollte. Es gab Schneewittchenkuchen mit Puddingcreme, Kirschen und Schokoladenguss.

Ihre Mutter, die ich von vielen Besuchen kannte, trug eine ebenso moderne Kurzhaarfrisur wie ihre Tochter. Kurz nachdem wir uns an den Esstisch gesetzt hatten und sie mir ein Stück Kuchen auf meinen Teller gelegt hatte, kam sie auf das Abiturthema zu sprechen.

»Wir haben uns noch mal dafür eingesetzt, dass Christiane zur EOS zugelassen wird. Es hat leider nichts gebracht.« Sie sah mich ernst an. »Petra, wenn du Abitur machen willst, dann mach es. Deine Entscheidung darf davon nicht abhängen. Ihr könnt als Freundinnen zusammenhalten, aber dieses Unrecht kann man nicht teilen.«

Ich war verunsichert. Stimmte das? War nicht geteiltes Unrecht halbes Unrecht?, fragte ich mich. Was wäre, wenn es mich getroffen hätte?

Ganz allein war man selten mit seinen Problemen. Es gab auch in der DDR immer jemanden, der einem zur Seite stand – in diesem Fall war das der Fotograf.

»Ich werde so oder so Chemielaborantin«, fügte Christiane hinzu. »Und falls du das jetzt auch werden willst, vergiss es. Da schleif ich dich nicht mit durch.«

Wir mussten lachen. In Chemie hatte sie mir immer Nachhilfe gegeben.

Als wir später allein im Zimmer waren, sprach ich sie noch einmal darauf an. »Du könntest es verstehen, wenn ich nach Demmin ginge?«

»Ja, ich an deiner Stelle würde es machen. Du kannst nichts dafür, dass es hier so bescheuerte Regeln gibt. Mit uns hat das nichts zu tun.«

Ich hob den linken Finger und zeigte auf die Stelle, wo wir Blutsbrüderschaft geschlossen hatten.

»Für immer und ewig«, bekräftigte Christiane, und wir pressten unsere Zeigefinger aneinander.

Ihre Reaktion machte es mir leichter, mich für die EOS zu entscheiden, und ich hoffte, ihr mit meinem symbolischen Bekenntnis zu ihr wenigstens ein bisschen Trost gespendet zu haben.

Christiane wurde wirklich Chemielaborantin und holte später auf der Abendschule das Fachabitur nach.

Als wir uns zuletzt trafen, sprach sie davon, wie anders ihr Leben vielleicht verlaufen wäre, wenn auch sie studiert hätte.

Aber noch ehe das bittere Gefühl der erlebten Ungerechtigkeit wieder in uns hochkommen konnte, betonte sie, dass es ja immer verschiedene Lebenswege gebe, die man gehen könne.

Vermutlich hat sie damit recht. Und auch wenn sich unsere schulischen Wege trennten, blieben wir trotzdem Freundinnen.

MEINE ABGESCHOTTETE
WELT

Im Bus hielt ich den Griff von Vatis altem Pappkoffer fest umklammert. Er war schwarz lackiert
und innen mit kariertem Papier ausgeschlagen.
Mein Vater hatte mich gebeten, gut darauf acht-
zugeben – immerhin war es genau der Koffer, mit dem er sich
nach der Hochzeit bei meinen Großeltern im Dachgeschoss
einquartiert hatte. Heute steckten darin meine Habseligkeiten
für das Internat. Handtücher, Bettwäsche, Kleidung, ein paar
Kunstblätter und einige Bücher.

Etwas außerhalb der Stadt, an der Haltestelle »Haus Demmin«, musste ich raus. Das war der Name des Internats, in dem
ich die nächsten vier Jahre verbringen würde. Mit mir verließen sechs weitere Schüler den Bus, die in anderen Ortschaften
zugestiegen waren und die ich schon auf der offiziellen Einwei-
sungsfeier, zu der wir Neuankömmlinge mit den Eltern gela-
den waren, zwei Tage zuvor gesehen hatte. Während wir zusammen die Allee hinaufliefen, machten wir uns miteinander
bekannt. Die alte Holzbrücke knarrte, als wir sie betraten, und
mit ihrem Überqueren waren wir auf der kleinen Insel angelangt, die von den Flüssen Peene und Tollense umschlossen war.

Hier stand hinter großen Rotbuchen und Blumenbeeten
ein altes Herrenhaus aus ehemals adligem Besitz. Dies würde
de unsere neue Bleibe sein. Die Septembersonne leuchtete den
sandfarbenen Stuck über den vier imposanten Säulen am Eingang an.

Der Anblick der jungen Frau davor holte uns schnell in die
Wirklichkeit zurück, denn sie passte eigentlich nicht in dieses
Bild. Ihr braunes halblanges Haar war ordentlich nach innen
geföhnt, und sie trug eine FDJ-Bluse, die sie in einen alt-

modischen Rock gesteckt hatte. Sehr forsch streckte sie uns die Hand entgegen.

»Ich bin Silvia Klein«, sagte sie, »eure Betreuerin im Internat und FDJ-Leiterin an der Schule, zuständig für Agitation und Propaganda. Ihr könnt mich Silvia nennen.«

Direktor Heinz Fröhlich und Irina Kartejew, die anderen beiden Betreuer, hatten wir zwei Tage zuvor kennengelernt. Silvia war also die dritte Erzieherin in unserer neuen Heimstatt.

Jetzt ging sie mit uns in den Empfangssaal und verlangte, dass wir unsere Koffer öffneten.

»Nur so, damit ich mal einen Blick hineinwerfen kann«, sagte sie und lächelte etwas verkniffen.

Das war mir unangenehm. Neben meiner Wäsche hatte ich einen kleinen Plüschhund mit, den mir Opa von der Landwirtschaftsmesse aus Leipzig mitgebracht hatte. Außerdem ein typisches Mädchenbuch und einige Bilder, um mein Zimmer zu verschönern. Ich wollte nicht, dass sie und die anderen das sahen. Aber ich traute mich auch nicht, mich dagegen zu wehren, genauso wenig wie meine neuen Mitschüler. So schauten wir beschämt zu Boden, während Silvia mit schnellen Griffen unsere Koffer durchsuchte.

»Das nächste Mal, wenn du von zu Hause kommst, nicht noch mehr mitbringen!«, mahnte sie mich und sortierte die Kunstblätter mit Nachdrucken von Picasso-Motiven aus.

»Wir wollen nicht alles bunt machen hier. Wenn da jeder sein Zeug an die Wand hängt, sieht's ja aus wie im Zirkus.«

Ich schluckte. Dann teilte sie mich Zimmer drei zu, welches später nur noch »Jarmener« genannt wurde, weil wir fünf Bewohnerinnen von dort kamen. In diesem Raum standen drei Doppelstockbetten an der rechten Seite und in der Mitte vier zusammengestellte Schultische mit fünf Stühlen drum herum. An der anderen Seite gab es eine Schrankwand, wo ich in zwei Fächern meine Sachen einräumen durfte. Agitprop-Silvia hatte recht, mehr passte nicht hinein.

Das sechste Bett war frei. Was für ein Hohn, schoss es mir durch den Kopf. Das wäre für Christiane gewesen.

Ich blickte aus dem Fenster und sah auf die verwilderten Ruinen der Burgwallanlage. Beim Rundgang hatte der Internatsdirektor erklärt, dass sie in ihren Ursprüngen auf das achte Jahrhundert zu datieren war. Alles hier hatte eine lange Geschichte – außer uns und der Einrichtung. Von diesem Platz aus hatten vormals Herzöge das mittelalterliche Pommern regiert. Und auch das Herrenhaus, in das ich nun gerade eingezogen war, zählte bereits über hundert Jahre.

In dieser abgeschiedenen Idylle für die ehemals blaublütigen Herrschaften sollten wir zu »sozialistischen Kadern für den Arbeiter- und Bauernstaat herangezogen werden«, hatte Direktor Fröhlich mit Nachdruck in der Stimme betont. Damit war das Internat im Bunde mit der Schule, die ungünstigerweise am anderen Ende der Stadt stand, sodass wir von hier jeden Tag fahren mussten oder wenn, wie so oft der Fall, kein Bus kam, einen langen Gehweg vor uns hatten.

»Sport hält fit. Seien Sie dankbar dafür, dass Sie laufen dürfen«, empfing uns Irina Kartejew, als Regina und ich mit unseren schweren Ranzen nach sechs Stunden Schule und einem einstündigen Fußmarsch das Internat erreichten. Irina war mit Anfang fünfzig die Älteste im Erziehertrio und ein echtes Mannweib. Sie kam aus der Ukraine und ließ das R beim Sprechen rollen, sonst vernahm man bei ihr kaum einen merklichen Akzent.

»Aber nicht bei diesem Wetter«, entgegnete ich und biss mir gleich auf die Zunge. Es war ein stürmischer Herbsttag und regnete in Strömen. Meine Jacke und Hose waren durchnässt, und von meinen Haaren tropfte das Wasser. Das tat jedoch nichts zur Sache – mit Irina zu diskutieren war zwecklos.

»Es gibt kein schlechtes Wetter …«

»… nur schlechte Kleidung«, ergänzte ich. Ja, ich hatte Regenmantel und Schirm vergessen.

»Ich schau mal nach, ob Sie noch was zu essen kriegen«, sagte Irina und lief, wie immer leicht nach vorn gebeugt, in Richtung Küche.

Noch ehe wir die Treppe zu unserem Zimmer erreichten, rief sie uns nach: »Wenn Sie sich beeilen, machen Ihnen die Küchenfrauen die Gulaschsuppe noch mal warm! Also umziehen! Zack, zack!«

Irina war laut und direkt, ein grauhaariger Drache mit dicken dunklen Augenbrauen, aber sie war nicht falsch und schwärzte uns nie beim Internatsdirektor an, wenn sie uns mal bei einer Dummheit erwischte. Irgendwie mochte ich sie sogar.

Direktor Fröhlich, eindeutig die mächtigste Person in unserem Domizil, hatte mit seinem Namen nicht viel gemein. Seine Lippen waren als Halbmondstrich nach unten gezogen und gaben ihm einen griesgrämigen Ausdruck. Sie hoben sich nur leicht, wenn er neben Agitprop-Silvia saß und auf ihre dicken Brüste starrte.

Wenn ich ihm im Haus begegnete, nahm ich Haltung an – ich fürchtete seinen strengen Blick und hatte Angst, gerügt zu werden. Einen Grund dafür fand er immer, wenn er wollte. Meistens aber residierte er in seinem Direktorenzimmer hinter dem großen Schreibtisch aus massiver Eiche. Ich hoffte, niemals auf dem Stuhl ihm gegenüber sitzen zu müssen.

Einer, der damit schlechte Erfahrungen gemacht hatte, war Andreas. Der Direktor hatte von seinem Fenster aus beobachtet, wie er am Ausgehtag nach der Sperrstunde um zehn Uhr abends ins Internat zurückgekehrt war. Und das bereits zum zweiten Mal. Von dem folgenden Gespräch im Zimmer des Direktors brachte Andreas einen Satz rote Ohren und einen Disziplinarverweis mit, den er von seinen Eltern unterschreiben lassen musste. Noch einen Verstoß gegen die Heimordnung und er würde nicht nur das Internat verlassen, sondern auch die Schule, hätte Herr Fröhlich gesagt. Bei politischem

Fehlverhalten – was immer das sein mochte – oder patzigen Sprüchen gelte das übrigens ohne Ankündigung, betonte der Chef des Hauses hin und wieder, wenn wir ihm zu ausgelassen erschienen.

Um gar nicht erst jugendlichen Übermut aufkommen zu lassen, herrschte im Internat eine fast militärisch anmutende Tagesordnung. Um zehn nach sechs wurden die Türen unseres Zimmers vom Weckdienst aufgerissen. Wer nicht schnell genug in den Waschräumen war, hatte das Nachsehen und musste anstehen. In der Früh gab es ausschließlich kaltes Wasser. »Damit Sie auch wach werden!« Das konnte Irina nicht oft genug betonen.

Um Viertel vor sieben fand mit gezückten Gabeln ein erbitterter Wettkampf um den knappen Frühstücksaufschnitt statt – natürlich erst, nachdem ein Schüler vom Wochendienst den sozialistischen Gruß für die hundertzehn Internatsbewohner gesprochen hatte: »Wir starten den Tag mit dem Gruß der Freien Deutschen Jugend: Freundschaft!«

»Freundschaft!«, blökten wir lässig und mit tiefer Stimme zurück, sodass nur ein lautes Brummen durch den scheppernden Essenssaal dröhnte.

Jetzt schnell ein Brot essen, Milch trinken, Schmalzstullen für die Schule schmieren, abräumen.

Um halb acht drängten wir uns in den Bus, der uns für mindestens sechs Stunden Unterricht ins Gymnasium brachte, und machten uns gegen zwei mit knurrendem Magen auf den Rückweg ins Internat – meist zu Fuß. Bis um drei Uhr hielten die Küchenfrauen ein deftiges Mittagessen warm, und der Nachmittag war verplant mit Hausaufgaben, politischen Veranstaltungen und Arbeitsgemeinschaften. Um sechs Uhr, zum Abendbrot, hieß es wieder: Gabeln zücken. Danach hatten wir Freizeit, und kurz vor zehn Uhr lief Irina mit einem Schüler vom Wochendienst durch die Zimmer und kontrollierte, ob wir alle brav in den Betten lagen.

Zwischendurch gab es einen ständigen Wettstreit um den knappen Warmwasservorrat. Floss welches, konnten ein paar Glückliche warm duschen, und die anderen durften wieder mit ihrer Waschtasche zurück ins Zimmer schlurfen und Stunden warten, bis es sich im Boiler neu erhitzt hatte.

Mittwochs war Ausgehtag, und für einen Spaziergang in die Stadt mussten wir uns in einer überwachten Liste an- und abmelden. Aber außer dem Treff in der Milchbar war in Demmin leider »dote Hose«.

Trotz des strammen Tagesplans lebte ich mich rasch ein und fand im Haus Demmin viele gute Freunde, mit denen immer etwas los war. Die sechs Augen der Erzieher, das hatten wir schnell begriffen, konnten doch nicht alles sehen. Das gab uns die Chance, hin und wieder mal auszubüchsen, so wie es meine Mitschülerin Regina tat, die einen Freund in der Stadt hatte und wilde Storys von ihren nächtlichen Ausflügen zum Besten gab.

Die Frage »Wer geht mit wem?« entwickelte sich bald zu dem Thema, das von uns im »Jarmener Zimmer« am ausführlichsten besprochen wurde. Mich hatte es auch heftig erwischt, gleich ein halbes Jahr nach dem Einzug. Er hieß Frank und war schon in der elf, zwei Klassen über mir. Jeden Nachmittag verbrachten wir miteinander und trafen uns, getarnt mit Hausaufgabenheftern, in einem der großen Säle, um zu reden und, sobald wir allein waren, zu knutschen.

»Nadolny, noch was anderes im Kopp als Jungs? Hier geht's um Elite! Lernen und nochmals lernen, verstanden?«, ätzte Irina, als sie uns in der Bibliothek erwischte.

Ja, dachten wir, red du nur. Sobald sie den Raum wieder verlassen hatte, konnten wir weitermachen.

Als wir uns einmal kurz vor der Nachtruhe getrennt voneinander zurück ins Internat schlichen, kam mir Irina an der Hausecke entgegen und grinste mich an.

»Na, Nadolny, noch mal draußen gewesen und frische Luft geschnappt vorm Schlafengehen?«

Ich hoffte, dass mich nichts verriet, und schwieg.

»Wie sehen Sie denn aus? Machen Sie sich mal Creme auf den Mund!« Sie lachte. »Aber Küssen ist ja gesund. Stimmt's?«

Na, woher willst du das wohl wissen?, überlegte ich, nickte nur und wünschte ihr eine gute Nacht.

Alles in allem arrangierte ich mich und nahm auch Silvias Agitprop-Welt für Frieden und Sozialismus hin.

»Freunde, können wir uns nicht jeden Abend um halb acht zur Sendung *Aktuelle Kamera* treffen?«, bat sie fast schon verzweifelt, wenn sie einen von uns dabei erwischte, wie er statt zum ungemütlichen Fernsehsaal in sein Zimmer verschwinden wollte.

»Oh, ich muss leider noch den Zitronensäurezyklus für Bio durchgehen«, sagte ich dann. Oder: »Schade, ich hab Arbeitsgemeinschaft ›Kanu‹.« Irgendeine Ausrede ließ sich immer finden.

Auch die Montagssendung *Der schwarze Kanal*, bei der Karl-Eduard von Schnitzler Ausschnitte aus dem Westfernsehen kommentierte und damit den Zerfall der Bundesrepublik zu beweisen versuchte, war in ihren Augen Pflichtprogramm.

»Hier seht ihr doch, wie es zugeht im Kapitalismus«, beschwor uns Silvia Klein. Jenseits der Mauer waren für sie alle arbeitslos, arm und asozial. Ich mochte diesen Schnitzler nicht, er grinste immer hämisch, als freute er sich über die grässlichen Bilder, die er während der Woche über den Westen gefunden hatte.

Hin und wieder gab Agitprop-Silvia das Kommando »Hefte raus!«, dann sollten wir zeigen, was von der Propaganda hängen geblieben war. Mit dem Grundsatz, dass wir im Osten immer die »Guten« und die im Westen immer die »Bösen« waren, konnten wir nicht viel falsch machen, egal ob wir die langweiligen Berichte über »Aktivisten der Zuckerrübenernte« oder »Wurmfleisch im Westen« gesehen hatten oder nicht.

Meine persönliche DDR-Welt war – abgesehen von Zwischen-fällen wie Christianes verweigerter Schulzulassung – in gewisser Ordnung. Bilder oder Informationen, die daran hätten rütteln können, bekam ich nicht zu Gesicht, schon gar nicht in unserer abgeschotteten Anstalt. Hier lief alles, wie Irina scherzhaft betonte, seinen sozialistischen Gang.

Auch zu Hause erreichten uns keine anderen Nachrichten. Westsender schafften es nicht bis in den Mecklenburger Osten. Nicht mal die Böttchers aus meinem Heimatdorf bewerkstelligten das mit ihrer Extra-Antennen-Konstruktion unter dem Dach. Sie glaubten zwar manchmal, »den Schweden« zu empfangen, aber Fernsehen konnte man dieses neblige Gezische nicht nennen. Wenn der Wind günstig stand, versuchte Opa Radio Luxemburg auf Kurzwelle zu hören. Doch der Dauer-pfeifton, der darauf lag, wurde immer lauter, eher holte man sich einen Tinnitus, als dass man wirklich etwas verstand.

Das Einzige, was mich in meiner abgeschlossenen sozialistischen Blase kurz durcheinander brachte, war das Westpaket von Großtante Hedwig aus Recklinghausen. Es kam zweimal im Jahr, zu Weihnachten und zu Ostern. Mit ihm drang der Geruch einer anderen Welt zu mir, und ich ahnte, dass es auf der anderen Seite der Mauer so schlimm vielleicht doch nicht sein konnte. Da mochte Agitprop-Silvia im schlecht sitzenden Kostüm den hundertsten Vortrag über die Verelendung der Massen im kapitalistischen Ausland halten und Karl-Eduard von Schnitzler über den Klassenfeind wettern, wie er wollte, Großtante Hedwigs Westpaket trug eine stille Überzeugungs-kraft in sich.

Zuallererst war da sein Duft. Dieser Wohlgeruch war eine geniale Mischung aus Seife, Zitrusfrüchten und Schokolade und bereits durch die Verpackung wahrnehmbar, die, wenn die »Zollorgane« sie nicht zerfleddert hatten, perfekt und sorgfältig von einer Kordel zusammengehalten wurde. Manchmal trug das Paket einen Aufkleber, auf dem die Worte »Geschenksendung – keine Handelsware« standen, manchmal hatte meine alte Tante dies einfach in ihrer krakeligen Handschrift über unsere Adresse geschrieben.

Beim Auspacken waren wir wie im Rausch.

»Vorsicht«, mahnte Mutti mich beim Entknoten der bunten Geschenkbänder und beim Öffnen des glänzenden Papiers. »Das können wir schön weiterverwenden.«

Wir holten Lux- und Fa-Seifen heraus, Jacobs-Kaffee, Nivea-Creme, »echte« Schokolade mit ganzen Nüssen, Kakao, Strümpfe und Backzutaten sowie Dosen mit Ananas und Mandarinen. Das waren die Grundbestandteile eines solchen Pakets, die auch in den Sendungen für Oma und Opa zu finden waren. Als besonderes Extra hatte die Tante zusätzlich jedem einen Wunsch erfüllt und für mich außerdem die abgelegten Kleidungsstücke von meiner West-Cousine Ines hineingetan. Die passten mir perfekt und waren hier der neueste Schick. Solange die Herkunft nicht durch einen Aufdruck oder ein Schildchen erkennbar war, konnte keiner etwas sagen, nicht mal in unserem Internat. Meine Favoriten aus dem letzten Weihnachtspaket waren eine Schlaghose in knalligem Rot und ein Minikleid mit großen bunten Kreisen.

»Das macht mich verrückt, das Kleid«, sagte Frank, als ich es zum ersten Mal trug. »Wenn ich die Kreise lange genug angucke, wird mir schwindelig.« Ja, so sollte das sein.

»Nadolny, Nadolny, Ihr Kleid ist doch was für Hottentotten! Kommt wohl auch daher, was?«, kommentierte Irina und betrachtete mich dennoch neugierig.

Auch viele meiner Internatsfreunde bekamen solche Gaben aus dem Westen, die, was Kaffee, Kakao und Süßigkeiten anbetraf, bei den meisten das ganze Jahr über hielten. Sorgsam wurden sie von den Familienoberhäuptern eingeteilt. In unserem Fall wachten Mutti und Oma genau über den Verbrauch.

»Am Wochenende ein Stück Schokolade, das reicht«, pflegte meine in Bewirtungen sonst so großzügige Oma zu sagen.

Die Seife legte sie zwischen die Wäsche in den Schrank, damit der Duft noch ein wenig länger bei uns blieb.

Ein bisschen beschämte uns dieses Westpaket auch. Wir versuchten uns zu revanchieren und backten der Tante einen Kuchen, legten selbst geräucherte Entenbrüstchen mit dazu, kauften Büttenpapier mit Wasserzeichen, das für uns selbst zu teuer war, und stellten uns im Konsum-Warenhaus an, wenn es dort Holzfiguren oder sogar Schwibbögen aus dem Erzgebirge gab. Ich möchte nicht wissen, wie viele Kilometer lang die Kette wäre, wenn man die Bögen aneinanderreihte, die die Ostdeutschen ihren Lieben in den Westen schickten.

In diesem Jahr freute ich mich ganz besonders auf das Weihnachtspaket. Großtante Hedwig hatte einen bunten Overall und eine Bluse mit Trompetenärmeln angekündigt, die Cousine Ines schon vor Monaten aussortiert und ihr vorbeigebracht hatte.

Mit Ungeduld erwartete ich die Dezemberwochenenden, an denen ich aus dem Internat nach Hause durfte. Aber das Paket kam und kam nicht. Die Weihnachtsferien begannen. Immer noch nichts.

»Komisch, Tante Hedwig schickt nie so spät«, sagte ich.

»Kommt schon noch!«, beruhigte mein Vater mich.

Nach Weihnachten war auch er sich nicht mehr so sicher und krauste die Stirn. »Tja, wer weiß.«

»Euer Paket ist nicht weg«, brummte Opa, »das ist nur woanders.«

»Geklaut?«, fragte ich.

Er nickte düster. »Freut sich ein anderer drüber.«

»Mist.«

»Nun ärgere dich doch nicht so.« Opa strich mir über den Arm. »Dann teilen wir unsere Geschenke eben auf«, schlug er vor.

»Und meine Bluse?« Mir ging es vor allem darum, auf die Süßigkeiten hätte ich verzichtet.

»So eine Bluse lass ich dir von Uschi nähen, die kriegst du zum Geburtstag«, tröstete meine Mutter mich und fand, dass wir der Tante schreiben sollten. »Hatte sie es nicht am Rücken? Vielleicht konnte sie das Paket deshalb nicht zur Post bringen.«

»Ach, das glaube ich nicht«, antwortete mein Vater. »Die Pakete an uns sind ihr wichtig. Wenn sie krank wäre, hätte sie einen Nachbarn geschickt.«

Oma blickte in Sorge um ihre Schwester zu meinem Opa hinüber. »Ich würd gern anrufen«, sagte sie zaghaft.

»Jetzt vor Silvester? Das ist doch Wahnsinn. Da meld ich kein Gespräch an.«

Wie zur Bestätigung nieste ich. Gespräche in den Westen mussten bei der Poststelle angemeldet werden. Danach konnte es Stunden dauern, bis die arme Postfrau Eva Heiner völlig aufgeregt zu uns herübergerannt kam, um das endlich durchgestellte Gespräch zu bestätigen. Dann mussten wir hasten, damit die Verbindung nicht schon abbrach, bevor wir den Hörer in der Hand hielten.

»Los Peti, schreib eine Karte, damit das Drama hier mal geklärt wird«, forderte Opa.

»Brief ist besser! Sonst lesen die von der Stasi mit«, sagte Oma.

»Das tun die so oder so«, meinte mein Vater. »Aber was wollt ihr denn schreiben? Das sieht ja aus, als wären wir auf das Paket angewiesen. Mannomann, ihr macht einen Sums aus der Sache!« Er winkte ab, für ihn war das Thema abgeschlossen.

Ich musste erneut niesen, setzte mich aber dann an den Küchentisch, um den Brief zu formulieren.

Am Silvesterabend sahen wir uns eine Unterhaltungsshow im Fernsehen an, die aus vielen Sendungen zusammengeschnippelt war. Nana Mouskouri besang mal wieder die weißen Rosen aus Athen. Der Höhepunkt aber waren für mich ABBA

aus Schweden, die in Glitzeranzügen und Hippiekleid von
»Waterloo« und »Honey, Honey« sangen. Anschließend rissen
unsere TV-Komiker Herricht und Preil Witze über Mode.
»Grad die müssen sich lustig machen«, fand ich, »wie sehen
die denn aus in ihren grauen Anzügen? Wie Direktor Fröhlich!« Während ich das sagte, merkte ich, dass mir inzwischen
auch der Hals wehtat.

In der Nacht bekam ich Fieber, und ein Traum wechselte
den nächsten ab. In meiner Welt glitzerte alles, nur ich hatte
die schmuddelige Hose an, die ich im Internat ausschließlich
zur Gartenarbeit trug, und schämte mich dafür. Die schönen
Menschen trugen Pakete im Arm.

»Hier geht's lang, kommen Sie doch hier rüber!«, rief mir
eine Blondine zu und zog mich auf ein Band, das sich langsam
bewegte und uns in einen prunkvollen Saal brachte. Die Blondine sang »Honi, Honi, Honi«. War das etwa die Agnetha von
ABBA?

»Wo fahren wir denn hin?«, fragte ich einen Mann im
Glitzeroverall hinter mir.

»Zum Beduften.«

»Zum Beduften?« Mir war unglaublich warm.

»Ja, für die im Osten«, bestätigte der Mann und hielt ein
Paket in die Höhe, auf das ein wohlriechender Nieselregen nie-
derging.

Ich fand das sehr angenehm in der Hitze.

Als ich weiterfuhr, verwandelte sich der glanzvolle Saal
schlagartig in eine kahle Halle. Hier stapelten sich Pakete, und
ein Förderband, das aus einer Wand ragte, brachte immer mehr
davon. Sie purzelten einfach in den Raum. Eine Frau, die sie zu
ordnen versuchte, sah aus wie unsere FDJ-Leiterin. Ja, es war
Agitprop-Silvia, ich erkannte sie nicht nur an ihrer blauen Bluse, sondern auch an ihrer neuen Frisur. Mit der dunklen Brille
sah sie aus wie die Zwillingsschwester von Nana Mouskouri.
Silvia bückte sich nach einem Paket.

»Wenn der Weihnachtsrummel hier vorbei ist, mach ich erst mal Kasse«, murmelte sie und meinte wohl den Urlaub auf Krankenschein. »Das sag ich dir! Na, das eine noch, dann geh ich nach Hause!«

Sie riss das Paket auf und verglich den Inhalt mit einem Zettel, auf dem alles fein säuberlich aufgelistet war. Ich erkannte Tante Hedwigs Handschrift. Agitprop-Silvia nahm eine bunte Bluse aus dem Paket und presste sie an ihre Nase, um den Geruch tief einzuatmen. Genüsslich verdrehte sie die Augen. Anstatt das Blüschen wieder in das Paket zurückzulegen, verstaute sie es in ihrer braunen Aktentasche. Hastig stopfte sie auch die anderen Sachen hinein, sogar das Packpapier und die Schnur.

»So, jetzt ist Feierabend«, sagte sie dann und machte sich auf den Weg zum Bahnhof.

»Einmal ist keinmal«, wiederholte sie immer wieder. »Was soll's. Wenn ich schon so viel arbeite, will ich auch was davon haben.«

Sie stieg in einen überfüllten Schulbus und drängelte sich zwischen die Leute, dabei drückte sie die dicke Ledertasche fest an sich. In meinem Traum saß ich nur wenige Plätze von ihr entfernt in dem Bus, der wie üblich an dem Banner neben der Brücke vorbeirumpelte, auf dem in roten Lettern zu lesen war: »Mehr produzieren, gerechter verteilen, besser leben!«

Ob ich sie jetzt ansprechen soll?, überlegte ich. Ich sah, wie sie ihre Aktentasche zur Nase hob, den Reißverschluss einen Schlitz weit öffnete und einen tiefen Atemzug nahm. Gleich darauf verschloss sie ihre Tasche wieder.

Jetzt reicht's, ging es mir durch den Kopf. Ich wollte aufstehen, um ihr die Tasche mit dem Diebesgut wegzunehmen, aber ich konnte mich nicht bewegen. So sehr ich mich bemühte, ich saß da wie eingefroren. Silvia Klein lehnte ihren Kopf gegen die Haltestange und lächelte mich glücklich an. Ich wollte rufen, aber aus meinem Mund kam nur ein hustendes Gekrächze. Ich wachte auf.

Walter Ulbricht und Wilhelm Pieck blickten von vorn, und von hinten starrte uns Erich Honecker in den Nacken. Der Staat hatte seine Augen eben überall. Auch beim Karneval in unserem Internat.

»Dich hat's aber erwischt«, sagte meine Mutter, als ich die Augen öffnete, und tupfte mir den Schweiß von der Stirn. »Hier, nimm mal eine Tablette, damit das Fieber runtergeht.« Als die Ferien zu Ende gingen, war ich wieder vollkommen gesund.

»Na, Gott sei Dank«, sagte Mutti, »da kannst du jetzt wieder in die Schule.«

Ja toll, genauso hatte ich mir die Ferien vorgestellt.

Als ich am sechsten Januar im Internat anreiste, empfing mich eine strahlende Irina. »Na, Sie sind doch auch bestimmt froh, wieder hier zu sein«, sagte sie, und ich glaubte einen Funken Ironie herauszuhören.

»Und wie!«, antwortete ich ihr.

»Übrigens, Nadolny, Sie können jetzt Schmidt zu mir sagen, Frau Schmidt.« Sie hob ihre rechte Hand, an der ein goldener Ring prangte.

Ich staunte nicht schlecht. Diese Frau, von der ich glaubte, sie könnte eher eine Kompanie leiten als einen Mann mit Zärtlichkeiten beglücken, hatte geheiratet. Es geschahen doch noch Wunder.

»Schön«, sagte ich. »Herzlichen Glückwunsch.«

»Das glaub ich, dass Sie sich freuen – Sie konnten ja ›Kartejew‹ nie richtig aussprechen«, fuhr sie in ihrer trockenen Art dazwischen. »Und jetzt beeilen Sie sich, zieh'n sich um, in ein paar Minuten ist Fahnenappell. Zack, zack!«

Bevor ich hastig die ersten Stufen der Treppe nahm, rief sie mir noch hinterher: »Haben Sie denn den neuen Artikel über unsere Patenbrigade für die Wandzeitung fertig?«

Ich nickte und klopfte auf die Tasche, in der mein in den Ferien geschriebener Beitrag lag. Darauf konnte sie sich doch verlassen, denn diesen Redakteursjob machte ich gerne.

Gerade noch rechtzeitig kam ich zum Appell und reihte mich in die Aufstellung unserer Klasse ein. Agitprop-Silvia

109

hob ihre rechte Hand zum Gruß über ihre Nana-Mouskouri-Frisur. »Vorwärts! Für ein sozialistisches Vaterland, Freundschaft!«, krächzte sie mit kraftloser Stimme.

»Freundschaft!«, gaben wir zurück und hoben ebenfalls unsere Hand zum Gruß.

Dabei rutschte Silvia das zu eng sitzende FDJ-Hemd aus ihrem viel zu langen braunen Rock. Mann, dachte ich, die bunte Bluse aus meinem Traum wäre wirklich etwas für sie gewesen. Ich schaute zu Direktor Fröhlich, der sehr ernst neben ihr stand und heute noch zerknitterter wirkte als sonst. Ich empfand auf einmal so etwas wie Mitleid. Der hat es sicher auch nicht leicht, dachte ich. Was mag der wohl in den Ferien erlebt haben?

»Ein großes Jahr erwartet uns«, krähte Silvia über die scheppernde Mikrofonanlage. »Der neunte Parteitag der SED wird im Palast der Republik mit großen neuen Programmen erwartet. Das Wohnungsbauprogramm als Kernstück ...«

Ich schaltete auf Durchzug und blinzelte zu Frank hinüber. Der hatte schon auf meinen Blick gewartet und formte seine Lippen zu einem Kuss. Ich musste lächeln. Er trug eine neue Jeans, bestimmt von seiner West-Oma. Ob wir uns heute noch treffen könnten? Er deutete mit Daumen und Zeigefinger einen Kreis an. Das war unser Zeichen für »hinter der Ruine«. Ich streckte unauffällig sieben Finger aus, um die Zeit klarzumachen. Er nickte.

Glücklich blickte ich nach vorn. Während Silvia vom Klassenkampf sprach, war meine kleine Welt in Ordnung.

ICH BIN SO FREI

Endlich Sommerferien. Das Internat hatte geschlossen, und ich war nach Hause gefahren. Da meine Eltern arbeiten mussten, knatterte ich am ersten Ferientag mit meiner Schwalbe zu den Großeltern. Oma empfing mich gleich hinter dem Eingangstor im Vorgarten, sie schnippelte an den Kletterrosen herum. Ihre Haare waren mit den Jahren schlohweiß geworden. Heute sah ihr Kopf perfekt frisiert aus, sie musste frisch vom Friseur gekommen sein, »Wellen legen lassen«.

»Schick siehste aus, Omi!«, begrüßte ich sie, während ich mir mühsam den unbequemen und dreifach festgezurrten Sturzhelm vom Kopf zerrte.

»Na, wie sind die Schulnoten?«, fragte sie gleich.

Vorsichtig zog ich das lindgrüne Zeugnisheft aus dem Rucksack.

Sie nahm die Lesebrille aus der Brusttasche ihres Kittels und setzte sie sich auf die Nasenspitze. »Oh, damit kannst du bestimmt Ärztin werden«, sagte sie anerkennend, nachdem sie die Zensuren und die Beurteilung des Klassenlehrers eingehend studiert hatte. Ärztin war für sie das Größte.

»Na, mal sehen«, antwortete ich ausweichend. Es war noch ein gutes Jahr Zeit bis zum Abitur, und ich hatte mich noch nicht festgelegt. Nur – einen medizinischen Beruf würde ich bestimmt nicht ergreifen, denn dafür hatte ich in den naturwissenschaftlichen Fächern auch gegen Ende meiner Schulzeit noch zu wenig Durchblick. Sprache und Schreiben lagen mir mehr.

Ich ließ Oma weiter werkeln und stieg die Treppe hoch in das Zimmer unter dem Dach, um meine Sachen abzulegen.

Natürlich guckte ich – wie immer – im oberen Fach des Kleiderschranks nach, ob meine Tante, die hier auch öfter nächtigte, die neueste Ausgabe von *Das Magazin*[19] auf dem Stapel hinter den Pullovern liegengelassen hatte. Ja, hatte sie. Ich warf mich auf das Bett und suchte als Erstes den Kater. Er war das Markenzeichen der Zeitschrift und meistens irgendwo auf dem liebevoll gemalten Cover versteckt. Diesmal schaute er durch das Schilfgras drei Frauen hinterher, die gerade dabei waren ins Wasser zu steigen, und sich dabei das Bikinioberteil auszogen.

Beim groben Durchblättern blieb mein Blick kurz am Foto der Monatsnackten hängen, die in dieser Ausgabe mit nassen Haaren am tosenden Meer saß. Oh ja. Am Strand müsste man jetzt sein, bei dieser Hitze, dachte ich. Sich ausziehen und ins Wasser springen, wenn einem danach war. Herrlich! Schade, dass meine Eltern in diesem Jahr keinen Ferienplatz vom FDGB[20] bekommen hatten. Letztes Jahr waren wir über die Kreisfilmstelle drei Wochen nach Warnemünde ans Meer gefahren, nun waren Vatis Kollegen dran.

Die hübsche Frau auf dem Foto erinnerte mich an die vielen Nackten an der Ostsee. So makellos schön wie das Fotomodell waren die wenigsten, aber dass man sich am Strand auszog, zumindest oben ohne, das war mittlerweile fast normal geworden. FKK-Schilder waren dafür nicht extra nötig, jeder machte, was er wollte.

Diese Entwicklung war schon mit Beginn der Siebziger losgegangen. Anfangs hatte mein Vater rumgemosert. »Was dieser neumodische Kram nun wieder soll? So ein Quatsch – ich zieh mich nicht aus. Wozu haben wir Badesachen?«

Daraufhin waren wir im »Textilbereich« geblieben und hat-

---

19 Eine damals heiß begehrte Illustrierte im Taschenbuchformat mit Beiträgen über Kunst und Kultur, witzigen Illustrationen und dem Foto eines Nackedeis. So etwas gab es sonst nicht in den Zeitschriften der DDR.

20 Freier Deutscher Gewerkschaftsbund – neben der Planerfüllung war dieser auch für das Kantinenessen und die Vergabe von Ferienplätzen zuständig.

ten uns umständlich unter einem Umhang umgezogen, den meine Mutter aus Frotteestoff genäht hatte.

Am Strand an der Hauptpromenade war natürlich immer »Textil« angesagt, hier präsentierten die Badegäste die neueste Bikini- und Badehosenmode. Aber in diesem Bereich wollte Mutti nicht liegen. »Nee, dieser Rummel zwischen den Strandkörben, hier kann sich doch kein Mensch erholen«, sagte sie. »Außerdem reicht ein Strandkorb immer nur für zwei.« Und so zogen wir mit unserer Strandausrüstung etwas außerhalb in die Nähe der Zeltplätze. Hier waren die Strände viel leerer.

Wir buddelten uns eine Sandburg und bauten unseren selbstgebastelten Windschutz aus grünem Blümchenstoff auf, indem wir die eingearbeiteten Stöckchen aus Holz in einiger Entfernung voneinander in den Sand steckten, sodass der Stoff daran straff gespannt war. Mit einer Sandale klopften wir die Stäbe fest und richteten uns in dieser Burg mit Büchern, Zeitungen und einem prall gefüllten Picknickkorb ein. Dann wurde sich mit »Lebona Nussöl« eingecremt, eine braune Brühe, die den Körper schon färbte, bevor man überhaupt einen Sonnenstrahl abbekommen hatte. Man roch damit wie eine Nuss und schmorte unter dieser Tinktur regelrecht weg – es war eher Bratenfett als Sonnencreme. Ob es überhaupt einen Lichtschutzfaktor hatte, wusste ich nicht. Egal, Körperbräune war absolut »in«. Um wie ein Goldbroiler auszusehen, ließen wir uns im Sand braten. Stundenlang, erst von vorn, dann von hinten, immer im Wechsel.

Der offizielle F K K-Bereich hatte in den ersten Jahren noch ein paar hundert Meter von unserem Sonnenlager entfernt gelegen. Doch von Jahr zu Jahr war der Abstand geringer geworden, und immer mehr Frauen auf unserem Strandabschnitt sonnten sich auch ohne ihr Oberteil. »Oben ohne« setzte sich schleichend durch, und irgendwann zogen auch Mutti und ich das Bikinioberteil einfach aus.

Ostsee macht glücklich! Aber dafür konnte die DDR nichts, deshalb trifft es auch heute noch zu.

Bis sich auch »unten ohne« verbreitet hatte, dauerte es noch eine Weile. Dass wir dann, wie viele andere auch, beim Baden ebenfalls dazu übergingen, hatte eher etwas mit Pragmatismus zu tun als mit überzeugter Freikörperkultur. Es war einfach bequem, die Hose vor dem Gang ins Wasser fallenzulassen, dann musste man sich hinterher nicht aus den nassen Klamotten pellen und hatte gleich etwas Trockenes zum Anziehen.

Selbst mein Vater änderte seine Meinung nach einer Weile und ging ebenfalls ohne Badehose ins Meer.

»Das ist so besser für die Haut«, war seine Rechtfertigung.

Immer häufiger legten wir uns danach »ohne« in die Burg zum Sonnenbaden, und schließlich kam es uns einfach lästig vor, uns für den kurzen Gang zum Wasser und zurück noch mal in die Pelle zu zwängen. Was ist schon groß dabei?, dachten wir und hielten es ab jetzt wie die anderen. Mal so, mal so, wie wir gerade Lust hatten. Und wir spürten dabei ein wenig, was es bedeutete frei zu sein und tun und lassen zu können, was uns passte.

Während ich diesen Gedanken nachhing und mich ans Meer sehnte, hupte es unten heiser.

»Besuch!«, rief Oma laut.

Ich blickte aus dem Fenster und sah, wie jemand seine blaue Schwalbe vor dem Haus abstellte. Die kannte ich doch.

Ich riss das Fenster auf. »Christiane!«

Ein wenig wunderte ich mich. Es war doch noch gar nicht Wochenende. Normalerweise trafen wir uns freitags, um gemeinsam zur Disco zu fahren. Hatte sie denn auch schon frei? Ich sprang die Treppenstufen hinunter und lief an den Gartenzaun, um sie zu begrüßen.

»Ferien!«, juchzte sie. »Ferien!«

Wir umarmten uns.

»Ich hab eine Überraschung für dich …«

Doch bevor ich fragen konnte, um was es sich handelte, schob Oma uns in Richtung Küche. »Kommt, es gibt Kaffee und Kuchen.«

Während wir den Tisch deckten und meine Oma den Kuchen anschnitt, platzte ich fast vor Neugier. »Nun sag schon. Was ist denn nun mit der Überraschung?«

»Hmmm«, machte Christiane genießerisch, als Oma ihr ein großes Stück Himbeertorte auf den Teller legte.

»Mach's nicht so spannend!«, bettelte ich. »Nun erzähl mal!«

»Hm, lecker …«, wiederholte sie, nachdem sie den ersten großen Tortenbissen verschlungen hatte. »Also, meine Mutter fährt mit ihrem neuen Freund an die Ostsee, mein Bruder und seine Schickse kommen nach, und in unserem dritten kleinen Zelt ist noch ein Platz frei. Rat mal, für wen?«

Ich blickte sie erwartungsvoll an, und sie nickte.

»Super«, jubelte ich. »Klar komme ich mit! Wann denn?«

»Heute um sechs fahren wir los.«

Was? Es war kurz nach drei. »Eh, das schaff ich nicht, da bleiben ja noch nicht mal drei Stunden. Ich muss noch packen.«

Christiane winkte ab. »Brauchst nicht viel«, sagte sie. »Wir machen FFK.«

»Ach, seid ihr auch fürs Nackte?«, fragte Oma und schüttelte den Kopf. »Die Welt wird immer verrückter.«

Sie holte aus ihrer schwarzen Ledertasche ein kleines Portemonnaie, zog hundert Mark raus und steckte mir den Schein zu. »Komm hier, fürs Zeugnis. Jetzt beeil dich. Ich pack euch den Rest von der Torte ein.«

Während Christiane in aller Gemütsruhe ein weiteres Stück vertilgte, hastete ich wieder nach oben, um ein paar Sachen zusammenzupacken. Als ich zurück in die Küche kam, legte mir Oma noch zwei Salamis aus der Vorratskammer und Gurken aus dem Garten in den Rucksack. Ich rannte erneut hinauf in die Dachstube und holte mir ein paar Ausgaben von

Das Magazin zum Schmökern, dann düsten wir mit unseren Schwalben los, Christiane nach Hause und ich nach Wilhelminenthal, um die Erlaubnis meiner Mutter einzuholen, die noch im Konsum arbeitete.

»Für eine Woche, wie schön, das ist aber nett von den Schwiers«, sagte sie und gab ein paar Hinweise, wo unsere Strandsachen, wie Windschutz und Sonnenöl und die großen Handtücher, zu finden waren.

Pünktlich um sechs hupte ein Wartburg vor unserer Tür. Nötig wäre das nicht gewesen, denn wir hatten bereits laute Musik gehört, die durch die geöffneten Autofenster drang. »Das ist ja gar nicht Herr Schwiers«, stellte meine Mutter fest. »Ist das Christianes Bruder?«

»Nee, Christianes Mutter hat 'nen Neuen«, flüsterte ich ihr von der Seite zu.

»Bernd«, stellte er sich vor, nachdem er aus dem Auto gestiegen und zu uns an die Haustür gekommen war. »Hallo!«

Ich bekam große Augen. Mutti hatte recht. Für einen Mann, der eigentlich im Alter meines Vaters sein sollte, sah der ziemlich jugendlich aus. Er trug Jeans, und seine Haare waren noch länger als die von Senne, sie fielen ihm fast bis auf die Schultern.

Dafür waren die Haare von Christianes Mutter raspelkurz und noch blonder als sonst, fast weiß.

»Hallo, Frau Schwiers!«, rief ich ihr zu.

»Sag einfach Helen«, entgegnete sie und drückte erst meiner Mutter, dann mir die Hand. »Am besten wir duzen uns, wir machen ja auch zusammen Urlaub.«

Helen hatte ein quietschbuntes, kurzes Kleid an und Plateauschuhe. Ich staunte nicht schlecht. Und Mutti erst. Mode war ja ihr Ding, aber sie bevorzugte sie dann doch drei Nummern zurückhaltender. So was anzuziehen würde sie sich niemals trauen. Selbst Christiane und ich sahen neben dieser Frau wie Mauerblümchen aus. Dabei hatte ich mein rosa Minikleid bis zu diesem Zeitpunkt für sehr modisch gehalten. Gott sei Dank hatte ich auch das mit den großen bunten Kreisen eingepackt. Das war das Peppigste, was ich zu bieten hatte.

Wir versuchten, meine dicke Reisetasche, den Rucksack und Windschutz und einen großen Korb mit Essen bei den anderen Sachen im Kofferraum zu verstauen. Es war aussichtslos.

»Was hast du denn alles mit?«, sagte Helen. »Lass wenigstens den Korb hier«, entschied sie dann, »wir werden schon nicht verhungern.«

Als ich mich von Mutti verabschiedete, sah ich ihr an, dass sie sich bereits jetzt Sorgen machte, ob ich auch wirklich gut aufgehoben war.

»Auf welchen Zeltplatz fahren Sie denn?«, fiel ihr noch ein zu fragen, bevor Bernd den Schlüssel ins Zündschloss steckte.

»Nach Prerow«, antwortete er und hob die Hand zum Abschied.

»Prerow, da waren wir noch nie zelten«, sagte Mutti. »Na, dann viel Spaß!«

Wir brausten davon.

Während der Fahrt zog Helen ein großes Kofferradio unter dem Beifahrersitz hervor und steckte in ein Fach, das sich auf Knopfdruck öffnete, ein plattes Kunststoffkästchen mit kleinen Spulen hinein. Ich blickte staunend zu Christiane.

»Kassettenrekorder«, sagte sie. »Is von Oma aus Westberlin.«

Auch was ich nun hörte, war für mich neu. Da sang einer so eine Mischung aus Oper, Rock und Pop, dann erklang wieder Chorgesang. Das hatte aber Druck, war ungewöhnlich und gefiel mir auf Anhieb.

»Wer ist das?«, schrie ich nach vorn.

»Freddie Mercury. Von der neuen Single, ›Bohemian Rhapsody‹«, kam es genauso laut von Bernd zurück.

»Wer?« Ich verstand nur Bahnhof.

»Queen«, brüllte mir Christiane ins Ohr.

»Toll!«, rief ich zurück. »Wieso kenne ich sowas nicht!«

»Is neu«, erklärte Christiane.

Nachdem wir dieses Werk drei Mal gehört hatten und es im Auto wieder ruhig wurde, erzählte ich, dass meine Familie auch jeden Sommer an die Ostsee reiste.

»So alle zwei Jahre zum Campen, wenn wir einen Zeltplatz bekommen. Oder sonntags auf die Insel Usedom. Ist ja nicht weit.«

»Wow, dann bist du dieses hippe Leben am Meer ja gewöhnt«, sagte Bernd. »Toll! Ich muss jedes Jahr wenigstens einmal raus aus Berlin, hier auftanken.«

Hippes Leben? Wirklich sicher, was Bernd damit meinte, war ich zwar nicht, aber bestätigte seine Worte mit einem lässigen Nicken.

Wir überquerten die lange Brücke zur Halbinsel Darß. Am Himmel kreisten die Möwen, und die Luft, die durch die geöffneten Fenster wehte, roch nach Salz und Meer.

»Geht ihr auch immer zu den Nudisten?«, fragte Bernd zurück.

Nudisten? Das hatte ich noch nie gehört. Nach allem, was ich wusste, hätte es auch eine Sekte oder eine Krankheit sein können. »Ist das ein Ort?«, fragte ich vorsichtig zurück.

Die drei lachten.

»Wenn du es so siehst, in gewisser Weise schon«, versuchte Helen mir auf die Sprünge zu helfen. »Wirst schon sehen.«

»EffKaKaha«, blökte Christiane von der Seite.

»Ach so, FKK! Hatte ich erst nicht richtig verstanden. Ja klar kenne ich das«, bestätigte ich laut. »Machen wir auch immer.«

Wir fuhren am Ortseingangsschild »Ostseebad Prerow« vorbei und verließen nach ein paar Kilometern die Hauptstraße. Bernd bog in einen Landweg ein und wirbelte eine riesige Staubwolke auf.

»Fenster zu!«, rief er, und wir kurbelten die Scheiben hoch.

Nach ein paar Minuten hielten wir an einer Schranke, und Bernd stieg aus und gab bei dem Wärter im Häuschen nebenan die Anmeldepapiere ab. Weiter ging es auf diesem unbefestigten Fahrstreifen, wo der Sand immer feiner wurde, bis sich ein erster Blick auf das Meer bot. Christiane und ich jubelten. Bernd kam mit dem Wagen kaum noch vorwärts, aber er gab nicht auf. Wollte er direkt zum Wasser oder wie?

Ich erkannte Zeltdächer zwischen den Dünen. Die Räder drehten bereits durch, aber es gelang ihm, mit ein paar Schlenkern einen kleinen Platz davor zu erreichen. Neben ein paar anderen Autos hielt er an. Er stieg aus, öffnete Hemd und Hose und war in wenigen Sekunden splitternackt.

Ich war etwas geschockt. Hier am Auto? Auf einem Parkplatz? Wir lagen doch noch gar nicht am Strand. Auch Helen streifte, kaum dass sie aus dem Wagen gestiegen war, ihr Kleid ab. Ihre Haut war schon gebräunt, ohne jegliche Bikiniränder.

»Wollen wir erst mal einen Platz suchen?«, fragte Bernd und gab ihr einen Kuss auf den Hals.

»Ja!«, sagte sie und wandte sich zu uns. »Kommt ihr nach?«

Christiane zog sich kurze Zeit später auch aus. Sie blickte zu mir herüber, ich stand in meinem rosa Minikleid wohl ziemlich belämmert da.

»Seit sie mit dem zusammen ist«, sagte Christiane leise zu mir und zeigte auf Bernd, der Arm in Arm mit Helen Richtung Meer abzog, »ist meine Mutter 'n bisschen durchgeknallt.«

»Hm.«

»Wieso ziehst du dich nicht aus?«, fragte sie dann. »Ich dachte, du kennst FKK.«

Ja schon, aber direkt hier? »Gleich, am Strand«, antwortete ich und trottete ihr hinterher.

Zwischen den Dünen standen die Zelte dicht an dicht. Es war mittlerweile Abend geworden und nicht mehr so heiß. Die

Menschen aßen Abendbrot, grillten, rauchten, wuschen ab, diskutierten, gingen spazieren, hängten Wäsche auf, huschten mit Waschtasche und Handtuch ins Zelt, spielten Ball oder Karten – und alle waren dabei nackt.

»Ich werd verrückt!«, schrie Bernd von Weitem und rannte aufgeregt zu uns zurück. »Direkt vorn ist was frei, mit Blick aufs Meer. Jippie!«

So langsam fiel der Groschen bei mir. Ich war also nicht nur an einem FKK-Strand, sondern auch auf einem FKK-Campingplatz. Bei den ... wie hießen die noch mal? Irgendwas mit Nud..., Nudel, nee, Nudisten. Ich schaute nach rechts, Nudel wäre gar nicht so falsch, dachte ich, denn ich sah vier nackte Männer um einen Grill herumstehen. Bei dem Gedanken musste ich lachen.

»Freust du dich auch so?«, fragte Christiane und jauchzte ebenfalls. »Jippie!«

Ich nickte und ließ mir nicht anmerken, dass mir nicht ganz wohl in meiner Haut war. Wir holten nun die Zelte aus dem Kofferraum.

»Ausziehen!«, rief mir ein Mann vom Grill zu, als wir wieder daran vorbeikamen.

Mannomann, der nahm das aber ernst.

»Ausziehen!«, wiederholte er.

Oje! Hier wurde die Freiheit zum Zwang.

»Jawohl, Herr Unterstabsbevollmächtigter!«, lachte ich und nickte dem Mann zu.

Er musste auch lachen. »War doch nur Spaß«, sagte er.

»Bei mir auch.«

Als ich meine schwere Reisetasche zu unserem auserkorenen Platz schleppte, fragte ich mich, wozu ich die ganzen Kleider eingepackt hatte.

Christiane und ich hatten nun unser Zelt aufgebaut und eingeräumt. »Willst du dich nicht endlich mal ausziehen?«, fragte sie noch mal. Die Sonne war mittlerweile untergegangen.

Ich nahm meine Freundin an die Hand, zog sie hinter mir her und rannte mit ihr und in meinem rosa Kleid ins Meer hinein.

»Morgen!«, schrie ich, tauchte unter und schluckte dabei etwas vom Salzwasser. »Morgen zieh ich mich aus. Heute bin ich so frei und behalte meine Klamotten an! Jippie!«

DER MIT DEM GRILL TANZT

Ludmila Galinova war klein und dick. Sie trug immer ein Kostüm und eine Perlenkette, und ihre Lippen waren knallig rot geschminkt. Ohne ihren Lippenstift hätte sie sich vermutlich nackt gefühlt.

Sie unterrichtete Russisch in der Oberstufe, und das mit Leib und Seele. Typische Unterrichtssätze wie:»Komsomolzen helfen mit Arbeitseinsätzen bei der Erhöhung von Hektarerträgen in der Zuckerrübenproduktion«, klangen bei ihr so bewegt, als empfange sie gerade einen lange nicht gesehenen Freund, der sie mit einem Rosenstrauß an ihrer Tür überraschte.

»Pätrra, wie geht weiterr?« Ihre mit Goldringen besetzten Finger zeigten auf mich.

Ich blickte ins Buch und leierte den nächsten Absatz des russischen Textes herunter:»In der Pause diskutieren die Komsomolzen über den Kampf der Arbeiterklasse gegen die Ausbeutung des Menschen durch den Menschen im Kapitalismus.«

»Rrrichtik, aberr chast du Stock iin Stiimme, oderr was? Wozu giibt laange Vokale?« Sie lief durch die Reihen und wiederholte mit großen Gesten den Satz, den ich gerade vorgelesen hatte. Bei ihr hörte er sich so an, als würde sie ihrem Freund die gerade überreichten Rosen um die Ohren hauen. Dabei sprühten ihre Augen Funken, und ihre braunen Locken wippten auf und ab. Hinter mir blieb sie stehen, und ich konnte die Wolke aus süßem Parfüm und Knoblauch riechen, die sie wie gewohnt umgab. »Biitte nochmaal!«

Als ich den Satz nun erneut intonierte, legte ich alle Leidenschaft hinein, so als ginge es um Leben und Tod. Meine Mitschüler lachten.

123

Diese Performance war für mich die Eintrittskarte zu höheren Weihen. »*Otschen charascho!*«, sagte Ludmila nämlich, was so viel bedeutet wie »sehr gut«. Sie fand, dass sie mein Talent nicht einfach brachliegen lassen könne und holte mich in ihren Klub der Deutsch-Sowjetischen-Freundschaft.

Hier ging es um Brieffreundschaften. Ludmila gab mir und fünfzehn anderen Schülern, die wir uns alle zwei Wochen nachmittags mit ihr versammelten, Adressen von Komsomolzen. Aber was sollte ich Boris aus Leningrad oder Jekatarina aus Wladiwostok nur schreiben? Wir kannten uns doch gar nicht.

»Was du erleebst iin Schuule uund Internat!«, riet Ludmila. Und das auf Russisch. Puh!

»Schau iich noochmal aan wegen Fehler«, bot sie mir an.

Ich gebe zu, meine Briefe gerieten recht allgemein, und die Antworten, die ich bekam, auch. Obwohl ich mich jedes Mal freute, wenn ein Brief von Boris oder Jekatarina eintrudelte, war ich nach dem Lesen meist enttäuscht, denn im Prinzip stand nichts darin, was mich interessierte. Sollte das die Freundschaft sein, von der Ludmila sprach? Ich hatte bisher etwas anderes darunter verstanden.

Zum Tag des Roten Oktobers bereitete Ludmila mit uns ein kleines Festprogramm vor. Wir inszenierten einen Sketch und sangen von der Sonne, die immer schien: »*Pust' wsegda budjet solntse* …« Ich habe wohl besonders laut geträllert, denn nach diesem Auftritt rief mich Ludmila Galinova ins Lehrerzimmer.

»Pätrra, chab iich grroßes Geschenk fürr dich.«

Ich hatte keinen Schimmer, was das sein konnte. Das Nachdenken fiel mir ohnehin schwer, denn ihr Parfüm nahm mir den Atem. Für unsere Gesangsdarbietung an der frischen Luft hatte sie sich offenbar doppelt und dreifach eingedieselt. Ich zog meinen breiten Rollkragen so unauffällig wie möglich hoch bis zur Nasenspitze und versuchte es mit Flachatmung.

»Waas iist?«, fragte sie besorgt. »Chast du Chalsschmerzen von Siingen? Ooh! Iiist soo kaalt drraußen.« Sie kam näher, immer näher, bis unsere Köpfe nur noch eine Handbreit voneinander entfernt waren, und sah mich mit großen Augen an. Es blieb mir nichts anderes übrig, als das Luftholen kurzzeitig ganz einzustellen.

»Pass auf«, sagte sie und trat nun wieder einen Schritt zurück. »Grroße Reise! Wirrst du fahren mit Freundschaftszug iin Sowjetunion.« Sie zog die Augenbrauen hoch und strahlte über das ganze Gesicht.

Da ich mich auf das Atmen konzentrierte, war nur ein Nicken drin.

»Naaa, iist daas waas!«, jubelte sie, kam wieder auf mich zu und umarmte mich herzlich. »Oooh, die Deutschen iimmer sooo schüchtern. Waaruum? Lass Temperament rraus!«, hauchte sie glücklich. Mit diesen Worten schwang ihre gewaltige Knoblauchfahne mit, und ich war froh, dass sie mir dabei in die Wange kniff, weil ich sonst wohl ohnmächtig geworden wäre. *»Nu, schastliwowo puti!«*, sagte sie noch. »Dann gute Reise!«

Ich verließ das Lehrerzimmer und holte tief Luft. Nicht nur, weil ich Sauerstoff brauchte, sondern auch, weil ich mir nicht sicher war, ob ich für eine solche Reise gewappnet war. Die russischen Propagandasprüche über den »großen Bruder«, mit dem wir »für immer und ewig unwiderruflich verbunden« sein sollten, kannte ich in- und auswendig. Aber würde ich mir auch im Restaurant einen Tee bestellen können?

Ich kramte die Russischbücher aus fast sieben Jahren Schulunterricht heraus. Die hölzernen Dialoge von Pawel und Swetlana über Kampf und Sozialismus klangen nicht danach, als könne man mit ihnen den sozialistischen Alltag in der UdSSR überstehen. So sprach doch kein Mensch.

Doch drei Wochen Moskau und Kiew – das klang vielversprechend. Und es würde meine erste große Fahrt ins Ausland werden. Was würde mich dort erwarten? Mir fiel der Spruch

»Von der Sowjetunion lernen, heißt siegen lernen« ein. Das wollte ich natürlich – und wo wäre die Gelegenheit besser als genau dort? Ich beschloss, meine Zweifel zu überwinden und die Reise anzutreten.

Der Name Freundschaftszug gefiel mir. Ich dachte an meine Freunde Christiane, Regina und Frank. Schade, dass sie nicht mitkommen konnten. Ich war aus unserer Gegend die Einzige, die an einem kalten Februarmorgen auf die Einfahrt des Zuges in Demmin wartete.

Pünktlich rollte das Gefährt auf dem Bahnsteig ein. Sollte das der sagenumwobene Freundschaftszug sein? Meine Eltern und ich beäugten das betagte Vehikel, das in all den Jahren seines Einsatzes offenbar nie gesäubert worden war, skeptisch. Die Spuren von Wind und Wetter überzogen ihn mit einer dicken Kruste, die bei diesem eisigen Wetter festgefroren an ihm klebte. Vor einigen Fenstern, das sah ich erst auf den zweiten Blick, waren Eisenstäbe, wie im Knast.

»Ist das etwa ein Häftlingstransport?«, fragte ich meinen Vater.

»Quatsch«, antwortete er zwar, aber es klang nicht sehr überzeugend.

Ein Schaffner öffnete und brüllte »*Moskwa!*« zu uns herüber. Er winkte mit dem Arm als Zeichen, dass ich endlich einsteigen sollte. Weiter hinten öffnete sich noch eine Tür, und ein Mann rief mir etwas zu. Ich verabschiedete mich von meinen Eltern, eilte zu ihm hinüber und stieg ein. Es war der russische Reiseleiter, der sofort meinen Ausweis und das offizielle Einladungsschreiben unter die Lupe nahm. Dann machte er einen letzten Haken hinter meinem Namen auf seiner Liste.

»Aalle da«, sagte er und begleitete mich zu einem Abteil, in dem auf der linken Seite neben einem sehr schmalen Gang ein Doppelstockbett stand. Hier sollte ich mich einrichten, unser erstes Treffen mit der Reisegruppe würde gleich im »Tschai-waggon« stattfinden. »Tschai« kannte ich als russischen Tee – damit konnte nur der Speisewagen gemeint sein, der sich direkt neben meinem Abteil befand.

Nachdem er gegangen war, warf ich mich zuerst auf das untere Bett, entschied mich aber dann doch, im oberen zu schlafen, und breitete auf der unteren Pritsche ein paar Sachen aus meinem Koffer aus. Mein Fenster hatte kein Gitter, wie ich erleichtert feststellte. Dennoch ließ es sich nicht öffnen.

Kurz darauf schlenderte ich hinüber in den Tschaiwaggon. Etwa zwanzig Leute trudelten ein, die meisten waren viel älter als ich, und wie ich erfuhr, hatten sie sich diese Reise verdient, weil sie sich in ihren Betrieben besonders bewährt hatten. Es gab außer mir noch zwei weitere Schülerinnen aus Berlin. Die kannten sich und tuschelten ständig miteinander. Dummerweise lagen die Abteile, in denen wir untergebracht waren, weit auseinander, sodass man sich nicht mal eben so besuchen und kennenlernen konnte. Ich kam mit keinem richtig ins Gespräch, und da sich die meisten nach der Reise-planbesprechung zurückzogen, ging auch ich wieder in mein Abteil.

Nach etlichen Stunden Fahrt hielt der Zug an und stand eine Weile auf dem Gleis – mitten auf freier Strecke. Ich nahm ein Buch aus meinem Reisekoffer, denn bei dem Geruckel hatte ich nicht lesen können. Doch ich war müde und schlief darüber ein. Als ich erwachte, hörte ich im Gang vor meinem Abteil laute Stimmen. Der Zug stand immer noch. Draußen war es bereits dunkel. Ich schob die Tür auf und drückte mich an russisch sprechenden Menschen vorbei in den Speisewagen, wo ein paar Frauen eine Suppe löffelten und mir die von Ludmila Galinova bekannte Duftmischung in die Nase kroch.

»*Konjez*«, verkündete der Koch gerade, was so viel bedeutet wie »Schluss jetzt«. Er wollte Feierabend machen und begann, die Tische abzuräumen, obwohl noch einige aßen. »Chier, niimm Brrot«, rief er mir zu. Aber ich schüttelte den Kopf und drängelte mich wieder zurück in Richtung Abteil. Auf dem Gang war es inzwischen noch voller geworden, Schiebetüren klackten auf und zu, die Menschen schwatzten und kicherten. Sie schienen sich hier wie zu Hause zu fühlen.

Ich versuchte auf dem Flur ein Fenster zu öffnen, um herauszufinden, weshalb der Zug immer noch stand. Doch auch dieses Fenster war verschlossen.

»Wo sind wir denn jetzt?«, fragte ich eine Frau, die neben mir stand und sich ebenfalls mühte, durch die verdreckten Scheiben hindurch etwas zu erkennen.

»Bestiimmt iin Poolen«, sagte sie. »Zuug iist wohl kapuutt.« Sie zuckte gelassen mit den Schultern und ging ohne ein weiteres Wort davon.

Na, da waren wir ja noch nicht weit gekommen. Es war nach zwanzig Uhr, und ob sich da noch jemand mit Reparaturarbeiten beschäftigen würde, war ungewiss.

In meinem Abteil legte ich mich wieder auf das obere Bett und wartete. Schlafen konnte ich nicht, denn nebenan war es zu laut, meine russischen Nachbarn feierten wohl eine Party. Schließlich steckte ich mir Watte in die Ohren und versuchte zu lesen. Aber die winzige Abteil-Lampe strahlte nur funzeliges Licht aus, sodass die Buchstaben vor meinen Augen verschwammen und ich bald aufgab. Ich schloss die Augen und wälzte mich auf der Matratze von links nach rechts und wieder zurück. Für den nächsten Tag nahm ich mir vor, Kontakte zu knüpfen, dann könnte ich mich wenigstens unterhalten.

Plötzlich rumpelte es, und ich öffnete schlagartig die Augen. Würde es jetzt weitergehen? Ein Mann mit kurzen braunen, dichten Haaren, so groß, dass er den Kopf einziehen musste, und so breit, dass er fast den Gang im Abteil ausfüllte, stand neben meinem Bett und grinste mich unverschämt an.

»Iich Sergej!«, sagte er. »Chab iich geklopft, chast du niicht gechört bei Krrach.«

Trotz der Watte im Ohr empfand ich seine Stimme als dröhnend laut. Ich sah ihn mit großen Augen an, während ich meine Ohren entkorkte.

»Iist so laut, kannst du niicht schlafen. Chab ich diich gesehen, biist du allein. Iist niicht schön allein. Koommst du zu uns!«

Ich war noch immer sprachlos. Was dachte der sich, so einfach in mein Abteil reinzuplatzen?

»Was iist, chachst du Aangst? Vorr miir duu muusst niicht. Chab iich Freundin.«

»Ja, aber wohin?«, stotterte ich endlich auf Russisch. Immerhin war er Russe und so nett, mich auf Deutsch anzusprechen. Ich wollte höflich sein.

»Hahahaha, iist so lustik, wie spriichst du!«

»Cha, cha, muusst du saggen!«, machte ich ihn nach.

Er lachte breit. »Du Chumorr!«

»Du Sergej«, sagte ich und lachte ebenfalls.

Ich bat ihn, dass er draußen warten sollte, zog mir eine Bluse über und folgte ihm dann in den Tschaiwaggon. Die Küche war zwar geschlossen, aber dort saßen jetzt Männer und Frauen dicht gedrängt auf den Bänken, die redeten, gestikulierten und lachten so laut, dass ich mein eigenes »*Sdrastwutje!*« zur Begrüßung nicht hörte.

Sergej reichte mir einen Blechnapf, der bis zum Rand mit Wodka gefüllt war. »*Sa sdarowje!*«, sagte er und nickte aufmunternd. Auf die Gesundheit!, hieß das, und ich dachte mir, warum nicht?, nahm einen großen Schluck und schüttelte mich. Auf abgerissenem Zeitungspapier reichte mir eine kleine, untersetzte Frau einige vor Öl triefende Teigtaschen. »*Pelmenis*«, sagte sie und rieb sich den Bauch, um anzudeuten, dass es lecker sei. Beim Reinbeißen schmeckte ich Hackfleisch, Sauerkraut und ein Gewürz, das in der Küche meiner Mutter nicht vorkam. Ich fragte die Frau danach, die immerzu nickte und ein Dauerlächeln im Gesicht hatte.

»Knooblauch. Hm«, erwiderte sie. »Iiist Maagenkrraut. Guut.«

Auf Russisch erzählte ich ihr ein bisschen von mir und war beruhigt, als sie wieder nickte und antwortete. Offenbar würde es mit der Verständigung doch nicht so schwierig werden. Ein Mann mit Schnauzer spielte auf dem Akkordeon, alle grölten laut mit. Bei den Refrainfetzen, die ich verstand, stimmte ich mit ein. Sergej forderte mich schließlich zum Tanzen auf, und mit einigen anderen hopsten wir im Gedränge herum. Da man weder die Fenster öffnen noch die Heizung abstellen konnte, wurde es immer heißer. Sergej tanzte mittlerweile, wie ein paar andere auch, in Unterhemd und Trainingshose. Nebenbei kümmerte er sich darum, dass alle immer reichlich Wodka in ihren Blechtassen hatten. Da auch meine nie leer wurde, weil er ständig nachfüllte, kann ich nicht genau sagen, wie viel ich wirklich trank. Zigarettenqualm hatte den Waggon noch dazu schnell in eine Räucherkammer verwandelt. Meine Sicht war in jeder Hinsicht vernebelt.

»Prrobierst duu? Iist Machorka!« Sergej bot mir eine von seinen Selbstgedrehten ohne Filter an. Eigentlich hatte ich schon durch das pure Atmen genug geraucht, und diese Zigaretten rochen nicht gerade lecker, sondern eher ein wenig nach Käsefuß. Aber der Wodka wirkte, und mir war zu diesem Zeitpunkt bereits alles egal – ich griff zu. Eine Zigarette lang genoss ich noch dieses verschwommene Bild von einem Fest der real existierenden deutsch-sowjetischen Freundschaft. Dann riss mein Film.

Mit einem elenden Gefühl erwachte ich am nächsten Morgen auf der unteren Matratze meines Abteilbettes. Es war hell, der Zug fuhr wieder. Ich hatte in meinen Sachen geschlafen, die eklig nach Machorka stanken. Als ich mich zur Toilette schleppte, hörte ich meine russischen Freunde schon wieder hinter ihren Türen. Das Magenkraut in den *Pelmenis* hatte nichts genützt, ich musste mich übergeben.

Als ich vom Klo zurückschlurfte, begegnete ich einem überaus munteren Sergej. »Naa, geht besser?«, fragte er mitleidig.

Ich schüttelte den Kopf, machte die Handbewegung für »Hoch die Tassen!« und gab in Anspielung auf meine derzeitige desolate gesundheitliche Lage den Trinkspruch »*Sa sdarowje!*« zum Besten.

Sergej lachte. »Warrte!«

Er lief in Richtung Tschaiwaggon und kam mit Tee, Weißbrot und einem nassen Lappen für die Stirn wieder.

»Biist du echt Kuumpel!«, lobte er.

Ich wusste nicht so richtig, warum er sich meiner so annahm, hatte aber auch das Bedürfnis, etwas Nettes zu sagen.

»Ihr seid auch in Ordnung«, antwortete ich und wollte wissen, woher er und seine Freunde kamen und weshalb sie alle so gut Deutsch sprachen.

»Russische Ingenieure, Spezialbrrigaade in Chemische Werke iin Challe.«

»Und jetzt habt ihr Urlaub?«, fragte ich.

»Ja, ja, DDR iist Paradies, Russland iist Cheimat.«

»Wie bitte? Ich dachte, das Paradies wär bei euch?«

»Nein, nein, guutes Leben iin DDR.«

Bis wir Moskau erreichten, dauerte es dadurch, dass wir immer wieder scheinbar grundlos auf freier Strecke hielten, noch ganze zwei Tage. Den Zug durften wir währenddessen nicht verlassen.

In dieser Zeit sah ich die Teilnehmer meiner Reisegruppe nur zweimal kurz zur Besprechung. Aber das störte mich überhaupt nicht, denn ich fühlte mich bei meinen neuen russischen Freunden gut aufgehoben. Was Sergej mir von sich erzählte, fand ich interessant, und umgekehrt musste es wohl auch so gewesen sein, denn wir redeten stundenlang.

»Besuchst duu miich! Maach iich ruussisches Essen und zeig diir Familie. Uund Mascha.«

Sie war seine große Liebe, sie würden heiraten, sobald er im Mai dreißig würde. Er schien so stolz auf sie zu sein, dass er sie mir unbedingt vorstellen wollte. »Weil Pätrra, miit dreißig duu biist erwachsen, da muusst duu Familie gründen und alles klarrmaachen«, lautete seine Devise. Wirklich? Darüber sprachen wir die nächsten zwei Stunden.

In Moskau verließen wir die enge, überhitzte Eisenbahn und betraten eine eisige Welt mit minus zwanzig Grad. Ich zog alle meine Kleider wie eine Matrjoschka übereinander – und fror immer noch. In meinem Reiseführer stand, dass man diese niedrigen Temperaturen nicht ganz so heftig empfände, weil es eine trockene Kälte sei. Von wegen! Ich hatte das Gefühl, mir zerschnitte die Kälte das Gesicht.

Unsere Reisegruppe zog ein straffes Besichtigungsprogramm durch, und die Stadt Moskau offenbarte uns ihre Geschichte mit einer Fülle von Sehenswürdigkeiten. Neben der Basilius-Kathedrale und dem Bolschoitheater besichtigten wir auch das Lenin-Mausoleum. Die Attraktion daran war für mich übrigens nicht unbedingt der aufgebahrte Lenin, sondern eher die Warteschlange davor, die sich weit über den Roten Platz zog und in der russische Touristen Wodka herumreichten und mit ihrer Geschwätzigkeit dem strengen Frost zum Trotz gute Laune verbreiteten. Wir ließen uns davon ein wenig anstecken und hielten eineinhalb Stunden durch, bis wir endlich eingelassen wurden. Völlig durchgefroren sah ich dann in Lenins wachsartiges Gesicht und fragte mich, ob ich nach dieser Niedrigtemperaturbehandlung auch schon so aussah.

Um Sergejs Einladung folgen zu können, musste ich mir eine Ausrede einfallen lassen und mich von der Gruppe fortstehlen, denn obwohl es in dieser Reise um Freundschaft gehen sollte und bei den offiziellen Komsomolzentreffen über nichts anderes gesprochen wurde, waren selbst organisierte, private und damit wirklich freundschaftliche Zusammenkünfte nicht so gern gesehen. Also meldete ich mich einfach für einen Tag krank.

Sergej holte mich aus dem Hotel ab, wir fuhren eine lange Strecke mit der Metro bis in ein Neubaugebiet. So neu schien es allerdings auch nicht mehr zu sein, denn Farbe und Putz waren hier schon mächtig abgeblättert. Inmitten dieser Wohnblocks mussten wir zwischen den kaputten Gehwegplatten hin und her hüpfen, denn dazwischen war die Erde aufgerissen wie auf einem Feld. Schön war das nicht gerade. Ich war etwas erschrocken über diese Tristesse, wollte aber nichts sagen, weil Sergej so guter Dinge war. Bei Platte Nummer dreiundzwanzig traten wir durch die nur angelehnte Haustür, und noch bevor er im ersten Stock rechts seinen Wohnungsschlüssel ins Schloss stecken konnte, wurde die Tür von innen geöffnet. Ich bekam einen Farbschock: Bonbonrot, glänzend und riesig war das Kleid, über dem ein freundliches Gesicht lächelte und sprach: »Duu biist Pätrra!«

»Mascha?«

Die hübsche junge Frau nickte. Sie nahm mich in den Arm, wobei mein Kopf in dem bombastisch um den Hals drapierten Tuch verschwand, so klein und mickrig war ich neben ihr. Dann küsste sie ihren Sergej auf den Mund und begann in einem dramatischen Singsang zu reden, von dem ich kaum etwas verstand. So ein stimmliches Theater kannte ich von Ludmila. Sergej tätschelte sie liebevoll. Es war also alles in Ordnung.

Mascha nahm mich bei der Hand und führte mich durch den Flur in ein Zimmer, aus dem bereits lebhaftes Stimmengewirr zu vernehmen war. Auf zwei plüschigen dunkelroten Sofas saßen zwischen vielen Kissen eine Frau in einem lila Gewand, ein Mann und zwei Jungen. Sie alle lächelten mich an. Um sie herum bemerkte ich Püppchen, Bilder, goldene Pokale und bunte Vasen. An den Wänden hingen Ornament-Teppiche und große Schwarzweißfotos, die in goldenen, verschnörkelten Rahmen steckten. So viel Zierrat hatte ich noch nie zuvor in einem Zimmer gesehen.

Während Mascha mir den Arm um die Schulter legte, machte Sergej stolz eine große Geste und verkündete »Mein Rreich, Pätrra!«. Die Frau vom Sofa stand auf, auch sie war groß und füllig. Ihre Nase wies sie als Verwandte von Sergej aus, das musste seine Mama sein. Richtig. Auch sie schloss mich in den Arm. Der Papa begrüßte mich mit einem Gläschen in der Hand, das ihm die Mama kopfschüttelnd mit einer lauten Bemerkung wieder abnahm. Er machte in seinem grauen Anzug inmitten dieser farbigen Opulenz einen geradezu schlichten Eindruck, und die zwei jüngeren Brüder von Sergej, die mich neugierig anschauten, auch.

Offenbar hatte mein russischer Freund bereits von mir erzählt. Denn kurz darauf zerrte jeder an mir, um mir etwas zu zeigen, sie redeten vielstimmig auf mich ein. Die Jungen warteten mit Postern von Musikgruppen auf, die ich nicht kannte, die Mama ließ mich ihr Essen in bunt bemalten Kochtöpfen kosten, und der Papa hielt mir Ehrenurkunden und Abzeichen unter die Nase, die er von der Armee und für Aktionen anlässlich kommunistischer Feiertage erhalten hatte. Zwischendurch schenkte er Wodka nach. Ich wusste ja jetzt, was ich noch gut vertragen konnte, und nippte vorsichtig.

Die »Halloren-Kugeln« aus meinem Reiseproviant und die von Oma umhäkelten Spitzentaschentücher, die ich als Gastgeschenke für die Frauen mitgebracht hatte, kamen mir ziemlich dürftig vor. Jede einzelne Praline in der rosa Kristallschale, die mir gereicht wurde, hatte sicher mehr Gehalt als der Inhalt meiner ganzen Schachtel. Doch wenn sie mehr erwartet hatten, ließen sie es sich nicht anmerken – im Gegenteil. Mascha und ihre zukünftige Schwiegermama freuten sich, als ich in bemühtem Russisch einiges von mir und meinem Zuhause preisgab. Sie wollten alles wissen, von der Schule und von zu Hause, ob ich einen Freund hatte und warum die Deutschen in allem so pingelig waren und überhaupt.

Als die Mama Schaumwein in dunkelroten Pokalen herumreichte, wir dafür aufstanden und jeder einen Trinkspruch auf ein langes und schönes Leben ausbringen musste, fiel mir erst auf, dass auch Sergej sich für diesen Tag schick gemacht hatte. Er trug ein helles Hemd und dazu eine Trainingshose, die jedoch dunkelblau war und noch ziemlich neu aussah. Ich fragte ihn, warum so viele Männer hier in Moskau Trainingshosen trugen. Sogar in Festsälen und beim Besuch des klassischen Balletts im Bolschoitheater hatte ich das beobachtet.

»Versteh iich Frrage niicht. Iist guute Chose, moderrn und bequäm. Tragen sie aalle.« Er schaute mich dabei so treuherzig an, dass ich mich stark anstrengen musste, um ernst zu bleiben. Ohne meine Antwort abzuwarten, wechselte er plötzlich das Thema und verkündete: »Cheute griillen wir!«

»Bei der Kälte?«, wandte ich ein. »Deine Mama hat doch gerade Essen gekocht.«

»Paasst schon, niicht Mama?«, sagte er und küsste sie auf die Wange. Mama nickte.

Mit Pawel, seinem jüngsten Bruder, trug er einen Arm voll Holz vor die Haustür und fing an, draußen, direkt unter dem Fenster, ein Feuerchen zu entfachen. Alexander, der mittlere Bruder, warf das Grillgestänge und den Rost durch das weit geöffnete Fenster nach unten und drehte die Musik auf. Sergej steckte die Teile zusammen, summte dabei zum russischen Beat und fing an, sich mit der gesamten Gerätschaft im Arm im Takt zu wiegen. Ich schaute aus dem Fenster und sah ihm zu: Direkt zwischen zwei trostlosen Wohnblöcken tanzte mein zwei Meter großer Freund Sergej bei minus zwanzig Grad selbstvergessen mit einem Grill.

Wie komisch das ist, dachte ich, pure Fröhlichkeit in einem solchen Nichts.

Mascha gesellte sich zu mir ans Fenster, legte mir den Arm

um die Taille und schunkelte zur Musik. Ich zeigte auf ihren zukünftigen Mann, und sie lachte.

Zum Essen war der Tisch reich mit Suppen, gefüllten Teigtaschen, Soßen mit viel Knoblauch und dem von Sergej gegrillten Fleisch gedeckt. Drei Stunden lang aßen, sprachen und lachten wir gemeinsam, und ich fühlte mich kein bisschen fremd.

»*Spasibo*«, bedankte ich mich. »Es war ein schöner Abend bei euch!«

»Guute Menschen, guute Party«, sagte Sergej lächelnd und bestand darauf, mich mit Mascha zum Hotel zu bringen.

Angelockt von dröhnender Musik, beschlossen wir auf unserem Weg zur Metro, noch einen kurzen Abstecher in eine Disco zu machen, die im Kellergeschoss einer Neubauplatte veranstaltet wurde. Ein hässlicher Ort, aber es herrschte eine Wahnsinnsstimmung. Wir tanzten bis nach Mitternacht, dann liefen wir zur Metro, um in die Innenstadt zu fahren.

Auf dem Fußweg von der Station zum Hotel passierten wir einen Milchladen, der innen weiß gekachelt war und tagsüber, wie ich beobachtet hatte, fast einem Operationssaal glich, weil die vier Verkäuferinnen darin nichts, aber auch gar nichts anzubieten hatten. So etwas war mir in den vergangenen Tagen auch in anderen Geschäften aufgefallen, und im GUM-Kaufhaus hatte ich sogar hysterische Frauen erlebt, die sich um Büstenhalter auf einem Wühltisch prügelten. Nun war ich gerade so reichhaltig verköstigt worden. Ich wagte es, vorsichtig nachzufragen, wo seine Familie das Essen eigentlich einkaufte.

»Koommt ooft niicht bis iin Laaden, iist schon verrkauft woaanders«, erklärte Sergej. »Vorrcher, verstehst duu, Pätrra. Vorrcher.«

»Dann braucht ihr ja eigentlich keine Läden mehr«, schloss ich.

»Ah, schwierig, schwierig. Muusst du schnell sein, und brrauchst du gute Beziehungen. Euch geht besser iin DDR.

Ich bezweifele, dass ich die Beiträge in der Iswestija heute noch lesen könnte. An der Zeitung liegt es nicht, aber bei mir ist aus sieben Jahren Russisch-Unterricht nicht so viel hängen geblieben.

Deschalb brriinge iich iimmer Kooffer voll miit Saachen zuum Chandeln für meine Familie chier.«

Sergej, Mascha und ich verabschiedeten uns vor meinem Hotel. Schade, dachte ich, kaum in ihre andere Welt reingeschnuppert, musste ich sie auch schon wieder verlassen. »*Wsjewo charoschewo*«, verabschiedeten wir uns. »Alles Gute.« Am nächsten Morgen würde meine Reise für zehn Tage weitergehen. Auch in Kiew warteten viele »*Dostoprimetschatelnosti*«[21] auf mich.

Auf der drei Tage dauernden Rückreise nach Hause langweilte ich mich. Ich vermisste meine neuen Freunde. Beim Ordnen der mitgebrachten Souvenirs – eine Matrjoschkapuppe, sechs dunkelrote Weinpokale, die denen in Sergejs Wohnung ähnelten, und ein Ledertäschchen – kam mir mein Ausweis für Deutsch-Sowjetische-Freundschaft mit der Siegen-lernen-Losung in die Finger. Was hatte ich auf der Reise gelernt? In Erinnerung an die oft leeren Regale in vielen Läden musste ich erkennen, dass bei Weitem nicht alles stimmte, was sie uns in der Schule über den angeblich weit entwickelten Großen Bruder lehrten. Außerdem schien mir, dass Freundschaft doch nicht so ein weit gefasster Begriff war, wie uns Ludmila und die Reisegesellschaft glauben machen wollten. Und dass man sie deshalb auch nicht verordnen kann, sondern dass sie, wenn man Glück hat, wie ein Geschenk zu einem kommt.

Sergej arbeitet heute, lange nach dem Ende von UdSSR und DDR, immer noch ab und zu für einzelne Projekte in Deutschland und unterstützt nach wie vor seine Familie. Er trägt auch weiterhin gerne Trainingshosen und Mascha ihre knallig bun-

---

21 Das heißt »Sehenswürdigkeiten« und ist bei vielen Ostdeutschen eines der wenigen Wörter, die aus dem Russisch-Unterricht in der Schule hängen geblieben sind, weil es ein Zungenbrecher ist. Es ist wie mit vielen Dingen: Wenn man es einmal kann, vergisst man es im Leben nicht wieder.

ten Kleider. »Beige iist Krankcheit«, sagt sie, »keine Farrbe.« So weit hat sich also nichts geändert.

Allerdings reisen die beiden jetzt viel. Sie waren kürzlich sogar in den USA, um ihren jüngsten Sohn zu besuchen, der – ebenso hünenhaft wie seine Eltern – dort als talentierter Basketballer sein Studium absolviert.

»Schööne Reise. Chab iich iimmer davon geträumt«, gesteht Mascha, begeistert von den Vereinigten Staaten. »Aber Cheimat ist Cheimat, würde iich niemals verlassen.«

Die Platte Nummer dreiundzwanzig gibt es übrigens nicht mehr, das Paar wohnt mit der Mama jetzt in einem kleinen Holzhaus am Rande von Moskau.

Neulich, nach einer langen, gemeinsamen Diskussion über gute Kinofilme und ob wir nicht nach Köln fahren sollten, um uns einen neuen anzugucken, offenbarte mir Sergej: »Pättrra, absoluter Lieblingsfilm ist und bleibt *Der mit dem Wolf tanzt*. Chab iich DVD miit. Machen wiir uuns chier bei dir schön gemütlich.«

»Aber Sergej«, unterbrach ich ihn, »du bist doch ›Der mit dem Grill tanzt‹.«

»Auch guute Idee, chol Grill rraus, Pätrra!«

AKTION BUMMIFLOCKE

»... immerhin seid ihr die treue Kampfreserve der Partei«, schloss der Schuldirektor seine Rede zum Schuljahresende und blickte in die Runde der versammelten Schülerschaft.

Ich stieß meine Freundin Regina in die Seite, die andeutungsweise die Nase rümpfte – als der Direktor gerade nicht hinsah, natürlich. Es war nicht das erste Mal, dass wir dieses Motto hörten. Von allen Seiten wurden wir hier mit Parolen bombardiert.

In meiner Schule machten wir zwar alles mit, bei den meisten hielt sich der Eifer jedoch in Grenzen. Kritische Äußerungen kamen nicht infrage – wer wollte schon seine Eltern beim Direktor antanzen lassen und seine Schullaufbahn gefährden, nur weil er mit seiner Meinung nicht hinter dem Berg halten konnte? Dazu kam, dass wir nicht wirklich wussten, wovon wir da hätten reden sollen. Frieden, Freundschaft, Solidarität war das, was man uns predigte, und daran war kaum etwas auszusetzen. Hinter vorgehaltener Hand wurde daraus bei uns zwar Friede, Freude, Eierkuchen, aber zu mehr Kritik fehlte uns schlicht die Erfahrung mit den richtig dunklen Seiten des Regimes.

Zum Fahnenappell holten wir daher stets unser Blauhemd aus dem Ranzen und zogen es über. Es hatte einen unmöglichen Schnitt, aber da es niemandem stand, war es nur halb so schlimm.

Hier in der Schule bewahrte sich jeder seine kleine Welt mit seinen kleinen Geheimnissen und Zweifeln. Wen kümmerten Parolen – die eigenen Freunde waren wichtig. Wir quatschten die Nächte durch und hörten gemeinsam Musik. Ich stand jetzt auf Queen, The Doors und Ike und Tina Turners »Nutbush City Limits« und spielte die Songs rauf und runter auf meinem sperrig großen Tonbandspulengerät, mit dem mein Freund Frank die Titel aufgenommen hatte.

»Turner, ja, der Name passt zu dir«, sagten meine Freunde, weil ich die Bewegungen der Sängerin perfekt nachahmen konnte, und schon hatte ich diesen Spitznamen weg.

Jetzt freuten wir uns erst mal auf die Ferien. Und das bedeutete, befreit von jeglicher sozialistischer Formel die Zeit genießen zu können. Erst in acht Wochen würde es mit dem Unterricht weitergehen und Agitprop-Silvia uns im FDJ-Studienjahr, einem schulbegleitenden Pflichtlehrgang, die Welt des Sozialismus erklären und uns mit »soliden marxistisch-leninistischen Kenntnissen auf die Sprünge helfen«. Dies würde mit einem »Abzeichen für gutes Wissen« honoriert werden – wieder eine neue Anstecknadel für meine Sammlung.

Der einzige größere Zwischenfall im vergangenen Schuljahr war ein gemeinschaftliches Auspissen des Lagerfeuers während der wehrsportlichen Hans-Beimler-Wettkämpfe gewesen. Sie waren eine Art vormilitärische Ausbildung. Ordnungsgemäß hätten wir das Feuer mit Schaufel und Sand ersticken müssen, aber die Jungs ließen einfach ihre Hosen runter und wir Mädels applaudierten, als die erfolgreiche Löschung vonstattengegangen war. Jemand auf dem Übungsfeld musste uns verpfiffen haben, denn schon kurze Zeit später stand Agitprop-Silvia neben uns, rügte dieses »Vergehen« und wies uns den letzten Platz zu, obwohl unsere Leistungen überdurchschnittlich gut gewesen waren. Wirklich gekümmert hatte uns diese Strafe nicht, aber wir diskutierten beim Abendbrot darüber.

Es gab Schlimmeres, wie mir mein Klassenkamerad Walter erzählte, der mir den ganzen Tag über nicht von der Seite gewichen war. Er wusste, dass ihn nach dem Abi ganze drei Jahre Dienst in der Nationalen Volksarmee erwarteten, und er haderte sehr damit. Es war jedoch der einzige Weg, um einen Studienplatz zu bekommen, und Walter wollte unbedingt Biologie studieren.

»Offiziell heißt es: ›Sie dürfen kampfentschlossen das Ehrenkleid der NVA tragen‹, aber das will ich doch gar nicht«, sagte er. »Ich würde niemals eine Waffe tragen wollen, nachdem mein Opa im Krieg gefallen ist.«

Hätte ich auch nicht gewollt, eine Waffe tragen. Aber im Gegensatz zu Walter musste ich als Mädchen nicht zur NVA. Ich würde gleich nach der Schule mit meiner Ausbildung anfangen können. Mein Schlachtfeld sollten Stift und Papier sein, denn ich wollte Journalistin werden.

Für diesen Beruf gab es ein offizielles Motto, das lautete: »Unsere Presse – die schärfste Waffe der Partei«, aber es sah nicht so aus, als wenn im Lokalblatt *Freie Erde*, für das ich hin und wieder kleine Artikel schrieb, scharf geschossen wurde. Im Gegenteil, das Büro hatte eher etwas Gemütliches, und die zwei Redakteure dort, Egon und Dieter, waren nett und umgänglich. Sie freuten sich immer, wenn ich ihnen ein paar Seiten Text vorbeibrachte. Und ich freute mich, wenn mir etwas einfiel, worüber ich berichten konnte. Für einen Beitrag von sechzig Zeilen gab es acht Mark. Morgen Mittag würde ich mit meiner Schwalbe wieder dorthin fahren, vielleicht gab es irgendein Kaninchenzüchterfest, über das ich schreiben konnte.

Als ich am nächsten Tag die Tür zum Redaktionsbüro öffnete, erwartete mich Egon, der Chefredakteur, bereits.

»Hör mal Petra, hättest du nicht Lust, bei uns ein Praktikum zu machen?«, fragte er, kaum dass ich meine Jacke abgelegt hatte. »Ihr habt doch Ferien, da könnte ich dich gut gebrauchen.«

Ich fühlte mich geschmeichelt und sagte sofort zu. Mein Traum vom Redakteursberuf schien in greifbare Nähe zu rücken.

Am nächsten Morgen stand ich vor der Tür und war gespannt auf meine neue Arbeit als Praktikantin in der Zeitungsredaktion. Egon und Dieter nahmen mich zu einigen Terminen mit, erklärten viel, damit ich auch etwas lernte, und schon nach kurzer Zeit wurde mir klar, dass der Alltag manchmal ganz schön hektisch sein konnte.

»Hast du den Aktivisten drin?«, fragte Chef Egon eines Nachmittags. Er behielt seinen Mantel gleich an, weil er nur noch kurz einen Blick auf die Beiträge für die morgige Ausgabe werfen wollte, bevor er zum nächsten Termin hetzte.

»Ja, alles drin«, antwortete ich und breitete die Seiten aus, die gleich vom Kurier abgeholt werden würden, damit sie rechtzeitig in der Bezirksstadt waren und gedruckt werden konnten.

»Auch die Nachrichten-Spalte noch mal überprüft?« Egon atmete flach, kippte sich einen Kaffee zwischen die Kiemen und schnappte seinen Schirm, weil er bemerkt hatte, dass es draußen regnete.

Ich nickte.

Er überflog die Artikel und quittierte jedes Blatt, wenn er es zur Seite legte, mit einem kurzen, entschlossenen Nicken.

Mir fiel auf, dass sein grau meliertes Haar heute vom Wind etwas zerzaust und der sonst so gerade gezogene Scheitel etwas aus der Form geraten war. Er hatte den Mantel über seinem grauen Anzug nicht einmal zugeknöpft, so sehr war er in Eile.

»Schön das Porträt, Petra«, lobte er, während er die nächste Seite umblätterte. »Ihr habt alles noch mal ausgezählt und gespiegelt?« Das war Fachjargon, gemeint war damit die grafische Gestaltung der Artikel. Es musste kontrolliert werden, ob wirklich alle Buchstaben der Überschriften in den laut Zeilenmaß ausgerechneten Platz passten und der Text in die Lücke für den Beitrag.

Noch bevor die Sekretärin Kati oder ich antworten konnten, nickte er wieder und legte das nächste Blatt beiseite.

»Kinder, ich muss los«, sagte er dann. »Betriebsversammlung in der Zuckerfabrik. Aber ihr haltet ja die Stellung.« Kati und ich nickten pflichtbewusst. Schnell entsorgte er noch einen Stapel Sitzungsprotokolle aus seiner Aktentasche auf Katis Schreibtisch. »Sortier das mal, ist vom Taubenzüchterverein. Den Artikel dazu schreib ich morgen.« Dann langte er in seine Manteltasche und holte aus einem Röhrchen eine Tablette, die er sich in den Mund warf und ohne Flüssigkeit hinunterschluckte. »Bis morgen!« Einen Moment später war er schon aus dem Zimmer.

»Das ist doch kein Leben«, meinte Kati kopfschüttelnd, als die Tür hinter ihm zugefallen war, und tütete die Beiträge für den Kurierdienst ein. »Das macht einen doch kaputt.«

»Weshalb nimmt er eigentlich andauernd Tabletten, hat er …« Bevor ich meine Frage zu Ende stellen konnte, riss Egon erneut die Tür auf.

»Ist Dieter noch nicht zurück?«, rief er in den Raum.

»Der ist noch bei der Besichtigung im Landmaschinenbau und wollte danach zum Bürgermeister«, antwortete Kati.

»Och, Kinder!«, stöhnte er genervt. »Hab ich völlig vergessen: Gleich ist doch der Termin mit Abteilungsleiter Helmut Rakow vom Zementwerk wegen der Beschwerden. Das ist 'ne schwierige Sache. Mensch, ich kann mich doch jetzt nicht vierteilen! Komm, Petra, geh du! Hör dir alles an und mach Notizen. Besprechen wir morgen. Tschüssi!«

Kati gab mir die Adresse. Ich steckte Block und Stift ein und beeilte mich, um pünktlich zu sein.

»Wat willst du denn hier!«, schrie mich Herr Rakow an, als ich zwanzig Minuten später vollkommen abgehetzt durch seine Bürotür kam und mich vorstellte. »Ich denk, ich sprech mit dem Chef und nich mit der Praktikantin!« Er zog die Augenbrauen hoch und fuhr sich genervt durch seine spärlichen grauen Haare.

»Der Chefredakteur lässt sich entschuldigen. Terminüberschneidung«, sagte ich und versuchte es mit einem Lächeln.

»Aber Sie können auch alles mir erklären.« Ich hoffte inständig, das möge ihn beruhigen.

»Wat gibt's da viel zu erklären?«, sagte er unwirsch. »Wir können nicht liefern, weil zwei Maschinen ausgefallen sind. Die Reparatur dauert 'ne Weile, weil wir auf Ersatzteillieferungen warten. Und die Kunden gehen auf die Barrikaden, weil es Frühjahr wird. Alle wollen bauen, aber wir können keinen Zement liefern. Ich dachte, ihr könnt mir dabei helfen, dat Volk zu beruhigen. Dat is alles.« Er drückte mir einen Stapel mit Versammlungsprotokollen in die Hand und wies mir den Weg zur Tür. »Dann lass dir ma wat einfallen, Fräulein Praktikantin!«

Auch wenn ich mich als Aushilfskraft nicht wohl fühlte, verstand ich seine Wut. Ich machte mich auf den Heimweg, aber als ich in der Redaktion eintraf, war noch keiner der beiden Redakteure zurück. Ich versuchte mir aus den Protokollen irgendetwas zusammenzureimen und schrieb einen Bericht über die vergeblichen Bemühungen der Belegschaft, die Probleme in den Griff zu bekommen. Meine erste Überschrift »Betonwerk durch überalterte Maschinen in der Krise« kam der Wahrheit schon ziemlich nahe, aber ich wusste, dass diese Art der Berichterstattung nicht erwünscht war. Unzufrieden strich ich die Zeile mit meinem Kuli wieder durch, denn »so kann man das nicht bringen«, wie mir Dieter, der Stellvertreter dieser Lokalredaktion, immer erklärte. Er war gerne der Stellvertreter von Egon, denn »dann hast du nicht die ganze Verantwortung für den Quatsch«. Das war ihm ganz wichtig. »Ich will doch nicht deswegen mit sechzig 'nen Herzinfarkt kriegen«, betonte er immer.

Nein, das mit der Überschrift verbat mir schon die Selbstzensur. »Denn Negativnachrichten«, das hatte ich ebenfalls von Dieter gelernt, »Negativnachrichten bringen uns nicht weiter. Wir müssen konstruktiv nach vorn denken, Mädchen.«

Ich versuchte, es umzuformulieren. Vielleicht eher: »Betonwerker kämpfen um höchste Leistungen«. Aber das war mir

Im Großraumbüro der Tageszeitung Freie Erde *in Neubrandenburg fühlte sich allenfalls die Erde im Blumentopf frei. Das Blatt war der Sozialistischen Einheitspartei Deutschlands unterstellt und unterlag ihrer strengen Zensur.*

selbst zu doof, obwohl »der Leser hier schön zwischen den Zeilen lesen könnte«, wie Dieter zu sagen pflegte. Nein, ich kam auf keinen vernünftigen Einfall mehr. Da die beiden noch immer nicht zurück waren, machte ich Feierabend.

Am nächsten Tag rief mich Egon in sein Büro und ließ mich Bericht erstatten. Sein Haar lag an diesem neuen Tag wieder exakt, der Scheitel war ein schnurgerader Strich. Ich legte meine Schreibversuche vor und erzählte, was ich erfahren hatte. Dabei wurde mir schnell klar, dass er mit den Problemen des Zementwerks bestens vertraut war, denn er nickte zwischendurch ungeduldig, strich dabei aber gleichzeitig ungnädig in meinem Beitrag herum.

»Kind, so geht's nicht«, sagte er, als ich mit meinen Ausführungen zu Ende war, und gab mir das Manuskript zurück. »Dass da zwei Maschinen kaputt sind, können wir auf keinen Fall schreiben.«

Das hatte ich mir schon gedacht.

»Was ist denn mit dem Betriebskindergarten? Darüber hast du doch schon mal berichtet«, fiel ihm plötzlich ein.

Im Jahr zuvor hatte ich die neue Einrichtung mit den bunten Stühlchen für die Kinder der Angestellten vorgestellt. Außerdem kam ich mit dem Schulbus fast jeden Tag am Garten der Einrichtung vorbei. Aber was sollte ich jetzt damit anfangen?

»Da blühen gerade die Tulpen«, sagte ich beiläufig. Das war mir beim Blick aus dem Busfenster aufgefallen.

Egon blickte auf, seine Augen bekamen einen vorfreudigen Glanz. »Das ist es doch!«, sagte er.

Was ist es?, dachte ich und schwieg erwartungsvoll, denn ich konnte mir keinen Reim darauf machen.

Egon hielt sich bedeckt. »Da machen wir was draus«, murmelte er und strich sich gedankenverloren mit Daumen und Zeigefinger über das Kinn. Mit einem Mal streckte er den Arm aus und zeigte auf mich. »»Tulpen im Kindergarten Bummiflocke aufgegangen.‹ Das wird ein richtig großer Aufmacher!«, rief er. »Rechne mal aus, ob's passt!«

Ich schrieb den Titel mit Kuli auf ein Blatt, zählte Buchstaben und Leerzeichen und nickte. »Hm, geht.« Ich erwartete, dass er mir sagen würde, was es mit der rätselhaften Zeile auf sich hatte, doch er schien ganz in seine eigene Welt abgetaucht zu sein.

»Und ein schönes Foto dazu, Querformat. Kannst du gleich mit Dieter losfahren und eins machen! Erkundigt euch mal, ob es bei denen im Kindergarten was Neues gibt!«

Ich stand etwas verloren da, und Egon schien endlich zu bemerken, dass seine Ausführungen erklärungsbedürftig waren. »Begreifst du!«, rief er freudig. »Damit haben wir drei Fliegen mit einer Klappe geschlagen!« Er stand auf, lief ein paar Schritte durch den Raum und zählte dabei mit seinen Fingern die Punkte auf, die an dem Artikel so wichtig sein würden: »Erstens: Betriebskindergarten als soziale Errungenschaft. Zweitens: Ostern. Und wenn wir nebenbei und drittens auf das Ringen der Arbeiter im Zementwerk um die Erfüllung des Plansolls eingehen, sind auch die Probleme angesprochen, aber durch die optimistische Einbettung mit Kindern und Frühling nimmt's eine durchweg positive Richtung!« Er klopfte mir auf die Schulter. »Dialektisch denken, Petra!«

Wenig später zog ich mit Redakteur Dieter los. Er schoss ein schönes Foto von spielenden Dreijährigen hinter Osterglocken und Tulpen für den Artikel.

»Kinder machen sich immer gut«, sagte er, während er zufrieden seine Leica im Lederkoffer verstaute. »Das werden schöne Fotos.«

Ich recherchierte im Gespräch mit der Leiterin ein paar Neuigkeiten. Die Eltern würden bald per Arbeitseinsatz helfen, das Spielzimmer zu streichen.

Als wir wieder in der Redaktion waren, schrieben Egon und ich gemeinsam den Beitrag. Dieser erschien am Karfreitag und alle waren zufrieden, auch Abteilungsleiter Rakow aus dem Zementwerk, der sich gleich per Telefon bei mir meldete.

»Das mit unserem Betriebskindergarten zu verbinden, da wär ich gar nicht draufgekommen«, sagte er und klang gar nicht mehr so abfällig wie bei unserem ersten Treffen. Die Beschwerden versickerten im Nichts. Bei dem schönen Wetter ging der Mecklenburger eh lieber in den Garten als auf die Barrikaden. Oder er besorgte sich Zement auf seine Weise, vielleicht für einen ertauschten Trabant-Kotflügel, der für einen Sack frisch geernteten Spargel schon seit einem Jahr in der Garage wartete.

Nachrichten im Stil von »Bummiflocke« schrieb ich noch zwei weitere Wochen, dann waren die Ferien vorbei. Kurz vor Ende meines Praktikums bastelten Dieter und ich eine Mappe für meine Bewerbung zum Journalistikstudium, und Egon tippte auf seiner alten Erika-Schreibmaschine mit ihrem verschmierten »e« höchstpersönlich eine Empfehlung für mich.

Ein Jahr später machte ich Abitur. Bei der Abschlussfeier mit all den Lehrern, die uns bis zur Reifeprüfung geführt und versucht hatten, uns viel Wichtiges und Unwichtiges beizubringen, wurde mir etwas mulmig. Ich war gern zur Schule gegangen. Auch die Internatsbetreuer schüttelten uns die Hände, Irina hatte sogar einen Blumenstrauß für jeden Einzelnen von uns, und bei Direktor Fröhlich glaubte ich immerhin ein leichtes Zucken in den Mundwinkeln zu erkennen, als er zu mir sagte: »Fräulein Nadolny, dann lassen Sie sich mal nicht unterkriegen.«

Das Leben im Internat war nicht immer rosig gewesen, aber jetzt, beim Ausräumen der Schrankfächer, dem letzten Blick auf den verwilderten Garten hinter der Ruine und dem Abschiednehmen von Lehrern und Mitschülern, musste ich zugeben, dass es dennoch eine schöne Zeit für mich gewesen war. So viele Freunde, die erste Liebe, immer was los. Was mich danach erwartete, wusste ich nicht. Meine Freundinnen zogen in die Städte zum Studieren, und die Jungs wurden in die entlegensten Ecken der Republik geschickt, um dort ihren dreijährigen Armeedienst anzutreten.

Ich wollte noch immer Journalistin werden und ging darum zunächst als Volontärin für ein Jahr in die Bezirksredaktion der *Freien Erde*. In Neubrandenburg saßen viele so nette Redakteure wie Dieter und Egon hinter ihren Schreibtischen, und auch solche Aktionen wie die von »Bummiflocke« wiederholten sich für mich ab und an. Ich gefiel mir in meiner Rolle als kleine Reporterin mit Stift und Block. Und weil ich richtig dazugehören und ebenfalls so ein Egon werden wollte, trat ich auf Anraten meines Chefredakteurs auch der Partei bei.

»Petra, wenn du die Probleme wirklich beim Schopf packen willst und die Welt besser machen möchtest, dann musst du dich auch da engagieren, wo es Sinn macht«, hatte er gesagt. Und das hatte mir eingeleuchtet.

Dank Praktikum und Volontariat bei der *Freien Erde* überstand ich auch die Auswahlwoche für den Journalistenjahrgang an der Universität. Im Anschluss packte ich wieder einmal den Pappkoffer meines Vaters und stieg im Herbst 79 hoffnungsvoll in den Zug nach Leipzig, um dort mein Studium aufzunehmen. Da wusste ich noch nicht, dass mein Kartenhaus aus Überzeugung und gutem Willen so schnell einbrechen würde.

DAS ROTE KLOSTER

Ich ahnte, dass mich das Leben in der großen Stadt Leipzig verändern würde, aber bei diesem Gedanken war mir nicht unbehaglich zumute. In Demmin und Neubrandenburg hatte ich mich zwar wohl gefühlt, aber die Orte waren recht überschaubar, und ich war neugierig auf das städtische Leben und das Studium an der Universität.

Ich hatte gerade meine Jacke ausgezogen und neben meinen Platz an den Haken gehängt, als der Zug mit einer ruckelnden Bewegung anfuhr. Rasch vertiefte ich mich in mein Buch.

»Und, nach Leipzig?«, erklang nach kurzer Zeit eine dunkle Stimme, und ich blickte auf. Der junge Mann, der seine blonden Haare zu einem dünnen Zopf gebunden hatte, war mir beim Eintreten ins Abteil gar nicht sonderlich aufgefallen.

»Ja«, sagte ich und wollte mich wieder der Lektüre zuwenden.

»Was studierst du denn?«, unterbrach er mich erneut.

»Journalistik.«

»Journalistik«, wiederholte er langsam. Ein abschätziges Lächeln umspielte seinen Mund. »Im Roten Kloster.« Das war alles, was er zu mir sagte, dann wandte er sich von mir ab. Ich traute mich nicht nachzuhaken, denn mit einem Mal schien ich für ihn nicht mehr zu existieren. Kurz bevor wir den Leipziger Hauptbahnhof erreichten, verließ er das Abteil, ohne sich zu verabschieden.

Seltsam. Obwohl ich versuchte, nicht weiter über diese kurze Begegnung nachzugrübeln, war ich noch eine Weile irritiert. Seine Bemerkung ließ mir keine Ruhe. Wie sollte ich das deuten?

In Leipzig entschied ich mich, die wenigen hundert Meter vom Hauptbahnhof bis zum Universitätsgebäude für die Geisteswissenschaften zu Fuß zu gehen. Das Hochhaus, im Volksmund »Weisheitszahn« genannt, konnte ich nicht verfehlen. Es hatte die Form eines aufgeschlagenen Buches und ragte weit über die anderen Gebäude hinaus.

Über dem Eingang des Hauptgebäudes prangte ein wuchtiges Relief sozialistisch realistischer Kunst. Menschen in kraftvollen Posen gruppierten sich um den überdimensionalen Kopf von Karl Marx, der ernst auf mich herabblickte. Dass uns in öffentlichen Räumen immer einer von den Parteioberen aus Bilderrahmen zuguckte, war ich gewohnt. Hier sah Karl Marx auf den nach ihm benannten Platz herab, um den sich auch die Oper, die Baustelle für das neue Gewandhaus mit dem historischen Mendebrunnen und die Hauptpost gruppierten.[22] Ich fand die gewaltige Skulptur etwas einschüchternd, senkte unwillkürlich meinen Kopf und betrat das Gebäude.

Im Eingangsbereich standen junge Menschen in Grüppchen beisammen, zwei Mädels eilten mit lässig über die Schulter hängenden Ledertaschen an mir vorbei. Mehrere Treppen führten zu einer weiteren Etage, wo gerade eine große Flügeltür geöffnet wurde, aus der ein Pulk von Studenten herausströmte.

Wo sollte ich mich melden? Ich suchte den Zettel mit den Hinweisen für Studienanfänger, fand ihn aber in meiner Umhängetasche nicht. Wahrscheinlich im Koffer, dachte ich. Ich hatte überlegt, dieses altmodische Ding in einem Schließfach am Bahnhof zu lassen, da ich auffälliger nicht darauf hätte aufmerksam machen können, dass ich hier zu den Neuen gehörte.

---

22 Viele Leipziger sagten damals weiter Augustusplatz anstatt Karl-Marx-Platz, denn sie hatten dem Regime nie verziehen, dass hier im Jahr 1968 die Universitätskirche St. Pauli und das alte Uni-Gebäude Augusteum gesprengt worden waren. Heute heißt der Ort wieder Augustusplatz, und um das Marxrelief als Denkmal zu betrachten, muss man jetzt weit bis in die Jahnallee laufen.

Wie peinlich. Nun war ich froh, ihn dabeizuhaben, denn ohne den Plan wäre ich aufgeschmissen gewesen.

Ein dunkelhaariger Typ, der auf der Fensterbank gegenüber saß, hatte mich bereits ins Visier genommen. Ich drehte mich zur Seite und beschloss, die Bänke hinter einer großen Säule anzusteuern, um in Ruhe im Koffer nachzusehen, da hörte ich hinter mir eine Stimme.

»Na Kleene, wo willst 'n hin? Kann ich helfen?«

Ich blickte mich um, der Dunkelhaarige stand jetzt neben mir.

»Welche Sektion denn?«, fragte er.

»Journalistik.«

»Na dann, herzlich willkommen im Roten Kloster!«, sagte er und lachte.

»Und, was heißt das? Du bist schon der Zweite heute, der mich darauf anspricht«, erwiderte ich etwas unwirsch.

»'tschuldigung, aber das wirst du noch öfter hören. Ich studiere dort übrigens auch, bin im dritten.«

Er reichte mir die Hand. »Robert.«

Während ich mit meinem Gepäck die Bänke ansteuerte, ging er einfach mit. »Der Name stammt noch aus der Zeit, als unser Studiengang in der Tieckstraße saß«, erklärte er. »Da waren die Journalisten ganz allein in einer Villa aus roten Backsteinen untergebracht, total abgeschirmt von den anderen Fachrichtungen.«

Wir blieben an der Säule stehen, ich stellte meinen Koffer ab. Er erzählte weiter. »Und dann hat es natürlich auch noch mit dem ganzen Agitprop-Gedöns zu tun, mit dem wir uns hier so rumschlagen müssen.«

»So schlimm?«, fragte ich, denn das war für mich seit Senne und der Jugendweihe etwas Alltägliches.

»Na ja, wirst schon sehen. Gehört halt für uns ›Journis‹ dazu. Man kann nur versuchen, es irgendwann besser zu machen, oder?«

Was glaubte der? Natürlich war ich hier nicht angetreten,

um leere Parolen wiederzukäuen! Ich bückte mich, um meinen Koffer zu nehmen, da war seine Hand schon am Griff.

»Ach komm, trag ich dir hoch, die Einführung für die Neuen ist immer in der Drei.« Er hielt meinen Koffer schon in der Hand und blickte darauf. »Das ist ja ein fetziges Teil, wo hast du das denn her?« Noch ehe ich etwas erwidern konnte, ging er schon voran in Richtung Treppe.

Vor dem Vorlesungssaal bedankte ich mich und trat ein. Ich setzte mich auf einen Holzklappstuhl in einer der hinteren Reihen und beobachtete meine zukünftigen Kommilitonen, die nach und nach eintrafen.

Die Stühle waren noch nicht mal zur Hälfte besetzt, und ich zählte ungefähr hundert Studenten, da trat ein älterer Mann mit graumelierten Haaren im dunklen Anzug nach vorn, das musste der Direktor sein.

Mit einem Griff warf er seine Aktentasche auf den Tisch neben das Rednerpult. Er stellte sich als unser Studienleiter Dr. Martin Elster vor, begrüßte uns mit einem langen Vortrag als »politisch-ideologische Kraft der Partei« und ließ die Stundenpläne austeilen. Wie in der Schule, dachte ich etwas enttäuscht mit einem Blick darauf, nur verteilt über den ganzen Tag. Deutsche Sprache und Stilistik, Journalistische Methodik, Literatur, Psychologie, Gesellschaftsaufbau und journalistische Übungsstunden hießen diese Fächer. Außerdem standen dort ML als Abkürzung für Marxismus-Leninismus und APA, was Aktuell-Politische-Argumentation bedeutete. Unwillkürlich kam mir nun der Mann aus dem Zug wieder in den Sinn, und ich erinnerte mich an Roberts Ausführungen zum Roten Kloster. Aber ganz so schlimm wird es schon nicht werden, dachte ich beim Durchblättern der Seiten.

Doktor Elsters Rede endete mit einem Verweis auf die Bedeutung guter journalistischer Arbeit in unserer Zeit. Mitgestalten, die Gesellschaft voranbringen, der Wahrheit auf den Grund gehen. Ich war erleichtert. Da waren sie dann doch, die

hehren Ziele, die mich dazu bewegt hatten, diesen Beruf er-
lernen zu wollen.

Dass er etwas anderes darunter verstand als ich, war mir
nicht klar.

Die ersten Wochen in Leipzig verliefen ziemlich turbulent. Ich
versuchte, mich sowohl in dieser neuen Stadt einzuleben als
auch in meinem Zimmer, das ich mir mit drei anderen Journa-
listik-Studentinnen im Wohnheim teilen musste. Während ich
noch damit kämpfte, die richtigen Räume in der weitläufigen
Uni zur richtigen Zeit zu erreichen, begegnete ich in der Mensa
Georg. Er war einer meiner Ausbilder im Zivilverteidigungslager gewesen, in dem ich vor Beginn des Studiums fünf Wochen lang mit anderen zusammen Erste-Hilfe-Übungen und
Evakuierungsmaßnahmen für den Fall hatte proben müssen,
dass uns der Klassenfeind einmal angreifen sollte. Diese Wehr-
erziehung war Pflicht für alle angehenden Studentinnen und
die wenigen Männer, die durch ein ärztliches Attest oder ein
Studium der Theologie um die Armee herumgekommen waren.

»Na, wie geht's?«, fragte Georg und lächelte mich an.

»Wenn das ›Leipziger Allerlei‹ hier nicht so nach tranigem
Altöl geschmeckt hätte, ginge es mir besser«, sagte ich. Auf
dem gerade zurückgegebenen Teller mit Eintopf schwamm
vermatschtes Gemüse unter großen Fettaugen. »Das Essen ist
eine Katastrophe. Ich werd noch verhungern.«

Er lachte. »Wenn du grad Zeit hast, lad ich dich ein …« Er
überlegte einen Moment und sagte dann: »Ins Bachstübl?«

So nett kannte ich ihn gar nicht, denn als Ausbilder im
ZV-Lager hatte ich ihn nicht sonderlich sympathisch gefunden. Aber vielleicht gehörte seine ruppige Art ja damals nur
zu seiner Rolle?

Da es noch zwei Stunden bis zur nächsten Vorlesung waren
und ein gemeinsames Essen schließlich noch kein Versprechen
ausmachte, war ich nicht abgeneigt.

Im Kalten Krieg galt es, Ruhe zu bewahren. Alle, die studieren wollten, mussten sich nach dem Abi für den Ernstfall rüsten. Fünf Wochen Zivilverteidigungslager statt drei Jahre Armee – selten war ich so froh gewesen, ein Mädchen zu sein.

»Joa«, sagte ich, »das find ich aber nett.«

Georg war etwas schmächtig und ging leicht nach vorn gebeugt, als müsste er gegen einen Wind kämpfen. Er wirkte aufgedreht und redete ohne Unterlass. So erfuhr ich, dass er mit dem Lehramtsstudium längst fertig und als wissenschaftlicher Mitarbeiter an der Uni beschäftigt war, Fachbereich Politik und Geschichte. Im Juni dieses Sommers, so schwärmte er, war er beim Nationalen Jugendfestival in Berlin gewesen und hatte dort in einem Zelt für die Armee geworben.

»Das Größte war die Demo vorm Zentralkomitee der Partei. Hunderttausende am Palast der Republik! Toll«, sagte er, »das werde ich nie vergessen!«

Jetzt übertreibt er aber, dachte ich und beäugte ihn kritisch von der Seite. Er strahlte über das ganze Gesicht, als er davon schwärmte. Seine Begeisterung löste bei mir Befremden aus, denn von diesen verordneten Demonstrationen hielt ich überhaupt nichts, mir reichten schon die Pflichtmärsche zum ersten Mai, die wir jedes Jahr von der Schule aus veranstalten mussten.

Kurz bevor wir an der Thomaskirche ankamen, zählte er noch die Aktionen auf, mit denen seine Sektion die Befreiungsbewegung in Libyen, Angola und Mosambik unterstützte. Sein Gerede fing an, mich zu nerven, und ich bereute schon, mitgegangen zu sein.

Nun standen wir vor dem kleinen Café gegenüber dem Bach-Denkmal und der Kirche. Ich war hier schon mit Susa gewesen, meiner Mitbewohnerin aus dem Zimmer im Studentenwohnheim, mit der ich mich angefreundet hatte. Das Bachstübl war gemütlich, es standen viele kleine Holztische darin, nett arrangiert vor einer alten Bar. Als wir Platz genommen hatten, bestellte ich mir getoastetes Brot mit Kochschinken und Käse überbacken, dazu eine saure Gurke. Ein Festessen nach dem Mensa-Eintopf.

Georg hatte ein Schnittbrot mit Salami geordert und machte mir während des Essens Komplimente. »Du hast so eine angenehme Art, auf Menschen zuzugehen. Natürlich und offen, das mag ich. Standest eh auf meiner Liste, ich wollte dich unbedingt wiedersehen.«

Ich biss in meinen warmen Toast und ließ mir den zerlaufenen Käse auf der Zunge zergehen. »Aha«, antwortete ich dann. »Na, danke fürs Kompliment.« Also auf meiner Liste stand er nicht, dachte ich im Stillen, ich hätte ihn glatt vergessen, so wie ich das ganze Zivilverteidigungslager eigentlich gern vergessen wollte.

Er redete weiter und schmatzte dabei: »Ja, die beiden Theologiestudenten im Camp lagen dir doch auch zu Füßen. Habt euch gut verstanden, was?!«

Worauf spielte er an – wollte er etwa wissen, ob da was gelaufen war?

»Hm, die waren schwer in Ordnung, die beiden«, erzählte ich. »Hab mit denen ein paar Touren gemacht in der freien Zeit, Kino, Wandern und so.«

»Ja, ja, das glaube ich, du hast viele Freunde, was?«

Was waren denn das für blöde Fragen?, wunderte ich mich. Wollte er herausfinden, ob ich mit jemandem zusammen war, oder steckte noch etwas anderes dahinter? – »Ja, ich hab schon viele Freunde, jedenfalls zu Hause«, sagte ich dann nüchtern. »Ist doch normal. Hier muss ich erst noch welche finden.« Ich steckte den letzten Bissen in den Mund und wischte mir die Hände an der dünnen Serviette ab.

Georg beugte sich vor, sodass ich in seinem Atem die Salami riechen konnte. »Ich könnte dir helfen, ganz schnell welche zu finden.«

Das krieg ich schon alleine hin, wollte ich ihm antworten. Doch bevor ich etwas sagen konnte, flüsterte er mir zu: »Ich arbeite fürs Ministerium für Staatssicherheit. Du willst doch auch 'ne richtig gute Journalistin werden. Ich garantiere dir eine steile Karriere. Mach bei uns mit! Solche wie dich können wir gut gebrauchen.«

Mir schoss die Hitze ins Gesicht. Ich drückte meinen Oberkörper nach hinten an die Lehne, spürte das zusammengepappte Toastbrot in meinem Mund und kaute langsam die Gurke, um Zeit zu gewinnen. Dann sah ich ihn an. »Ich glaube nicht, dass ich dafür geeignet bin«, sagte ich. »So etwas mache ich nicht.«

Ich bemerkte, wie sein rechtes Auge zu zucken begann. Er biss wieder in sein Wurstbrot. Wir redeten nicht mehr. In mir wuchs der Drang, den Raum so schnell wie möglich zu verlassen. Ich schaute auf meine Uhr, rief die Kellnerin, bezahlte meinen Käsetoast und beeilte mich, zur Vorlesung zu kommen.

Draußen schüttelte ich mich. Allein seine Frage hatte mich beschämt. Ich hatte zwar einen verschwommenen Glauben an die gute Idee des Kommunismus – für meinen Opa war das schon schlimm genug –, aber ich wäre niemals darauf gekommen, für die Staatssicherheit zu arbeiten. »Leute aushorchen und anscheißen, so was macht man nicht«, hatte mein Vater immer gesagt, wenn die Sprache auf dieses Thema kam, und ich war ganz seiner Meinung gewesen. Als ich aufatmend vor dem Lokal stand und in den grauen Himmel über Leipzig blickte, überfiel mich eine tiefe Dankbarkeit dafür, so erzogen worden zu sein.

Es sollte nicht lange dauern, da machte ich abermals Erfahrungen mit Berichterstattern von Georgs Sorte, und zwar in meiner unmittelbaren Umgebung.

Der Anlass war banal. Es war mittlerweile Frühling geworden, und bei meiner neuen Freundin Susa hatte sich Besuch von zwei amerikanischen Studentinnen angekündigt, die auf einer Rundreise durch Europa waren. Da es mit unseren Mitbewohnerinnen Cordula und Iris im Wohnheimzimmer etwas eng geworden wäre, tranken Susa und ich dort nur kurz mit ihnen einen Tee und liefen dann zusammen durch Leipzig.

Am darauffolgenden Vormittag hatten wir Methodik.

»... sollten Sie nicht den Prozesscharakter in Ihrer Reportage verlieren«, referierte Frau Heinrich, als die Tür plötzlich aufgerissen wurde. Unsere Dozentin ließ vor Schreck die Kreide aus der Hand fallen. »Mein Gott, haben Sie mich erschreckt. Was ist denn los, Genosse Schuldt?«

Parteisekretär Rainer Schuldt sah sich im Saal um. »Nadolny und Karow, mal sofort mit ins Büro!«, bellte er.

Ich zuckte zusammen. Wieso sollten Susa und ich mitgehen? Alle Blicke waren auf uns gerichtet. Ich schaute zu meiner Freundin, aber sie machte einen genauso ratlosen und erstaunten Eindruck wie ich.

»Kommen Sie?«, wiederholte er unwirsch.

In seinem Büro mussten wir ihm gegenüber auf den beiden Stühlen vor seinem Schreibtisch Platz nehmen. Die Bürotür öffnete sich, Studienleiter Martin Elster trat ein und setzte sich zu ihm.

Genosse Schuldt fuhr sich ungeduldig über sein ohnehin durcheinandergewirbeltes Haar und kniff die Augen noch mehr zusammen als sonst. »Sie hatten Kontakt zu Personen aus dem kapitalistischen Ausland«, begann er und räusperte sich.

Meinte er den Besuch der Amerikanerinnen? Das war erst gestern gewesen, und nun war es noch nicht einmal halb zehn am Morgen. Mit gesenktem Blick schielte ich zu meiner Freundin hinüber. Susa schob sich verlegen eine Strähne ihres langen braunen Haars hinter das Ohr.

»Wer waren die zwei Frauen?«, fragte Schuldt, und seine Stimme klang streng. Er klopfte mit dem Kuli auf seine Schreibmappe. Klack, klack, klack machte der Stift auf der harten Unterlage.

Wir schwiegen.

»Genossin Nadolny, Genossin Karow, nun stellen Sie sich nicht blöder, als Sie sind. Sie wurden gestern gegen sechzehn Uhr von zwei Bürgerinnen amerikanischer Herkunft aus dem Wohnheim abgeholt und erst gegen Mitternacht wieder zurückgebracht. Wer waren diese Personen? Was haben Sie gemacht?«

Ich war perplex. Der wusste ja alles.

Klack, klack, klack hämmerte sein Stift.

Susa stotterte: »Ja, die eine ist eine Verwandte. Die ... die kam mit ihrer Freundin spontan vorbei ... und ... ja ... dann haben wir denen Leipzig gezeigt.«

»Aha, Leipzig gezeigt«, sagte er. »Personen aus dem imperialistischen Ausland zeigen Sie unangemeldet unsere Stadt.« Klack.

Was war dagegen einzuwenden?

Der Parteisekretär warf seinen Kuli auf die Tischplatte, stand auf und stemmte die Hände in die Hüften. »Wer war denn das nun? Lassen Sie sich doch nicht jedes Wort aus der Nase ziehen. Geben Sie mal deren Adresse an!«

Je lauter er sprach, desto leiser wurde Susa. »Die eine ist meine Cousine ... eine entfernte Cousine, Jane Jasper aus Washington. Die andere ist ihre Freundin und heißt Merry. Den Nachnamen weiß ich nicht. Sie machen gerade eine Europareise, und da haben sie einen Abstecher hierher unternommen. Ihre Adressen kenne ich nicht.«

Der Parteisekretär schlug mit der flachen Hand auf den Tisch, sodass der Kuli in die Höhe hüpfte. Wir zuckten zusammen, selbst Studienleiter Elster wich zurück. »Einen Abstecher. Das ist ja schön. Sie haben also Kontakt zu diesen Personen, aber keine Adresse. Sehr glaubwürdig.« Etwas gedämpfter wandte er sich an den Studienleiter. »Wir finden hier auch keinen Antrag auf Genehmigung für einen Besuch im Studentenwohnheim, oder?«

Doktor Elster faltete die Hände, blickte uns an, als wenn ihm das alles hier zu viel sei, und schüttelte matt den Kopf. »In der Direktion liegt nichts vor.«

»Was sollten wir denn genehmigen lassen?«, fragte ich vorsichtig.

Rainer Schuldts Hand fuhr erneut auf die Tischplatte nieder. »Ha! Sie sind ja für Spionageaktionen wirklich ein gefundenes Fressen. Die Personen waren über fünfzig Minuten im Studentenwohnheim. Kennen Sie Ihre Heimordnung nicht? Unangemeldeter Besuch aus dem imperialistischen Ausland ist strengstens verboten! Was haben die denn da gewollt?«

»Wir haben dort überlegt, was wir machen können«, stotterte ich.

Der Parteisekretär atmete schwer. »Wie, was Sie machen können?«

»Na, was wir unternehmen könnten, wenn man nur einen einzigen Nachmittag in Leipzig ist«, erklärte ich.

»Und dann? Bis Mitternacht waren es ja noch über sieben Stunden.« Der Parteisekretär setzte sich, nahm wieder den Stift in die Hand und machte seine Klopfzeichen: klack, klack, klack. »Haarklein will ich den Tag von Ihnen geschildert haben!«, schrie er auf einmal. »Haarklein! Das war gestern, da können Sie sich doch wohl noch gut dran erinnern, oder? Sonst können wir auch nachhelfen.« Klack.

Der Studienleiter schaute etwas entnervt auf seine Uhr, zog den Parteisekretär am Ärmel und nahm ihn zur Seite. Dann flüsterte er ihm etwas ins Ohr und entschied schließlich: »Sie schildern das schriftlich.«

Parteisekretär Schuldt legte nach. »Auf ein Disziplinarverfahren können Sie sich jetzt schon mal einstellen. Sie bringen ja unsere ganze Sektion Journalistik in Teufels Küche! Wenn sich da was nachweisen lässt, fliegen Sie hier raus, aber hochkantig!«

Mir war schleierhaft, warum aus der ganzen Sache ein solches Problem gemacht wurde. »Wir waren doch nur Eis essen und sind durch Leipzig gelaufen. Was ist denn daran so schlimm?«, fragte ich nach.

Der Studienleiter schüttelte erschöpft den Kopf, schaute erneut auf seine Uhr und überließ dem Parteisekretär das Feld, indem er sich verabschiedete und den Raum verließ.

Genosse Schuldt war noch immer nicht fertig. »Sie können sich wohl gar nicht vorstellen, was da alles passiert sein könnte!«

»Was denn?«, fragte Susa.

»Na, Spionage – zum Beispiel. Aber das werden wir ja herausfinden. Und die Adressen, Genossinnen, die Adressen!«

Nachdem wir das Büro verlassen hatten, versuchten wir uns im nahe gelegenen Café Corso von diesem Schreck zu erholen. »Die haben sie doch nicht alle!«, meinte Susa und rührte aufgeregt in ihrem Kaffee.

Ich pflichtete ihr bei. »Ja, völlig übertrieben. Einer aus dem Wohnheim muss uns verpfiffen haben.«

Es war müßig, alle Studenten durchzugehen, die uns gesehen haben könnten, und doch ließ uns der Gedanke nicht los. Wer machte so etwas? Und warum?

Unsere Strafarbeiten teilten wir auf. Susa forschte nach den Namen und Adressen ihrer amerikanischen Verwandtschaft, und ich übernahm den schriftlichen Bericht. Sollten sie bekommen, was sie wollten. Minutiös beschrieb ich das lange Anstehen für das Vanilleeis und seinen Geschmack, mein Stolpern auf dem Markt, den Weg zum Museum und alle unsere Eindrücke beim Betrachten der vielen Alten Meister, danach jeden Song, den wir im Studentenklub der Moritzbastei gehört hatten, und so weiter. Es wurden zwölf Seiten pure Langeweile, so hoffte ich wenigstens. Das alles kam mir so lächerlich vor, es war in meinen Augen pure Zeitverschwendung.

Natürlich konnten sie uns kein staatspolitisches Vergehen nachweisen, weil es keines gab, und so kamen wir glimpflich davon. Außer einer mündlichen Abmahnung geschah nichts. Wir mussten versprechen, uns ab sofort streng an die Regeln zu halten und in Zukunft wachsamer zu sein. In puncto Wachsamkeit stimmten wir ihnen zu und dachten dabei vor allem

an das, was wir mit unseren Kommilitonen noch besprechen
konnten und was nicht.

»Der Feind lauert überall«, hatte Studienleiter Martin Elster
einmal gesagt.

Wie recht er hatte!

BETTELN UND HAUSIEREN VERBOTEN

 An einem der seltener gewordenen warmen Herbsttage beschlossen meine Freundin Susa und ich, einen Spaziergang von unserem Studentenwohnheim zum Silbersee im Leipziger Süden zu machen.

»Meinst du, dass ich die Klausur bestanden habe?«, fragte ich sie. Ich machte mir Sorgen, weil ich kaum gelernt hatte. Wenn ich in der Arbeit patzte, dann könnte ich sie erst in einem Jahr wiederholen.

»Na klar«, antwortete Susa auf ihre unbekümmerte Art, »im letzten Jahr hast du es doch auch irgendwie hinbekommen.«

Ich schwieg eine Weile.

»Warum willst du überhaupt noch unbedingt Journalistin werden?«, fragte sie. »Immerhin hast du doch genauso wenig Lust wie ich, ständig nur von sozialistischer Planerfüllung zu schreiben. Aber ohne geht's nicht.«

Ich seufzte, denn sie hatte recht: Ich war hierhergekommen, den Kopf voller Träume und Pläne über das Schreiben, und hatte schon im ersten Jahr die Lust daran verloren, Phrasen zu dreschen. Denn um nichts anderes ging es. Das kam mir so eng vor, so gezwungen. Ich fragte mich, wozu es gut sein sollte, wenn ich als Journalistin nicht über das schreiben konnte, was ich tatsächlich erfuhr. Susa, unsere gemeinsame Freundin Maggie und noch einige andere fragten sich das auch.

Nach gut zwanzig Minuten ließen wir die Neubauten von Leipzig-Lößnig hinter uns und liefen den Sandweg hinunter zum schilfbewachsenen Ufer. Die Sonne stand tiefer als im Sommer, in dem wir oft zum Lernen für die Prüfungen hergekommen waren, aber sie spiegelte sich noch im Wasser. Dieser kleine See, nur von spärlichem Grün umrahmt, war unsere kleine Oase hinter den trostlosen Neubauten am Rande der Stadt.

Wir fühlten, ob das Gras nass war, und setzten uns an einer Stelle, an der es noch sonnig war, auf den Rasen. Ich umfasste mit beiden Armen meine hochgezogenen Knie und legte das Kinn darauf. Dann entschloss ich mich, Susa zu erzählen, was mir schon seit einiger Zeit durch den Kopf ging. »Weißt du«, begann ich, »das Leben im Wohnheim, ich kann das nicht mehr.«

Susa hielt die Hand über die Stirn, um ihre Augen gegen die Sonne abzuschirmen, und zog fragend die schmalen Brauen hoch. »Was heißt 'n das?«, wollte sie wissen.

»Ich hab mit Harry geredet«, sagte ich. Susa kannte den Kommilitonen, der in einem besetzten Haus lebte, und sie wusste, dass es für uns außer dem Wohnheim keine legale Möglichkeit gab, sich eine Bleibe zu suchen.

Als Studenten hatten wir kein Recht auf eigene vier Wände. Das war sicher nirgendwo in Stein gemeißelt, aber die von Beschwerden geplagte Mitarbeiterin der Kommunalen Wohnungsverwaltung hätte nur müde mit den Schultern gezuckt, wenn wir mit unserem Anliegen zu ihr gekommen wären: »Liebe Frau Sowieso, wir haben im letzten Jahr nur Kartoffeln gegessen, um Geld zu sparen, und würden statt der zehn Mark im Monat für das komfortable Bett in der begehrten Neubauplatte lieber zwanzig Mark für die letzte Kaschemme im feuchten Kellerloch eines abbruchreifen Hinterhauses zahlen. Hauptsache frei. Haben Sie da was für uns?«

Sie würde allenfalls verständnislos den Kopf schütteln. »Sie sind doch bestens versorgt«, würde sie sagen. »Andere haben größere Probleme.«

Und damit hätte sie sicher recht, denn vor ihrer Tür wartete die sozialistische Kleinfamilie mit Kind, die immer noch im Jugendzimmer bei Oma wohnte, und denen hatte sie auch nichts anzubieten.

Einen freien Wohnungsmarkt gab es eben nicht – aber viele leer stehende Abbruchbuden –, und so kamen einige darauf, sich anders zu behelfen.

»Du willst also was besetzen«, sagte Susa.

Ich nickte. »Ich wollte dich fragen, ob du mitmachst.«

Susa runzelte die Stirn. »Wenn die das in der Uni spitzkriegen, fliegen wir wirklich raus, das ist dir klar, oder?«

Ich zuckte mit den Achseln. Das Einzige, was ich sicher wusste, war, dass mir dieses »Internat« mit Ausweiskontrollen am Eingang, Einheitsmöbeln und vier Bewohnern auf zwanzig Quadratmetern die Luft nahm. Und das nicht nur aufgrund der räumlichen Enge.

Meine Mitbewohnerinnen Iris und Cordula und fast alle anderen im Haus studierten ebenfalls Journalistik, und der Sektion in jeder Lebenssituation so nahe zu sein erdrückte mich fast. Nicht alle hatten gegen die Parolen und Tendenzberichte, die wir täglich hörten und schreiben mussten, so eine Aversion entwickelt wie wir beide. Außerdem war ich mir bei meinen Mitbewohnerinnen Iris und Cordula nicht sicher, was ich ihnen gegenüber äußern konnte und was nicht. Das Verhör nach dem Besuch der Amerikanerinnen war mir noch gut in Erinnerung. Und spätestens, als ich Cordula dabei ertappte, wie sie ohne zu fragen in meinen Heftern blätterte, stand für mich fest: Hier muss ich raus.

Ich wusste, dass Susa auch unter der stetigen Beobachtung litt, ebenso wie meine Freundin Maggie.

»Dieser Druck dort und diese Enge, das ist mir echt zu viel«, erklärte ich Susa. »Ich glaub, ich muss mal erwachsen werden, aber wie soll das gehen, wenn mir ständig jemand auf die Finger guckt!«

»Wohl fühle ich mich da auch nicht«, pflichtete sie mir bei, »aber für so eine Entscheidung brauch ich noch Zeit.«

Wir blickten gedankenversunken auf das Wasser, das an diesem Tag ganz glatt war. So windstill war es hier selten.

»Sieh mal«, sagte ich nach einer langen Weile, »wir gehen doch nur in eine Bude, die sowieso leer steht. Wir nehmen doch niemandem was weg. Im Gegenteil, wir sind die Retter der Ruine!«

Susa grinste, wusste aber, dass ich die Häuser meinte, die so lange leer standen, bis Vandalen kamen und die Fenster und Türen einschlugen, sodass sie wie ausgehöhlte, schwarze Zähne aussahen, die stumm baten, herausgerissen zu werden.

»Dann sei jetzt erst mal der Retter des Urins und geh mit mir zurück. Ich krieg nämlich sonst gleich 'ne Blasenentzündung«, meinte sie und lächelte schief, denn sie fröstelte. Auch mir war kalt geworden, nachdem die Sonne hinter den Bäumen verschwunden war.

Als wir das Wohnheim betraten, stieg mir der typische Geruch aus Beton, Linoleum und Putzmitteln in die Nase. Im Zimmer wartete Iris bereits aufgeregt auf uns. »Wo wart ihr denn die ganze Zeit? Ich dachte, ihr kommt mit zur Agitprop-Vorbereitung für die Messe?«

Bevor wir etwas erwidern konnten, hatte sie sich auch schon ihre Tasche geschnappt und rief beim Hinauseilen aus der Tür: »Heute Abend sollten wir aber zusammen die neue Parteitagsrede von Breschnew übersetzen!«

Cordula kehrte unterdessen das Unterste nach oben, weil sie das *Neue Deutschland* suchte, die Tageszeitung der SED, die als automatisches Zimmer-Abonnement für uns Studenten jeden Morgen im Briefkasten lag.

»Ey Leute, wo ist das Ding denn? Ich brauch den Kommentar zur Rolle der DDR im UN-Sicherheitsrat.« Sie sah mich entnervt an. »Petra, hast du die wieder mitgenommen?«

Nee, ich hatte das blöde ND nicht, schüttelte den Kopf, warf Susa einen Blick zu und verdrehte die Augen. Siehst du, genau das meine ich, sagte dieser Blick. Ich warf mich ins Dunkel meiner unteren Liege im Doppelstockbett, das neben einem anderen ziemlich beengt hinter den hohen Schränken stand. Die hatten wir in einer gemeinsamen Umräumaktion als Sichtschutz davorgestellt, damit, wer lernen wollte, das auch noch bis tief in die Nacht tun konnte.

Als ich am nächsten Tag nach der Vorlesung den Weg zur Straßenbahn in eine andere als die übliche Richtung einschlagen wollte, rannte Susa mir hinterher.

»Wo willste hin?« japste sie, als sie mich eingeholt hatte.

»Richtung Karli.« Damit war die Südvorstadt gemeint, wo wir vor Kurzem im Kulturhaus der Nationalen Front ein schräges Jazz-Konzert besucht hatten. »Mal gucken, was die Hausbesetzer machen.«

»Okay, ich komm mit.«

Wir stiegen in die Straßenbahn ein, in der uns das typische Geruchsgemisch aus regennasser Kleidung und Essensdünsten entgegenschlug. In der Karl-Liebknecht-Straße kamen wir an der »Löffelfamilie« vorbei – einer riesengroßen bewegten Leuchtreklame des VEB Feinkost, auf der Vater, Mutter und Kinder, nacheinander und in bunten Farben aufleuchtend, Suppe schlürften. Jedes Mal, so auch heute, mussten wir darüber schmunzeln, weil das witzig aussah und so gar nicht zu dem Grau der umliegenden Häuser passte.

An der nächsten Haltestelle stiegen wir aus und liefen rund um den Körnerplatz durch die Straßen, in denen sich ein Altbau an den anderen reihte. Manche waren in einem so katastrophalen Zustand, dass Trauer und Wut gleichzeitig in mir hochstiegen.

Die Häuser der Gründerzeit hatten den Ersten und Zweiten Weltkrieg unbeschadet überstanden, aber am Sozialismus schienen sie zusammenzubrechen. Man hätte vielleicht nur rechtzeitig das Dach ausbessern müssen, ein Fenster auswechseln oder mal neu verputzen müssen. Aber von den paar Mark Miete im Monat konnte die Stadtverwaltung solche Mängel nicht beseitigen. Darum überließ man die alten Stadtviertel einfach dem

Wind, dem Regen und dem Frust ihrer Bewohner, denn es war billiger, stattdessen umliegende Felder wie Leipzig-Grünau für Plattenbausiedlungen aufzubaggern. Ich erging mich angesichts dieser Missstände gerade in einer Tirade über die verpfuschte Wohnungspolitik, als Susa mich am Ärmel zupfte. »Guck mal da, da fehlen Gardinen!«, sagte sie und zeigte auf eine Etage in einem stuckbesetzten Haus.

»Das sieht noch zu schön aus«, sagte ich skeptisch und hatte wohl recht, denn den Klingelschildern entnahmen wir kurz darauf, dass das Haus komplett bewohnt war.

Wir mussten unseren Blick schulen. In den folgenden Tagen und Wochen machten wir daher noch einige solcher Ausflüge und hatten dabei bald ein Haus ausfindig gemacht, in dem einiges darauf hindeutete, dass in den beiden oberen Etagen niemand mehr wohnte. Es machte einen verwahrlosten Eindruck, auch die Haustür stand offen. Auf der Treppe der oberen Etagen lag eine dicke Staubschicht, und wir konnten keine anderen Spuren als die unserer eigenen Sohlen erkennen. Als wir das Haus wieder verlassen wollten, öffnete sich die Wohnungstür im Erdgeschoss, und ein älterer Mann schlurfte heraus.

»Sacht amoal Mädels, was schnarcht ihr hier rum? He?«, fragte er ein bisschen ruppig und neugierig in breitestem Sächsisch.

»Wir sind auf Wohnungssuche«, antwortete ich. »Und da wollten wir fragen, ob die beiden hier oben frei sind.«

»Da oben? Da gann geener mehr wohn'. Da süfft 's dursch. Da is dor Pilz drin. Alles im Arsch.« Er musterte uns misstrauisch.

»Hat denn jemand einen Schlüssel?«, bohrte Susa weiter.

»No«, meinte er und nickte, »den gann isch ma hol'n.« Er humpelte langsam in seine Wohnung zurück und kam mit einem großen Schlüsselbund wieder. Langsam stiegen wir hinter ihm die Treppen hoch. Er zog sich am Geländer mühsam Stufe für Stufe nach oben, fluchte unverständliches Zeug vor sich hin und stöhnte zwischendurch. Oben angekommen suchte er lange unter den vielen Schlüsseln am Bund, bis einer passte, und schloss dann auf.

Die Wohnung war in einem fürchterlichen Zustand. Mal von dem abgefallenen Putz der Wände abgesehen, hing die halbe Decke herunter, und man konnte durch die Löcher bis unter die Dachbalken sehen. Die Wände waren übersät mit lila Stockflecken, und in den Ecken wucherte grün-schwarzer Rasen. Es stank in der ganzen Wohnung übel nach Schimmel und Muff.

»Dis wird immor schlimmor«, schimpfte der Rentner. »Gar nischt mach'n se, gar nischt, seit zwanzig Jahr'n hat dis Dach een weg. No, die warten, bis es ganz zusammengracht. Abor da bin isch hoffentlisch schon dood.« Er blieb im Eingang stehen und bedeutete uns, dass er den unwirtlichen Ort wieder verlassen wollte.

Die Wohnung eine Etage tiefer machte auch nicht gerade einen einladenden Eindruck, war aber nicht so feucht und schimmelig wie ihr Pendant darüber. »Hier geht's ja noch«, sagte ich. »Die könnte man renovieren.«

Susa schüttelte heftig den Kopf.

Der alte Mann ebenso und brubbelte dabei: »Was wollt'n ihr gleenen Hühner da machen, dis is im Arsch, oder habt ihr 'nen Handwergor an der Angel? Habt ihr überhaupt 'nen Schein vom Amt? Was wollt'n ihr eigentlisch?«

»Meinen Sie eine Wohnungszuweisung? Die wird man wohl dafür nicht mehr kriegen«, antwortete ich und erwartete, dass der Mann mir zustimmen würde, aber er fing an zu schimpfen.

»Ohne Schein. Nee, nee Ginder. Soweit gommt's noch! Dis is griminell! Seht a ma zu, dass ihr widdor Land gewinnt! Hier mach'n mir geen Jugendglub draus.«

Bevor er uns hinausscheuchte, bückte ich mich, hob ein

kleines Emaille-Schildchen auf, das ich im Dreck entdeckt hatte, und steckte es unbemerkt in meine Tasche.

»Wer fragt, bekommt nüscht«, sagte ich zu Susa, als wir wieder auf der Straße standen.

»Ja«, stimmte sie mir zu und überlegte. »Mal davon abgesehen, dass es echt ein Drecksloch war, in dem ich nicht wohnen wollte, können wir nicht so plump vorgehen. Beim nächsten Treffer nisten wir uns einfach ein und behaupten, wir hätten eine offizielle Zuweisung.«

Ich staunte nicht schlecht über ihre Wandlung. Weitere Überzeugungsarbeit musste ich offensichtlich nicht mehr leisten. Susa war dabei. Schön.

»Schau mal!« Auf der Straße zog ich das Emaille-Schild aus meiner Tasche, wischte den Schmutz ab und las die blaue Aufschrift vor. »Betteln und Hausieren verboten.«

»So was Ähnliches haben wir eben gemacht«, kommentierte sie.

»Ja, so weit sind wir schon«, grinste ich und hakte mich bei ihr unter. »Betteln um das letzte Wohnungsloch.«

Es verging ein weiteres halbes Jahr, aber außer einer erklecklichen Menge an Hausbesichtigungen auf der Suche nach einer bewohnbaren Bleibe geschah nichts.

Um Iris, Cordula & Co für ein paar Stunden zu entkommen, verbrachten wir die Abende oft im Studentenklub Moritz-bastei. [23] Manchmal ging ich sogar gleich nach den Seminaren dorthin und erledigte meine Aufgaben an einem der großen Holztische im Gewölbe unter den gewaltigen Bögen aus Stein. Wenn ich einen Kaffee bestellt hatte, durfte ich hier stundenlang sitzen bleiben, was mir lieber war, als ins Wohnheim zu

---

23 Dieses Veranstaltungszentrum wurde von 1973 bis 1982 aus einem verschütteten Teil der Stadtbefestigung errichtet. Während Studenten – unter ihnen auch Angela Merkel – in den Siebzigern hier Aufbauarbeit leisteten, konnten wir in den Achtzigern bei Theater, Blues und Jazz schön darin herumlungern.

fahren. Ich schaute gleich, was dort für den Abend geplant war, und erlebte dadurch eine Vielfalt kultureller Veranstaltungen von Musik über Theater bis zur Tanzperformance.

An einem Freitag im März wollte mich Susa überreden, in der Moritzbastei einen Volkstanzabend zu besuchen, bei dem auch die Gäste aufgefordert waren mitzumachen.

»Oh, nee, ich steh nicht auf Ringelpiez mit Anfassen!«, wehrte ich mich.

Sie zog aus ihrem Rucksack zwei lange bunte Röcke mit breitem Spitzenvolant und warf mir einen davon zu.

»Komm, zieh den an!«, forderte sie mich auf. »Besser tanzen als 'ne Krise im Wohnheim schieben.«

Ich gab mich geschlagen und sollte es nicht bereuen.

Während wir mehr oder weniger ungelenk im Kreis hopsten, bewunderte ich ein Pärchen, das alle Tanzfiguren beherrschte und dabei eine besonders gute Figur machte.

»Klasse«, lobte ich die beiden, als ich ihnen in der Pause an der Bar begegnete. »Ihr tanzt wirklich toll.«

Die junge Frau mit der wuscheligen Kurzhaarfrisur streckte mir ihre Hand entgegen.

»Bettina«, stellte sie sich vor und zeigte dann auf ihren Tanzpartner. »Nils, mein Mann.«

Wir kamen ins Gespräch, und Susa gesellte sich ebenfalls zu uns. Bevor die Moritzbastei wie immer pünktlich um zwölf schloss, lud uns Bettina für den kommenden Sonntag zu sich in die Hähnelstraße sieben ein. »Ist ein Hinterhaus, aber die Eingangstür ist eigentlich ständig offen. Das findet ihr schon.«

»Wie, habt ihr 'ne eigene Wohnung?«, fragte ich erstaunt, denn sie hatte zuvor erzählt, dass sie beide noch studierten.

Bettina beugte sich vor und strahlte über das ganze Gesicht: »Frisch besetzt.«

Susa ließ fast ihre Bierflasche fallen, als sie das hörte. »Wie habt ihr das angestellt? Wir suchen schon seit über einem halben Jahr!«

»Gut, dass wir uns getroffen haben«, meinte Bettina und lächelte. »Genau über uns ist eine Wohnung frei.«

Wir trauten unseren Ohren kaum. Seit Monaten waren wir auf der Suche, hatten uns sogar als Wahlhelfer gemeldet, um uns Zutritt zu Häusern zu verschaffen, und jetzt sollte das so einfach gehen?

Wir warteten nicht bis zum Wochenende, sondern machten uns schon am nächsten Tag auf den Weg. Ein eisiger Wind fegte durch die Straßen, und es regnete in Strömen.

»Es wird wieder Winter«, sagte ich beim Hinausgehen auf die Straße und zog den Kragen meines Mantels hoch. Uns kroch der typisch rauchige Geruch der Kohleheizungen und Autoabgase in die Nase, der an solchen Tagen wie eine Dunstglocke über ganz Leipzig lag.

Wir teilten uns einen mickrigen Schirm, an dem der Wind mehr zog und zerrte, als dass er uns Schutz bot. Mit der Tram fuhren wir Richtung Westen ins alte Plagwitzer Stadtviertel. Gut, dass die Sitze der Straßenbahn beheizt waren, so konnten wir uns etwas aufwärmen. Aber schon nach kurzer Zeit tippte Susa mich an. »Hier müssen wir raus!«, rief sie und zeigte auf eine barocke Kuppel über einem alten, halbrunden Eckgebäude. »Das müsste der Felsenkeller sein.«

Bettinas Beschreibung passte. Von hier gingen wir die Karl-Heine-Straße hoch, kauften in einer kleinen Bäckerei Streuselschnecken und Puddingteilchen und in einem Tante-Emma-Laden eine Flasche vom bulgarischen Gesöff »Rosenthaler Kadarka« – eigentlich ein Wein mit Kopfschmerz-Garantie, aber der einzige, den es hier gerade gab und den wir uns leisten konnten. Nach wenigen Metern erreichten wir die Schaubühne Lindenfels, ein altes Programmkino, in dem gerade ein ungarischer Kunstfilm lief, wie wir mit einem Blick in den Schaukasten feststellten. Als wir hier rechts in die Hähnelstraße abbogen, fegte uns der Sturm unter den Schirm und knickte seine Speichen nach oben. Er war jetzt nicht mehr zu gebrauchen, und unsere Haare wurden auf den letzten dreihundert Metern klitschnass. Ziemlich am Ende der Straße entdeckten wir endlich an einer Toreinfahrt die Hausnummer sieben. Da das Tor tatsächlich nur angelehnt war, gingen wir über den Hof zu einem dreigeschossigen Haus, an dem an vielen Stellen der Putz abgeblättert war, sodass die roten Ziegelsteine darunter freilagen. Die Haustür war nicht abgeschlossen, also traten wir ein und klopften im Erdgeschoss unten rechts, Bettina öffnete.

»Oh, ihr kommt heute schon«, sagte sie und schien sich über den unerwarteten Besuch zu freuen.

Bettina hatte den braunen Kachelofen im Wohnzimmer geheizt, dort hängten wir unsere nassen Sachen zum Trocknen auf. Während sie in der Küche Tee machte, nahmen wir auf einer grünen Samtcouch Platz und sahen uns um. Ein mit Büchern und viel Papier beladener Schreibsekretär, Regale, ein runder Tisch mit aufgeschlagenen Heftern, Stühle – das Zimmer war mit lauter alten Möbeln einfach, aber gemütlich eingerichtet –, und auf den braun gestrichenen Fenstersimsen reihte sich eine Topfpflanze an die nächste. Bei einigen war ich mir nicht sicher, ob sie schon gestorben waren oder noch gerettet werden sollten.

Nachdem wir Tee getrunken und den Kuchen gegessen hatten, übergab sie uns den ersehnten Schlüssel für die Wohnung über ihnen, und wir betraten die offensichtlich vor geraumer Zeit verlassene Stätte. An den mit Ochsenblutfarbe gestrichenen Holzdielen schien an einigen abgewetzten Stellen helles Holz durch, den Sprossenfenstern fehlte reichlich Kitt, und an den Wänden waren durch den abgefallenen Putz Farbschichten und abgerissene Tapeten sichtbar, an denen Historiker sicherlich die unterschiedlichen Dekorationsmoden der letzten Jahrzehnte hätten festmachen können. Zwei Zimmer hatte die Wohnung, einen kleinen Flur und eine Küche mit Ausgussbecken, aber keinen Herd. Natürlich gab es kein Bad, denn seit Erbauung dieses kleinen Hinterhauses, das wahrscheinlich

Arbeitern und Dienstboten um neunzehnhundert ein Zuhause geboten hatte, war hier nicht viel verändert worden. Die Toilette befand sich eine Treppe tiefer im Hausflur und wurde von den Bewohnern der Etage gemeinsam genutzt.

Ich musste mal, lief die paar Stufen hinab und schloss die Tür hinter mir ab. *Egal, ob groß, ob klein, wir scheißen alle hier hinein!*, stand in Schreibschrift über dem Klo an der Wand. Na, zur Abwechslung mal eine Parole mit Wahrheitsgehalt und auf alle Fälle nicht von neunzehnhundert. Ich zog am Porzellangriff, der an einer langen Strippe aus Eisenringen befestigt war. Funktionierte.

»Eigentlich ist sie noch besser als unsere«, hörte ich Bettina sagen, als ich wieder in die Wohnung zurückkam. »Sie liegt höher, da kommt mehr Sonne rein, ist ja Südseite.«

Auch wenn sie dunkel gewesen wäre, meine Entscheidung stand. »Dann nehmen wir die doch!«, sagte ich. »Oder, Susa? Zum Duschen können wir ja ins Stadtbad gehen.«

Meine Freundin hatte schon längst zugesagt und beschäftigte sich gedanklich bereits mit der Renovierung.

Innerhalb von zwei Wochen hatten wir die Wände ausgebessert und gestrichen und zogen mit dem Nötigsten, was man zum Leben braucht – Matratzen, Tisch und Stühle frisch vom Sperrmüll sowie einem Elektrokocher mit zwei Heizplatten –, ein. Vom Hof eines Getränkemarktes besorgten wir uns leere Holzkisten und stapelten sie übereinander, fertig war unser Bücherregal. Keine Frage: Das sah besser aus als die Plastemöbel im Wohnheim.

Unten links wohnte als einzige legale Mieterin in diesem Haus, das schon seit einem Jahr zum Abriss freigegeben war, [24] die achtzig Jahre alte Frau Stoppe. Sie hatte sich standhaft ge-

---

24 Es steht bis heute, jedenfalls habe ich es bei meinem letzten Besuch noch gesehen. Also wer hat Lust auf eine »Ausbauwohnung«, wie renovierungsbedürftige Buden von der Wohnungsverwaltung genannt wurden, in Leipzig-Plagwitz?!

weigert, ihren Geburtsort zu verlassen, und freute sich, dass hier nun wieder Leben einkehrte.

»Sie hat Gott mir geschickt«, sagte sie immer wieder, wenn einer von uns nach ihr sah oder für sie mit einkaufte. »So viele junge Menschen. Da bin ich ja noch mal reich beschenkt worden.«

Innerhalb kürzester Zeit war das Haus vollständig bewohnt. Neben uns hatte sich ein Philosophiestudent eingerichtet, über uns wohnten eine Kostümbildnerin vom Theater und ein Klempner, und in die Wohnung daneben holten wir unsere Freundin Maggie.

Als die Tage und Abende wärmer wurden, saßen wir oft alle im Hof beisammen. Dann legte Frau Stoppe ihre Arme auf den Fenstersims und sah zufrieden zu uns hinunter. Ich musste manchmal an den einsamen alten Mann denken, in dessen Haus ich das Emaille-Schild gefunden hatte. Ob er immer noch ganz allein dort lebte?

Nach einer Weile meldete sich der ehemalige Hausverwalter, um uns Illegalen jeden Monat zwanzig Mark Miete abzuknöpfen. »Na ja, zahlen wir«, hatten wir einstimmig beschlossen, »besser, als wenn er uns verpfeift.« Wir hofften, damit etwas in der Hand zu haben, falls doch mal jemand von offizieller Seite vorbeikäme. Außerdem überwiesen wir weiterhin den geringen Betrag für das Studentenwohnheim und blieben dort auch gemeldet, damit unsere neue Bleibe nicht aufflog.

Kurz vor Weihnachten klopfte es an einem frühen Vormittag. Susa und Maggie waren schon in der Bibliothek. Ich öffnete und stand zwei ABVlern[25] gegenüber. Mir schwante nichts Gutes.

»Sie sind Petra Nadolny?«, fragte der eine mit grimmigem Gesichtsausdruck und zückte seinen Block.

---

25 Abschnittsbevollmächtigte nannte man die zuständigen Polizisten für den Stadtbezirk, in der Bummi-Presse gern auch »Freund und Helfer«.

Woher kannte der meinen Namen? Ich nickte.

»Dann zeigen Sie mal Ihren Personalausweis!«

Ich wollte locker sein und zog das Ding lässig aus meiner Tasche. »Worum geht's?«

»Na, sehen Sie, Sie sind ja noch in der Johannes-R.-Becher-Straße gemeldet.«

Das stimmte. Das war die Wohnheimadresse.

»Wohnen Sie jetzt hier?«

Das war ja nun nicht zu leugnen.

»Aber doch nicht legal, oder?«, bohrte der mit dem Schnäuzer weiter.

Das Einzige, was jetzt hilft, ist Freundlichkeit, dachte ich mir, bat die Beamten herein und brühte erst mal einen Kaffee auf. Dann holte ich als Beweis die Überweisungen an den Hausverwalter aus dem Schrank, aber das reichte ihnen nicht, sie wollten die Wohnungszuweisung sehen.

Ich tat jetzt so, als wenn ich sie in den Schubladen suchte. »Ah, wo ist die denn nun ... komisch, ich finde die grad nicht ... muss ich wohl ...«

»Lassen Sie mal«, sagte der mit der Glatze trocken. »Wir wissen, dass es keinen Bezugsschein vom Amt gibt. Sie sind angezeigt worden, weil Sie hier illegal wohnen. Innerhalb von fünf Wochen müssen Sie verschwinden. Tut uns leid.«

Ich blickte ihn an und erstarrte.

Der Polizist überreichte mir ein Schreiben, auf dem groß »Räumungsklage« stand.

Mir wurden die Knie weich. »Wenn es Ihnen leidtut, dann nehmen Sie den Brief doch wieder mit«, flehte ich. »Wir stören doch hier keinen und halten sogar das Haus instand. Außerdem verhindern wir Vandalismus, und wir lassen die alte Frau Stoppe nicht allein.« Ich ratterte alle Argumente runter, die ich mir zuvor mit Susa und Maggie für so einen Ernstfall wie heute überlegt hatte.

Aber die beiden schüttelten mitleidig den Kopf, tranken in

178

Subversive Postkartengrüße aus dem sozialistischen Wohnparadies. Auf dem Weg in die Platte bekam man zwar schlammige Füße, konnte diese jedoch zu Hause gleich mit heißem Wasser abduschen. Das nannte man Fortschritt.

Ruhe ihren Kaffee aus, schauten sich neugierig um und bedauerten. »Wir können da wirklich nichts für Sie machen, von uns aus können Sie hier gern wohnen bleiben. Wir handeln auch nur auf Anweisung.«

Sie verabschiedeten sich und klopften beim Philosophiestudenten nebenan, um ihm den gleichen Wisch in die Hand zu drücken.

Abends, als alle zu Hause waren, trafen wir uns zu einer rasch anberaumten Versammlung.

»Was wird denn jetzt?«, fragte ich, vollkommen durcheinander. »Das können die doch nicht machen!«

Die anderen waren ebenfalls ratlos.

Bettina hatte eine Idee. »Wir schalten unsere Uni ein.«

Das mochte in ihrem Fall tatsächlich funktionieren, denn sie und Nils studierten Theologie. Aber konnten wir unsere Fakultät um Hilfe bitten?

»Hausbesetzer aus dem Roten Kloster, so was kommt in deren Planung doch gar nicht vor«, sagte Maggie und zwirbelte eine ihrer langen blonden Strähnen, bevor sie sich eine neue Zigarette anzündete. »Unsere Sektion würde sich doch nie für uns einsetzen, im Gegenteil.«

»Wahrscheinlich hat uns sogar jemand von denen angezinkt«, mutmaßte Susa, »damit sie uns wieder unter Kontrolle bringen können.«

Wir beschlossen, an die städtische Wohnungsverwaltung zu schreiben, listeten alle unsere Argumente auf und baten um Duldung.

Fünf Wochen vergingen, ohne dass etwas geschah.

Dann kamen die zwei Polizisten wieder, und wir sahen ihnen schon an der Miene an, dass sie keine guten Neuigkeiten brachten. Sie hatten den Räumungsbefehl in der Tasche und eine Zahlungsaufforderung von jeweils zweihundert Mark Strafe. Das war eine Menge Geld für uns, aber was viel mehr schmerzte, war der Befehl, unser neues Zuhause verlassen zu müssen. Wenn wir nicht freiwillig gingen, stand in einem Absatz, dann würde mit polizeilicher Gewalt geräumt.

»Ich geh nicht zurück!«, brach es aus mir heraus, »lieber fliege ich von der Uni.« Mir wurde bewusst, wie wichtig dieses Leben in den eigenen vier Wänden für mich geworden war.

Die Theologiestudenten Bettina und Nils mussten zwar auch eine Strafe zahlen, durften aber als einzige wohnen bleiben. Ihre Fakultät hatte sich tatsächlich für sie stark gemacht.

»Wir müssen die ebenfalls um Hilfe bitten«, entschieden wir, nachdem wir uns lange beratschlagt hatten. Es war unsere letzte Chance, doch noch wohnen bleiben zu können. Susa, Maggie und ich ließen uns beim Direktor der Theologischen Fakultät einen Termin geben.

Professor Rainold war schon älter, bestimmt Ende sechzig. Er hustete und räusperte sich unentwegt, als er mit uns dreien in sein kleines Büro ging. Als wir an seinem Schreibtisch Platz genommen hatten, brachte uns seine Sekretärin Pfefferminztee und Butterkekse. Es waren die gleichen, die Oma aus dem Tante-Hedwig-Westpaket für besondere Gelegenheiten im Wäscheschrank deponiert hatte. Rainold stippte die Kekse in den Tee und aß einen nach dem anderen, während wir unser Anliegen vorbrachten. Als wir zu Ende erzählt hatten, räusperte er sich und trank einen großen Schluck.

»Versteh ich nicht, ich hatte schon an euch alle gedacht, als ich um Wohnberechtigung für Bettina und Nils bat«, sagte er ruhig, räusperte sich wieder und las uns sein Schreiben an die Behörde vor. »War doch klar«, meinte er dann, »dass, wenn eine Wohnpartei bleiben darf, das auch für alle anderen zutrifft. Sonst ergibt das doch keinen Sinn. Irgendeiner muss euch wieder gestrichen haben. Aber macht euch mal keine Sorgen.«

Wir erfuhren nicht, was der Professor gesagt oder getan hatte, aber es gelang ihm wirklich, etwas für uns zu tun. Schon kurze Zeit später erhielten alle Hausbewohner ein Schreiben, in dem uns ein »Duldungsrecht auf Zeit« zugestanden wurde. Wir feierten gleich noch einmal Wohnungseinweihung, diesmal mit offiziellem Schrieb in der Hand.

Erst sehr viel später wurde bekannt, dass die Stasi unserer Hausgemeinschaft einen »echten Kumpel« ins Nest gesetzt hatte, wahrscheinlich, um immer auf dem Laufenden zu sein. Aber da wir das nicht wussten, fühlten wir uns frei und lebten so, wie wir es für richtig hielten. Nur so war mein Studium in den nächsten zwei Jahren erträglich.

Das Schild mit der Aufschrift »Betteln und Hausieren verboten« bewahre ich seitdem bei den Utensilien auf, die man nicht unbedingt braucht, aber dennoch sein Leben lang mit sich herumschleppt, weil sie einen an etwas erinnern. In diesem Fall an die Suche nach einer privaten Zuflucht.

Für den Eintritt in unser besetztes Haus hatten wir eine freundlichere Aufforderung mit Kreide an die Tür geschrieben: »Bitte laut klopfen!«

ZUR FEIER DES TAGES
KEIN SCHNITZEL

Die letzten Wochen vor der Verleihung unseres Diploms waren überschattet davon, dass Maggie diesen Abschluss nicht erhalten würde. Der Grund dafür war, dass sie in ihrer Diplomarbeit die enge ideologische Ausrichtung der Journalisten auf die Politik der Partei kritisiert hatte. Maggie weigerte sich, ihre Meinung zurückzunehmen, sogar dann noch, als Studienleiter Elster und Parteisekretär Schuldt sie deswegen ermahnten und in Einzelgesprächen auf Linie bringen wollten. Sie flog raus, und das sechs Wochen vor dem offiziellen Ende.

Susa und ich dachten wie sie, und dennoch, wir besaßen nicht ihren Mut und Durchsetzungswillen. In nächtelangen Diskussionen hatten wir den Sinn des Journalistendaseins in einer Diktatur infrage gestellt und oft erwogen, das Studium abzubrechen. Andererseits waren wir getrieben von dem Drang, das Studium tatsächlich abzuschließen und für unsere fünf Jahre »einen Abschluss in der Tasche zu haben«.

Nun war es so weit. Als wir nach der Verleihung mit unserem Diplom in der Hand der Karl-Marx-Universität den Rücken kehrten, war ich befreit, aber auch bedrückt.

»Lass uns schön essen gehen«, schlug Susa vor, die das zu spüren schien, und hakte sich bei mir unter.

»Gute Idee«, fand ich. Seit sie mit ihrem Freund Bernd zusammen in ein anderes besetztes Haus gezogen war und ich in der Hähnelstraße auch nicht mehr allein wohnte, sahen wir uns nicht mehr so häufig. Ich schaute in mein Portemonnaie und fand zwei Zehner, das reichte. »Wohin gehen wir?«

»Wenn schon, denn schon«, sagte Susa. »Auerbachs Keller.«

Das war Leipzigs traditionsreichstes Haus, daher war es immer schwer, dort einen Platz zu bekommen. Zudem war es für unsere Verhältnisse recht kostspielig, sodass ich bisher selten dort gewesen war. Aber dies war ein besonderer Tag, und bis zur Mädler-Passage war es nicht weit. Gut gelaunt passierten wir die Doppelskulptur von »Mephisto und Faust« und die Gruppe der »Verzauberten Studenten« im Eingangsbereich, die daran erinnerten, dass Goethe sich von diesem Lokal zur Faustdichtung hatte inspirieren lassen. Wir stiegen die Treppe zum Gewölbekeller hinunter und gesellten uns am Eingang des Saales zu einigen wartenden Menschen. Ganz vorn neben der Tür verkündete eine feine Holztafel: »Hier werden Sie platziert«. Ein schöner Service, könnte man meinen, aber eigentlich bedeutete es, dass man auf die Anweisung des Kellners warten und dann den Platz annehmen musste, den er einem zuwies. Da aber nur wenige Menschen vor uns standen, rechneten wir nicht damit, dass es ein Problem sein würde, einen Platz zu bekommen, und stellten uns allerhöchstens auf eine kurze Wartezeit ein.

Nach zehn Minuten trat eine junge Kellnerin im schicken schwarzen Kostüm, weißer Bluse und Zierschürzchen vor die Restauranttür. Die Haare trug sie raffiniert hochgesteckt, ihr Gesicht war von zwei Strähnen eingerahmt, die sich zu Korkenzieherlocken kringelten. »Ist die Züricher Gruppe jetzt vollständig?«, fragte sie und lächelte.

Ein dunkelhaariger Mann wechselte leise mit ihr ein paar Worte, woraufhin sie jeden von ihnen mit einem »Herzlich willkommen!« empfing.

Nachdem auch der Dunkelhaarige eingetreten war, stellte sie sich vor den Rest der Wartenden, mit uns sieben Leute, und sagte ebenso freundlich: »Moment, bitte!«

Dieser Moment dauerte allerdings wirklich lange, wir mussten etwa zwanzig Minuten warten. Der Eingangsbereich füllte sich mit weiteren Menschen. Uns störte es nicht so sehr, denn wir hatten eine Menge zu bereden.

»Was wird Maggie denn jetzt machen?«, fragte mich Susa leise.

»Mit der Akademikerlaufbahn wäre erst mal Schluss, hat man ihr gesagt und ihr einen Job am Fließband angeboten«, erzählte ich.

»Das können die doch nicht machen. Was ist denn das für eine Perspektive?«

Während wir uns über die Kritikunfähigkeit des Systems in Rage redeten, wurde ich von einem älteren Herrn angerempelt, der sich an uns vorbeidrängte, schnurstracks in den Gastraum lief und kurz darauf mit einem akkurat gekleideten Kellner in schwarzer Hose, Weste und weißem Hemd zurückkehrte. »Noch jemand von der Reisegruppe Stuttgart?«, fragte dieser in die Runde.

»Drei Plätze«, rief eine Frau vor uns dazwischen. »Wir brauchen drei Plätze.«

»Wir zwei!«, meldete ich mich.

»Tut uns leid, wir haben heute für unsere ausländischen Gäste reserviert«, klärte er uns auf.

»Wollen Sie uns verarschen? Wir warten hier schon ewig. Ihre Kollegin hat vorhin gesagt ›Moment, bitte‹. Und der ist nun vorbei«, sagte die Frau vor uns ungehalten.

»Das tut mir leid, wir haben Messegäste«, wiederholte der Kellner freundlich, aber bestimmt. »Oder haben Sie reserviert?«

»Dis is 'ne Sauerei«, schimpfte ein kleiner untersetzter Mann vor uns. »Für Westgeld mach'n se uff, un de eigenen Leude lassen se vor de Düre stehn. Da will isch ma dis Gästebuch sehn!«

»Beim nächsten Mal gerne, aber jetzt versuchen Sie es bitte woanders, wir haben keine freien Plätze.« Der Kellner erhob seine Stimme und wies uns an, den Eingangsbereich zu verlassen. »So, wenn ich bitten darf.«

Der kleine Mann meckerte weiter. »Unverschämtheit …!«

»Das wär doch mal ein Thema für einen Leitartikel im Tageblatt«, sagte ich zu Susa und stieg mit ihr die Treppen wieder hoch.

»Ins Paulaner?«, fragte ich.

Susa nickte.

Wir schlenderten am Alten Rathaus vorbei, das heute in der Sommersonne mit seinen Arkadenbögen und Zwerchgiebeln in gediegener Pracht erstrahlte. Ich blickte mich noch einmal um und sah auf die Turmuhr. »Oh, gleich zwei, schon eine Stunde vergangen«, stellte ich fest.

Aber das Gasthaus Paulaner war ja nicht weit, wir brauchten nur den Markt zu überqueren, dann waren wir schon in der Klostergasse. In seinen urigen Gewölbekellern würden wir es in dieser Hitze gut aushalten, hofften wir und steuerten direkt auf das Lokal in dem altehrwürdigen Gründerzeit-Stadthaus zu.

Auch hier würden wir platziert werden, wie ein Schild verkündete, das bereits draußen vor der Eingangstür mit Paketband an der Lehne eines Stuhles festgezurrt war. Wir traten ein und stellten uns im Vorraum am Ende einer Schlange vor dem geöffneten Wirtssaal an. Es roch nach Braten.

»Mann, jetzt krieg ich aber Hunger«, sagte Susa. »Geh mal gucken, ob sich das Anstellen lohnt.«

»Nisch vordrängeln, Mädschen!«, ermahnte mich jemand aus der Reihe, als ich mich in Richtung Saal bewegte.

»Nur Lage peilen«, beschwichtigte ich.

Der Kellner, ein forscher Typ mit Bürstenhaarschnitt, wies gerade vier Leuten einen Tisch zu. Ich sah, dass im Schankraum noch einige Plätze frei waren. Aus dem Augenwinkel hatte er mich aber sofort erspäht und rief über alle Köpfe hinweg: »Für die junge Dame gilt das Gleiche. Anstellen, bitte!«

Ich nickte und versuchte trotzdem noch schnell hochzurechnen, ob das Verhältnis von Sitzplätzen und Wartenden eine realistische Chance bot, bald einen Tisch zu ergattern.

»Haben Se Bohnen in den Ohren, junge Frau?«, rief der Kellner etwas lauter. »Hinten ist da, wo die Schlange uffhört! Hier vorn fängt se an!«

»Hat es denn Sinn, sich anzustellen?«, rief ich zurück.

»Bin ich Jesus?«, antwortete er, schüttelte entnervt den Kopf und ging zur Theke, um sein Tablett zu beladen.

Als ich wieder bei Susa ankam, hatten sich hinter uns bereits weitere Leute angestellt. Es dauerte noch fast zwanzig Minuten, bis wir endlich an der Reihe waren. Der Kellner schob jetzt mit zwei aufgetürmten Tellerbergen an uns vorbei und sagte fast beiläufig, aber gut verständlich: »Mittagstisch ist aus, meine Herrschaften!«

Ich wurde wütend. »Ich hatte Sie doch gefragt!«, rief ich ihm hinterher.

»Jetzt gibt es Kaffee und Kuchen!«

Da wir, wie so oft, außer unserem Frühstückskaffee noch nichts zu uns genommen hatten, war Kuchen nicht gerade das, was wir wollten.

»Lass uns lieber selbst was kochen«, schlug ich vor, als wir wieder auf der Straße standen. »Vielleicht will dieser Abschluss ja gar nicht gefeiert werden?«

»Ich hab aber Hunger«, entgegnete Susa.

Mir fiel ein, dass ich außer Porree und Kartoffeln nichts Gescheites im Haus hatte. Susa auch nicht, wie sich herausstellte.

»Eh wir uns beim Fleischer anstellen, versuchen wir es noch im Thüringer Hof«, schlug sie vor. »Komm, aller guten Dinge sind drei.«

Ihr Optimismus vertrieb meine schlechte Laune, und ich erinnerte mich, dass ich mit meinen Eltern dort einmal leckere Kohlrouladen gegessen hatte. Beim Gedanken daran lief mir das Wasser im Mund zusammen.

Als wir das Lokal betraten, fiel uns der Spruch von der netten Platzanweisung gleich mehrfach hinter verblichenen

Scheiben alter Bilderrahmen auf, die verstaubt im Eingang hingen.

»Ob die noch aus Luthers Zeit stammen?«, frotzelte ich und zeigte darauf. Der Thüringer Hof war das älteste Restaurant in Leipzig und warb an den Wänden damit, dass schon der große Reformator hier getafelt haben soll. Und nicht nur er, auch Bach, Goethe und Schumann hatten angeblich zu den Gästen gehört. All dies konnte jedoch nicht darüber hinwegtäuschen, dass es hier mittlerweile ein wenig heruntergekommen aussah.

Vor uns warteten nur zwei Leute, und so hegten wir Hoffnungen, dass wir bald einen Tisch bekommen würden. Es klappte. Schon fünf Minuten später durften wir Platz nehmen, und es sollte nach Auskunft des Obers sogar noch etwas Deftiges geben, obwohl es bereits fünfzehn Uhr war.

Die Kellnerin, die für unsere Tischreihe zuständig war, trug ein viel zu großes Kostüm, das konturlos an ihrem mageren Körper hing. Sie war vielleicht Anfang fünfzig, die überaus ordentlichen kleinen Dauerwellenlocken und ihr angestrengter Blick gaben ihr etwas Verbiestertes. Immer wenn sie in unsere Nähe kam, pflegte sie an uns vorbeizuschauen.

»Hallo!«, rief Susa ihr nach.

»Ja! Moment! Ich komm gleich zu euch!«, rief sie mit einem kurzen Blick und verschwand in der Küche.

Warum duzte sie uns – sahen wir etwa aus wie Kinder, oder hatten wir uns schon mal gegenseitig unter den Tisch gesoffen? Die Zeit verging. Fünf Minuten. Zehn Minuten. Keine Kellnerin. Als sie schließlich nach einer Viertelstunde wieder aus der Versenkung auftauchte, war es mit meiner inneren Ruhe endgültig vorbei. Susa versuchte, sich nicht von meiner Gemütsverfassung anstecken zu lassen. Sie amüsierte sich über die Absurdität der Geschehnisse und meinte, das wäre doch wieder ein gutes Beispiel dafür, was einem geschieht, wenn man das Besondere sucht.

»Entschuldigung!«, rief sie der Serviererin erneut freundlich zu. »Könnten Sie mal kommen? Wir würden gern bestellen!«

»Ach, ja, ja. Ich hab euch nicht vergessen, aber ich kann mich ja nicht teilen. Ich bring euch gleich die Karte!«, erwiderte sie und hetzte wieder schwer beladen an uns vorbei.

»Wenn Sie so wenig Zeit haben, dann lassen Sie doch die Speisekarten einfach gleich auf den Tischen liegen!«, rief ich ihr hinterher, als sie das nächste Mal an uns vorbeibrauste.

»Ach, wenn das so einfach wäre! Ihr seht doch, was hier los ist!«

Was war denn los?, fragte ich mich. Hier warteten Gäste auf ein Essen, und sie war die Kellnerin. Eine eindeutige Lage. Sie balancierte die großen Teller vom Nebentisch, die sie kunstvoll im Unterarm gestapelt hatte, in Richtung Küche.

Ich gab meinen Verbesserungsvorschlag ein zweites Mal zum Besten.

»Ganz allein bin ich heute«, klagte sie, statt die Speisekarte zu bringen. »Ganz allein! Ich renne von links nach rechts und von rechts nach links. Was soll ich denn machen? Ich hab doch auch nur zwei Hände!«

Das konnte keiner bestreiten. Langsam begann sie mir leidzutun. Dass ich ihr jetzt aufmunternd zulächelte, konnte sie jedoch nicht mehr wahrnehmen, da sie schon wieder auf ihrer Rennbahn zwischen den Tischen an uns vorbei war. Ein harter Job, dachte ich. Wer weiß, wie viele Kilometer sie an einem Tag mit dem schweren Geschirr auf dem Arm zurücklegt – immer im Spagat zwischen den Wünschen der Gäste und dem Mangel an Plätzen und Speisen. So viel Stress hält keiner lange aus. Eigentlich war es ganz klar, dass sie da auch mal Dampf ablassen musste.

Susa erzählte inzwischen von der Redaktionsstelle beim hiesigen Tageblatt, die sie bald antreten sollte. Sie würde im Bereich Kultur arbeiten. Ihre neuen Kollegen hatte sie bereits kennengelernt und war sich sicher, dass sie sich dort wohl fühlen würde. Ich hingegen hatte ab September eine Stelle beim Börsenblatt für den Deutschen Buchhandel in Aussicht. Bei dieser Zeitschrift für Buchhändler und Verlage ging es ja immerhin um Bücher, und so hoffte ich, dass sich dies auch auf meine Arbeit als Redakteurin auswirken würde: mehr Fachliches, weniger Berieselung.

»Siehst du, ohne Diplom wäre das nicht drin gewesen«, schloss Susa. »Außerdem haben wir ja auch Brauchbares gelernt.«

Wie alle Absolventen hatten wir unsere Arbeitsstellen über die Universität zugewiesen bekommen. Ich sollte eigentlich nach Mecklenburg zurück, wollte aber unbedingt in Leipzig bleiben, weil mir die Stadt gefiel und ich mich hier in Christoph, einen Musiker, verliebt hatte. Als die Stellenvermittlung auf meinen Wunsch eingegangen war, hatte ich mich daher sehr gefreut. Ob in meiner künftigen Redaktion nette Menschen arbeiteten, hatte ich aber noch nicht herausfinden können. Beim Vorstellungsgespräch hatte ich nur den Chef getroffen, und der hatte bei mir eher einen miesepetrigen Eindruck hinterlassen.

Während wir uns weiter über unsere berufliche Zukunft unterhielten, schreckte uns die Kellnerin damit auf, dass sie die Speisekarte irgendwann unvermittelt auf unseren Tisch warf.

»Na, jetzt können wir ja vielleicht doch noch darauf anstoßen!«, hoffte ich und schaute auf die Karte, die allerdings nur die Speisen enthielt. Das Angebot war übersichtlich und darum schnell gelesen. Schon nach kurzer Zeit versuchten wir daher mit Winken und Zurufen erneut die Aufmerksamkeit der Kellnerin zu gewinnen.

Als sie schließlich zu uns kam, wirkte sie völlig erschöpft. »Ich weiß nicht, wie ich das schaffen soll«, stöhnte sie und stemmte die Hände in die Hüften. »Was wollt ihr denn?«

190

»Einmal die Leber und eine Rindsroulade bitte!«, orderte Susa.

»Steht das etwa auf der Karte?«, fragte sie erstaunt, als hörte sie die Bestellung heute zum ersten Mal. »Nee, das haben wir nicht mehr.«

»Tja, dann den Fisch!«

»Ach, der ist gar nicht geliefert worden. Ihr wisst doch, wie das ist, Kinder!«

Ich wollte nicht auf das mir neue Verwandtschaftsverhältnis ersten Grades und auf ihre Lieferprobleme eingehen, sondern das aktuelle Speisenangebot klären: »Ist denn das Schnitzel noch da?«

»Ich guck mal.«

Weg war sie.

»Dann bitte zweimal!«, rief ich ihr laut hinterher.

»Woher weißt du, ob ich Schnitzel will?«, mäkelte Susa und lachte. »Was zu trinken wäre nicht schlecht.«

»Oh, jetzt ärgere du mich nicht auch noch.«

Zwanzig weitere Minuten vergingen – mit leerem Magen eine Ewigkeit. Unsere Kellnerin schien von der Küche verschluckt worden zu sein. Ich fing an, mit den Fingerkuppen auf den Tisch zu trommeln, während meine Freundin von ihrem geplanten Urlaub in Ungarn erzählte. Ich konnte ihr kaum folgen und blickte in immer kürzeren Abständen auf die Uhr. Wieso kam die Kellnerin nicht zurück? War sie wegen Überarbeitung zusammengeklappt? Angekündigt hatte sich das ja schon. Während ich mich bemühte, Susas begeisterten Beschreibungen über Budapest zu lauschen, schoss sie plötzlich mit zwei Tellern aus der Küche.

Susa erkannte schon von Weitem, dass das keine Schnitzel waren. Als sie die Teller auf den Tisch knallte, wurde offenbar, was sie uns da kredenzte: Bockwurst mit matschiger Sättigungsbeilage.

»Wir hatten doch Schnitzel bestellt«, sagte ich ernst.

»Ich dachte Bockwurst«, antwortete sie erstaunt, und ich roch an ihrem Atem, dass sie gerade geraucht hatte.

»Ich hab so viel zu tun, ich weiß nicht mehr, wo mir der Kopf steht. Ist Bockwurst denn schlimm?«, fragte sie treuherzig zurück.

»Schlimm nicht, aber wir hatten Schnitzel bestellt«, wiederholte ich bestimmt.

»Kinder, was soll ich jetzt machen? Die Küche hat Pause. Was kommt ihr auch so spät, ist ja fast vier. Da isst man doch kein Mittag mehr. Schnitzel dauert eh zu lange.«

In der Zeit, die wir mit Warten verbracht hatten, hätte man die ganze Kellnerin panieren können, dachte ich.

»Bockwurst ist doch auch nicht schlimm. Ich dachte, ihr habt solchen Hunger?«

»Ja«, sagte Susa. »Stellen Se hin. Bockwurst ist nicht schlimm. Krieg ist schlimmer, stimmt's, Petra?«

»Verdursten auch«, antwortete ich laut, damit auch die Kellnerin diesen Wink verstehen würde. »Wir hätten dazu gern ...«

Ich hätte ihr drei Wochen Urlaub versprechen können, die sie offenbar dringend benötigte, sie hätte es nicht gehört, denn sie war bereits wieder auf dem Weg Richtung Küche verschwunden.

Die Bockwurst war wohl seit zehn Uhr früh im Topf gewesen, denn sie hatte jeglichen Geschmack verloren. Und Kartoffelsalat gehörte leider zu den wenigen Speisen, die ich gar nicht mochte. Vor allem dann nicht, wenn es sich dabei um einen Haufen fettiger Mayonnaise handelte, in dem man die Kartoffelstückchen suchen musste. Ich schob den Teller nach ein paar Happen zur Seite.

»Nee, was ist denn das für 'n Mist heute!«

»Ein gebührender Abschluss für dieses Studium«, befand Susa trocken. »Was für eine Note hat dir der Rennert eigentlich in Stilistik gegeben?«

»Weiß gar nicht, 'ne Zwei oder ...« Ich wollte nach unten greifen, um nachzuschauen, aber dort lag nur mein Rucksack.

Der Beutel, den ich extra für die Diplom-Unterlagen mitgenommen hatte, damit in meinem ständig überfüllten Tragesack nichts knickte, war weg.

»Oh Gott, mein Diplom!«, rief ich und ging in Bruchteilen von Sekunden die letzten Orte durch, an denen wir gewesen waren. In Auerbachs Keller hatte ich ihn noch gehabt, dann konnte er nur beim Paulaner sein. Richtig, nun erinnerte ich mich daran, dass ich ihn dort an einen Garderobenhaken gehängt hatte. Wir legten jeder zwei Mark auf den Tisch. Zehn Pfennig Trinkgeld reichten für den Service, fanden wir. Die Kellnerin hastete gerade mit neuen Bockwurst-Tellern aus der Küche und schüttelte nur missbilligend den Kopf, als sie uns davonstürmen sah.

Ich atmete erst auf, als ich im Paulaner am Kleiderständer hinter Jacken und beigefarbenen Sommermänteln meinen lila Dederon-Beutel fand und darin das in rotes Kunstleder gefasste Diplom samt dem Zeugnis für den Hochschulabschluss ertastete.

»Na, da biste aber froh, was?«, sagte Susa.

»Tja, irgendwie schon.« Ganz ohne Urkunde wollte ich nach all den Jahren der Ausbildung nun doch nicht dastehen.

Auf dem Weg über den Markt kamen uns Ronald und Andreas aus unserer Seminargruppe entgegen. Sie waren ziemlich angetrunken, denn sie hatten an einer Imbissbude etliche Biere gekippt und Bockwurst mit Brot gegessen, wie sie erzählten.

»Na, super.« Wie wir, nur dass bei uns noch suppiger Kartoffelsalat dabei war.

»Wo wart ihr denn?«, lallte Andreas, während Ronald sich an ihm festhielt, um gerade zu stehen.

»Wir sind zur Feier des Tages schön essen gegangen«, antwortete ich mit einem ironischen Unterton, den Andreas aber in seinem Zustand nicht mehr wahrnahm.

»Und wir haben schön einen drauf gesoffen!«, entgegnete er

Drogen gab es im Kapitalismus – im Sozialismus dagegen nur Schnaps »Für festliche Stunden«. Findige Junkies wussten sich zu helfen, indem sie ihren Wodka namens Blauer Würger mit dem Beruhigungsmittel Faustan aufpeppten, am Fleckentferner Nuth schnüffelten oder ihren Kaffee mit Rotwein aufbrühten. Prost!

und schlug seinem Kumpel Ronald freundschaftlich, aber mit Schwung auf die Schulter, dass der strauchelte und nur durch unser Eingreifen nicht auf die Straße fiel.

»Mann, ihr seid ja tüchtig benebelt!«, sagte Susa.

»Klar, heute ma nich durch Agitprop, sondern durch Alkohol«, brabbelte Andreas und lachte sich über seine Bemerkung kaputt.

So kannten wir die beiden gar nicht. Doch nicht so treue Genossen, wie sie immer taten.

Ronald, der wirklich mehr als genug hatte, hakte sich bei uns unter. »Jetzt kommt ihr noch schön mit auf 'nen Absacker in die Pinguin-Eisbar!«

Ich musste sofort an den Kellner mit der näselnden Sing-Sang-Stimme und dem Wackelpo denken, der dort bediente und alle Männer als Schwuchteln titulierte, aber ganz offensichtlich selbst stockschwul war: Kai. Der dichtete auch, wenn er gut drauf war. »Wenn du dran bist, darfst du fragen, vorher gibt's was auf den Kragen«, hatte er gereimt, als mein Freund Christoph ihn darauf aufmerksam gemacht hatte, dass fast ein Drittel aller Plätze leer war.

Nein, mir war die Lust auf Gaststätten-Experimente vergangen. Susa ging es genauso. Das Einzige, was ich wollte, war, in meine Hähnelstraße zu fahren, Porree mit Kartoffeln zu kochen und mich von diesem besonderen Tag zu erholen. Susa schleifte ich natürlich mit.

Zu Hause wartete schon mein Freund Christoph und eilte zur Tür, als er uns auf der Treppe hörte. Den Strauß Blumen, den er zur Begrüßung für mich vor sich hielt, teilte er kurzerhand in zwei Hälften und drückte Susa und mir ein paar Stängel in die Hand.

»Ihr habt's endlich geschafft. Herzlichen Glückwunsch zum Diplom!«

»Oh, rote Nelken, das passt ja«, entfuhr es mir mit Blick auf die mickrige Pracht.

»Hab ich mir auch gedacht, außerdem gab's keine anderen«, sagte er lachend, schob eine Strähne seines blonden Haares zur Seite und nahm mich in den Arm. »Warum kommt ihr denn so spät? Ich hab schon gewartet. Lasst uns zur Feier des Tages schön essen gehen!«

»Nein«, riefen wir einstimmig. »Heute ist uns ganz und gar nicht nach Ausgehen zumute!«

BIS ZUM SCHWARZEN MEER UND ZURÜCK

 Christoph trug meine grüne Reisetasche, gegen die ich den schwarzen Pappkoffer meines Vaters inzwischen der Mode wegen eingetauscht hatte, als er mich zum Hauptbahnhof brachte. Darin war auch die rote Schmuckmappe, die mein Diplom enthielt.
Meine Familie war neugierig, und ich fuhr daher für ein paar Tage nach Hause in die Mecklenburger Heimat, um meine neueste berufliche Errungenschaft mit ihnen zu feiern. Für sie war die Tatsache, dass damit ein Abschnitt in meinem Leben zu Ende gegangen war, Anlass genug. Sie wussten zwar, wie zwiespältig ich das Studium erlebt hatte, freuten sich aber trotzdem, als ich anrief, um ihnen zu erzählen, dass ich alle Prüfungen bestanden hatte.

Der Zug war schon auf Gleis sieben eingefahren, fünf Minuten blieben uns noch. Während wir uns zum Abschied umarmten, erinnerte mich Christoph an etwas, über das wir vor meiner Prüfung gesprochen hatten. »Denk dran«, sagte er, »bevor du mit deiner Arbeit in der Redaktion anfängst, machen wir eine Reise.«

»Klar«, antwortete ich und löste mich aus seinen Armen, um ihn anzusehen.

»Nicht bloß an die Ostsee«, bekräftigte er, und seine Stimme hatte einen Unterton, den ich nicht deuten konnte, »eine richtig große Reise.« Mit diesen Worten hob er meine Tasche hoch und stellte sie hinter die geöffnete Tür in den Zug. Aus den Lautsprechern dröhnte derweil die Durchsage für die Abfahrt, und so konnte ich nicht genau verstehen, was er mir noch sagen wollte, nur dass er für Ende Juli etwas vorbereiten würde, und zwar nicht allein, sondern mit seinen Freunden Holger und Jörg.

Warum tat er so geheimnisvoll? Wahrscheinlich ging es doch nur um eine spontane Fahrradtour mit dem Zelt nach Polen, denn Holger war sehr sportlich und liebte Natur pur. Jörg kannte ich nur flüchtig von der einen oder anderen Fete. Wenn ich mich recht erinnerte, stammte er aus Rostock.

»Rein jetzt, dalli, dalli!«, schrie der Schaffner und bedeutete uns mit einer Handbewegung einzusteigen. Ich setzte den ersten Fuß in den Waggon, drehte mich dann aber noch einmal zu Christoph um, damit wir uns endgültig verabschieden konnten.

»No endlisch«, schimpfte ein Reisender, »nu lassen Se ma de anderen vorbei, wenn Se selbst nisch wissen, ob 'nein oder 'naus«, und drängte sich mit einem ganzen Pulk von Menschen im Gefolge an mir vorbei in den Zug.

Christoph schüttelte ungehalten den Kopf, zog mich dann noch einmal an sich und sagte: »Halt dir mal ab dem zwanzigsten die nächsten drei, vier Wochen in den August frei!«

»Einsteigen bitte!«, schrie der Schaffner und hielt seine Pfeife vor den Mund.

Im Zug öffnete ich sogleich ein Klappfenster im Gang. »Soll ich denn nicht mithelfen bei den Vorbereitungen?«, rief ich.

»Nee«, schrie Christoph zurück und lief dem bereits anfahrenden Zug hinterher, »das kannst du gar nicht. Wenn du wieder zurück bist, erzähl ich dir alles.«

Wir winkten uns ein letztes Mal zu, dann suchte ich mir meinen Platz. Ich kannte meinen Freund inzwischen gut genug, um zu wissen, dass nur Individualurlaub infrage kam, und da es eine richtig große Reise werden sollte, war bestimmt nicht Wildzelten am Kulkwitzer See gemeint. Das war der Baggersee zwischen Leipzig und Markranstädt, zu dem wir an heißen Tagen hin und wieder mit seinem Škoda fuhren – wenn er denn ansprang.

Oder wollte er bergsteigen? Holger, sein Freund, und auch dessen Freundin Anni machten das mit großer Leidenschaft. Ich hatte wenig Lust, den Fichtelberg zu erklimmen oder im

Elbsandsteingebirge klettern zu gehen. Er wusste doch, dass ich schon auf einer Leiter Höhenangst bekam. Und dass ich es keineswegs verlockend fand, eine Höhle als Schlafplatz zu suchen oder auf einem Überhang am Sandsteinfels zu übernachten, wo man sich festschnallen musste, um nicht den Felsen hinunterzukullern. »Boofen«[26] nannte Holgers Bergsteigertruppe diese Schlafübung. Wenn der Urlaub also schlafen am Abhang bedeutete, na, dann schönen Dank auch.

Jetzt ratterte der Zug am Chemiestandort Bitterfeld vorbei, der auf der Wand eines hohen Gebäudes für seine Plaste und Elaste warb. »Chemie gibt Brot, Wohlstand und Schönheit«, versprach das parteipolitische Programm in den Fünfzigern. Nur leider keine gute Luft, dachte ich und machte das Fenster zu. Was so stank, verhieß nichts Gutes, dessen war ich mir sicher.

Draußen war es heiß und hier im Zug ebenfalls. Die Temperatur betrug bestimmt dreißig Grad, deshalb schob ich das Abteilfenster sofort nach unten, sobald wieder grüne Landschaft zu sehen war. Der warme Wind wehte mir durch das Haar.

Ich dachte an meine Familie, bei der Urlaub zum Leben dazugehörte. Keine Wahnsinnstouren, meine Eltern waren alles andere als Abenteurer, aber seitdem wir ab Mitte der Sechziger den Trabant besaßen, waren wir bis zu meinem Umzug nach Leipzig jedes Jahr gemeinsam in die Ferien gefahren. Der Konsum und die Kreisfilmstelle hatten als Arbeitgeber hin und wieder FDGB-Ferienplätze spendiert.

»Für hundertfünfundzwanzig Mark pro Nase vierzehn Tage mit allem Pipapo, da kannst du nicht meckern«, hatte mein Vater gesagt, und wir reisten auf diese Weise in Ferienheime nach Heringsdorf, Warnemünde oder Kühlungsborn. Immer

26 Das ist Sächsisch und kommt von »pofen«. Nur weil der Sachse die weichere Aussprache bevorzugt und sich besonders gern auf langen Vokalen ausruht, wurde daraus »boofen«.

an die Ostsee, denn obwohl wir durch Tagestouren ohnehin jedes Häufchen Sand dort kannten, kam für meine Eltern nichts anderes infrage.

»Ist das nicht schön?«, sagte meine Mutter jedes Mal gerührt, wenn sie aus dem Autofenster oder beim Gang über die Dünen das Meer erblickte.

»Ja, von hier kannst du bis nach Dänemark gucken«, antwortete mein Vater dann meist. Von unserem Ferienort konnte man zwar weder Dänemark noch Schweden sehen, aber das kümmerte ihn nicht. Es war mal wieder eine seiner Übertreibungen – oder Wunschdenken, wer weiß. Schon wenn wir von Weitem einen Blick auf den Strand warfen, begann er sich wie ein Kind auf das Volleyballspiel zu freuen. »Stell dir vor, wir müssten jetzt durch einen dunklen Wald im engen Gebirge latschen.« Allein der Gedanke, die kostbaren freien Tage im Harz oder Thüringer Wald verbringen zu müssen, ließ ihn schaudern.

Wenn es mit einem FDGB-Platz nicht geklappt hatte, zelteten wir oder fuhren in die betriebseigenen Bungalows, die als kleine Siedlung etwas versteckt in den Kiefernwäldern des Ostseehinterlandes standen. In meiner Kindheit fand ich das viel schöner als das Ferienhaus an der Promenade, weil wir direkt in der Natur waren und ich sofort Spielgefährten fand. Hier wurde auch selbst gekocht, denn der Besuch der überfüllten Restaurants war meistens kein Anlass zur Freude. Selbst beim Anstehen für eine Thüringer Rostbratwurst musste man aufpassen, dass man nicht aus den Latschen kippte, weil es gut eine Stunde dauern konnte, bis man dran war.

»Ich opfere mich«, sagte mein Vater daher oft, wenn wir eine Grillwurst haben wollten, denn es gefiel ihm, dass in der Warteschlange immer etwas los war. Hier waren sich die Menschen endlich einmal einig und meckerten gemeinsam über Vater Staat und sein Unvermögen, genügend Würste auf den Grill legen zu lassen.

Onkel Uwe lernte beim Anstehen die Brünette aus dem Erzgebirge sogar so gut kennen, dass sie danach meine Tante Bärbel wurde. Wenn er bei Familientreffen erzählte, dass er seine Liebste aus dem Urlaub mitgebracht hatte, war das oft ein willkommener Anlass, über das Reisen zu plaudern. Vom Osten konnten wir viel berichten, ich selbst war ja schon mit dem Freundschaftszug bis nach Kiew gereist, dann mit Christiane über Jugendtourist[27] an die bulgarische Schwarzmeerküste nach Albena, mit Susa nach Prag, und auch in Ungarn und in Polen war ich bereits gewesen.

»Aber den Rest der Welt gibt's nicht für uns«, hatte mein Vater einmal bei einer Familienfeier gesagt, wobei ihm die Farbe ins Gesicht gestiegen war. »Uns haben sie eingesperrt wie die Karnickel!« Da war es ganz still geworden am Tisch, und ich hatte beobachtet, wie meine Mutter leicht an seinem Ärmel zupfte. Man wusste ja nie, ob nicht auch in der weitläufigen Familie ... Nein, über solche Sehnsüchte sollte man besser nicht sprechen.

Unter vier Augen hatte mein Vater mir allerdings gestanden, dass er sich wünschte, einmal an die Nordsee zu fahren. »Das möchte ich mir angucken, wie bei Ebbe einfach das Wasser weggeht«, hatte er gesagt. »Und du, Peti?«

Ich konnte seine Frage nicht gleich beantworten, weil ich sie so weit verdrängt hatte, dass mir auf Anhieb gar kein bestimmtes Reiseziel einfiel.

»Weiß nicht«, sagte ich deshalb ausweichend, »überallhin, mal gucken, wie sie in Griechenland leben oder in Frankreich oder im Kongo.«

Als ich mich im Zug mit meiner durch einen ARD-Reisebericht, den ich bei guten Freunden geschaut hatte, angereicher-

---

27 Ein von der FDJ eingerichteter Reiseveranstalter, der ab Mitte der Siebzigerjahre versuchte, das Fernweh junger Menschen mit organisierten Reisen in die Bruderstaaten in geordnete Bahnen zu lenken.

ten Fantasie nach Kreta begab, unterbrach eine ältere Dame meine Gedankenreise mit der Bitte, ihr das Gepäck aus dem Netz zu holen.

Ich musste ebenfalls am Ostbahnhof Berlin aussteigen, um von dort den Nahverkehrszug nach Stralsund zu nehmen. Noch einmal über drei Stunden fahren, dachte ich, denn obwohl es nur noch zweihundert Kilometer waren, dauerte es mit diesem Bummelzug ewig.

Kaum dass wir Berlin hinter uns gelassen hatten, wurde es sehr schnell sehr ländlich. Beim Blick über das weite Land dachte ich an einen Beitrag über Flüchtlinge aus der DDR, den ich zusammen mit Christoph im Westfernsehen gesehen hatte. Mit einem Ballon hatte es eine Familie geschafft, in den Westen zu gelangen, aber ein junger Mann, der es mit einem Schlauchboot über die Ostsee versucht hatte, war ertrunken.

Für die Freiheit das Leben aufs Spiel zu setzen war ein hoher Preis, hatte ich gedacht, und dieses Gefühl des Eingesperrtseins hinter sozialistischen Mauern doppelt empfunden.

In mein Bahnabteil trat nun ein älterer Mann, der eine blaue Arbeitsjacke und eine abgewetzte Schiebermütze trug, wie es auch mein Opa gern tat. Er setzte sich mir gegenüber und musterte mich, während ich aus dem Zugfenster auf die riesigen Korn- und Maisfelder schaute und den Himmel beobachtete, an dem grauweiße Wolken mit dem Westwind nach Osten getragen wurden. Nirgendwo ist der Himmel so groß und bewegt wie hier, dachte ich gerade, als der Mann sich räusperte.

»Na, hier ist der Hund verreckt, was?«, meinte er und grinste.

»Nee«, erwiderte ich und schüttelte entschieden den Kopf. »Ich komme von hier, und ich find's schön. An der nächsten muss ich schon raus.«

»Ich auch«, sagte der alte Mann. »Ich sag's nur, weil von Berlin bis zum Meer fast alle durchfahren. Bei uns in Mecklenburg steigt selten einer aus.«

»Doch, ich«, fuhr ich dazwischen und verriet ihm, dass ich dort ein paar Tage Urlaub machen würde.

Er erzählte mir, dass er nie wegfahren würde, außer immer die eine Station von Utzedel nach Demmin, um seine Enkel zu sehen und zurück.

Oma und Opa sind auch nie verreist, dachte ich. Bis auf das eine Mal, als sie in den Westen gefahren waren, um jeweils ihre Geschwister zu besuchen. Während Oma von ihrer Schwester mit Goldkettchen behangen worden war und in völlig neuen Kleidern aus Recklinghausen zurückkehrte, war das Einzige, was mein Opa von seinem Bruder Fritz in Westberlin mitbrachte, eine Grippe. Onkel Fritz hatte nicht heizen wollen, weil es tatsächlich zu teuer oder weil er schlicht zu geizig war. Im tiefsten Winter hatten sie daher im Wollmantel in der guten Stube gesessen und abends nur eine Kerze angemacht. Seitdem winkte Opa ab, wenn es um den Westen ging. »Da ist auch nicht alles Gold, was glänzt«, pflegte er zu sagen.

Als der Zug im Begriff war zu halten, stand ich auf, holte meine Tasche von der Ablage und stieg mit dem alten Mann aus. Wir waren tatsächlich die einzigen Fahrgäste, für die der Zug in Demmin hielt. Hinter dem kleinen roten Backsteingebäude des Bahnhofs, auf dem weitläufigen Parkplatz neben dem weißen Trabant, warteten Vati, Mutti und Opa auf mich. Opa hatte seinen Hof aufgegeben, nachdem Oma ein Jahr zuvor gestorben war, er wohnte jetzt neben meinen Eltern in Wilhelminenthal.

»Peeetiii!«, rief meine Mutter von Weitem und winkte, als könnte ich meine Familie sonst verfehlen. Sie und Opa waren immer noch schlank, während mein Vater mit den Jahren etwas Bauch angesetzt hatte.

»Na endlich bist du da!«, sagte mein Vater, nachdem ich alle umarmt hatte. »Gib mal die Tasche!«

Er öffnete den Kofferraum, in dem schon ein paar gefüllte Beutel standen, weil sie zuvor in der Stadt eingekauft hatten, damit ich in den drei Tagen bei ihnen auch ja nicht verhungerte.

»Nun zeig mal dein Diplom«, forderte meine Mutter, nachdem wir wenig später in Wilhelminenthal angekommen waren.

Ich zog die rote Mappe aus meiner Tasche und ließ sie reihum gehen.

»Da stoßen wir aber drauf an«, sagte sie und holte Sekt aus dem Kühlschrank.

Ich zuckte mit den Schultern, und da sie mein Hadern mit diesem Beruf kannte, nahm sie mich in den Arm. »In der Redaktion sieht's vielleicht ganz anders aus. Warte erst mal ab.«

Ich war da nicht so optimistisch, denn warum sollte das, was mich störte, beim Börsenblatt anders sein? Das System ließ keinen anderen Journalismus zu, das hatte ich inzwischen erkannt.

Mein Vater sah das wie immer recht pragmatisch und fand, dass das Schriftstück einen Wert an sich hatte. »Bestanden ist bestanden. Egal, was du später mal machst.« Es schien so, als wüsste er, dass da noch etwas anderes kommen würde.

Meine Familie überschüttete mich mit guten Ratschlägen, und Opa gab mir den, der mir am meisten zu denken gab: dass ich lernen sollte, mein Leben an sich gelingen zu lassen, ganz abgesehen vom Beruf. Er zwinkerte mir zu, und ich hatte das Gefühl, dass er das trotz zweier Weltkriege und trotz des Sozialismus ganz gut hinbekommen hatte, ohne sich zu verbiegen.

Wie immer machten wir mit der Familie noch einen Ausflug ans Meer, und schon waren die paar Tage vorbei, und ich stand wieder am Leipziger Hauptbahnhof.

Christoph holte mich ab, aber anstatt nach Hause zu fahren, nahm er mich mit an den Stadtrand nach Mölkau, wo die Familie seines Freundes Holger ein eigenes Haus mit Hof und Garten bewohnte. Ich musste wieder an die Bergtouren denken, vor denen mir insgeheim graute. Als wir durch die Pforte traten, sah ich Holger, der im Blaumann unter einem aufgebockten, völlig abgewrackten Geländewagen lag. Er legte den Schraubenschlüssel zur Seite und kroch unter dem Auto hervor. Hinter der geöffneten Motorhaube tauchte nun auch Jörg auf.

»He, ihr beiden«, rief ich und umarmte die schwitzigen, etwas ölverschmierten Gestalten. »Wie geht's?«

Nachdem wir einige Begrüßungsfloskeln ausgetauscht hatten, breitete Christoph seine Arme aus und zeigte auf den altersschwachen Wagen: »Na, wie findest du den?«

Oh Gott, dachte ich, hat er wieder in einer Nacht- und Nebelaktion eine schrottreife Karre erworben wie vor ein paar Monaten diesen fünfzehn Jahre alten Škoda, der selbst bestimmte, wann gefahren wurde und wann nicht?

»Das ist ein ausrangierter russischer Militärjeep«, klärte Holger auf. »Ein ›GAZ-69‹!«

»Aha.«

»Diese ›russische Bergziege‹ wird unser Urlaubsporsche«, verkündete er stolz, klopfte auf das verschrammte Blech und wischte sich die ölverschmierten Hände an einem Lappen ab. »Brünn, Budapest, Puszta, Pirin, Schwarzes Meer, bis hoch an die russische Grenze, Karpaten und zurück – das isse, unsere Route.«

»Eigentlich wollten wir es dir und Anni noch nicht sagen, weil ihr Mädels euch immer zu viele Gedanken macht und ständig Fragen stellt. Aber ist doch toll, oder? Musst dir nur noch ein Visum besorgen«, ergänzte Jörg.

Nur weil Anni und ich angeblich zu blöd für Autos waren, diese ganze Geheimniskrämerei? Ich hatte für einen kurzen Moment gedacht, dass wir alle zusammen mit der Karre in den Westen durchbrennen könnten. Nun war ich gekränkt, aber gleichzeitig auch beruhigt, dass wir nicht ganz so waghalsig waren. Eine Tour quer durch den Osten, so wie Holger sie uns

205

ausmalte, klang sehr verlockend. Ich begutachtete die herumliegenden Autoteile und zweifelte, ob unsere Männer das hinkriegen würden.

»Anni ist in der Küche«, erlöste Christoph mich, der nun auch Automechaniker spielen wollte, und schob mich ins Haus. »Ihr habt bestimmt ganz viel zu bereden.«

Freundin Anni war dabei, einen Kuchen zu backen. Sie wischte sich gerade mit dem Handrücken eine widerspenstige Strähne aus dem Gesicht, die ihr aus dem sonst streng nach hinten geflochtenen Zopf gerutscht war. »Unsere Jungs sind stark, was?«

»Weiß nicht«, sagte ich. »Denkst du, dass aus diesem Wrack wirklich ein Wagen wird, der es bis ans Schwarze Meer schafft?«

»Mach dir mal keine Sorgen, Jörg ist Autoschlosser«, sagte sie und knetete in einer großen Schüssel weiter ihren Teig. »Holger hat sogar einen anderen Motor besorgt, den bauen sie ein. Die beiden kümmern sich seit Wochen um nichts anderes. Das kriegen die hin. Wir beide planen den Proviant.«

Ich beschloss, Vertrauen zu haben. Nach einigen Tagen erfasste mich eine aufgeregte Vorfreude, und ich war gespannt darauf, die vier Ostblockstaaten frei und ungebunden zu erkunden. Konnten wir nur hoffen, dass wir das Visum auch bekommen würden, denn selbst gewählte Routen waren zwar offiziell erlaubt, aber so gern sahen sie es nicht, wenn man auf diese individuelle Art verreiste.

Die Jungs bastelten weiter und besorgten Straßenkarten, während Anni und ich Lebensmittelbüchsen, Nudeln und Kochgeschirr zusammentrugen, um am Tag X alles im Fond des Wagens verstauen zu können. Zwei Wochen später war es so weit, wir erhielten tatsächlich unser Visum, es konnte losgehen.

Unsere braun lackierte »Bergziege« hatte sich in der Zwischenzeit zu einem fahrtüchtigen, schmucken Cabrio gemausert, denn man konnte die grüne Leinen-Plane des Dachs nach hinten klappen. Alles funktionierte. Wir packten ihn so voll, dass wir uns zu fünft gerade noch hineinquetschen konnten.

An unserem Abreisetag war es warm, der Wind brauste uns um die Ohren, und wenn wir auf der Landstraße einem anderen fahrbaren Untersatz begegneten, stand einer von uns auf, riss die Arme in die Höhe und brach in eine Art Indianergeschrei aus. Anni reichte selbst gemachten Apfelwein herum, aber das hätte sie gar nicht tun müssen, wir waren auch so vor Freude ganz berauscht.

Nach knapp zwei Stunden erreichten wir die Grenzübergangsstelle zur Tschechoslowakei und fuhren selbstbewusst vor das Zollhäuschen. Ein Grenzbeamter kam heraus und beäugte uns, als kämen wir von einem anderen Stern: Fünf gut gelaunte Menschen mit selbst gestrickten bunten Käppis auf dem Kopf – Annis Idee gegen den Wind – strahlten ihn an. Personalausweis und Visum hatten wir schon in der Hand, damit es schneller ging. Holger, der die Strecke bis hierher gefahren war, winkte dem Beamten damit zu. »Schönen guten Tag«, sagte er und lachte fröhlich, »hier, unsere Papiere!«

Der Uniformierte verzog keine Miene und musterte uns immer noch, als wären wir gerade in einem Ufo vor seinem Haus gelandet. Langsam und steif wie eine Puppe ging er einmal um unseren Jeep herum und ließ uns nicht aus den Augen. Als er wieder zu seinem Ausgangspunkt zurückkehrte, drehte er sich um und verschwand im Häuschen.

»Eh, super!«, rief Jörg. »Hier brauchen wir nich mal die Papiere zu zeigen. Fahr duhurch!« Er klopfte Holger aufmunternd auf die Schulter.

Ich blickte nach vorn, am nächsten Schlagbaum standen auf jeder Seite zwei Soldaten der Grenztruppe.

»Wir halten besser die Klappe«, riet Holger seinem Freund. »Ich glaube, so viel Übermut kommt hier nicht gut an.«

Nach einem Moment kam der Uniformierte in fünffacher Ausfertigung zu uns zurück, quasi eine Grenzschutzwache für jeden von uns. Die Beamten bauten sich um unseren Wagen herum auf, studierten lange unsere Papiere und lasen so angestrengt, als wären diese in einer für sie fremden Sprache geschrieben.

»Aussteigen!«, befahl schließlich einer. »Alle mal hier hinein.« Sie führten uns in eine nahe liegende Baracke, in der es muffig nach Zigarettenqualm stank.

»Das Wort ›bitte‹ kennen Sie wohl nicht, was!«, meinte Jörg, woraufhin Holger ihm den Ellenbogen in die Seite rammte.

»Lass mal!«, zischte er leise zwischen den Zähnen. »Nicht provozieren.«

Jörg nickte unwillig.

»Wo wollen Sie hin?«, fragte ein Beamter und trat dabei nervös einen Schritt zur Seite und wieder zurück.

Holger stellte sich vor unsere Gruppe und übernahm die Sprecherrolle. »Nach Rumänien.«

»Nach Rumänien?«, fragte der Grenzer und betonte das Wort so ausgedehnt, als spräche er es zum ersten Mal aus.

»Ja«, antwortete Holger. »Über die ČSSR, Ungarn und Bulgarien. Wie es in den Papieren steht«, sagte er und tippte dabei auf die Unterlagen, die der Mann bereits in seiner Hand hielt.

»Was wollen Sie denn da?«, fragte der zurück, und seine Frage klang so erstaunt, als wären wir auf dem Weg in die Antarktis.

»Urlaub machen.«

»Mit *dem* Wagen?«

»Natürlich, der ist polizeilich zugelassen.«

»Das geht nicht«, murrte der Beamte, »mit dem Wagen können Sie nicht fahren.«

»Doch«, widersprach Holger freundlich und erklärte es ihm wie einem begriffsstutzigen Kind im Vorschulalter. »Wir haben uns erkundigt. Wenn ein Wagen polizeilich zugelassen ist und ein Visum dafür vorliegt, darf man damit fahren.«

Der Beamte zog die Nase hoch. »Das werden wir ja sehen.« Er übergab die Papiere einem Kollegen und bedeutete diesem mit dem Kopf, nach draußen zu gehen. »Kümmere dich mal drum!« Dann wandte er sich wieder an uns. »Sie warten hier!« Zwei Uniformierte blieben mit uns in der Baracke, die drei anderen gingen nach draußen. Durch die Scheiben sahen wir, dass sie lange diskutierten. Unser Wagen wurde an den Straßenrand gefahren. Unterdessen ging der normale Betrieb weiter, andere Autos wurden kontrolliert und durchgewunken oder mussten warten. Wir harrten aus. Die Sonne stand bereits tief, die Schatten vor unserer Hütte wurden immer länger. Es gab nur zwei Stühle, auf die wir uns abwechselnd setzen konnten, die anderen standen oder kauerten sich auf den Boden. Die Beamten rauchten. Jörg begann, mit dem Fuß einen Takt zu stampfen. Anni wollte die Hand auf sein Knie legen, um ihn zu beruhigen, aber er wischte sie mit einer unwirschen Geste weg.

»Ich muss mal pissen!«, sagte er laut und stand auf.

»Moment.«

Als hätte Jörg damit einen Knopf gedrückt, mit dem Action ausgelöst wurde, kam plötzlich etwas in Bewegung. Der Beamte stand auf, ging nach draußen und kam mit zwei Kollegen wieder. Diese waren vermutlich von der regulären Auto-Kontrolle, denn in dieser Schlange bewegte sich von nun an rein gar nichts mehr. Unsere Bewacher gingen mit uns fünfen – »Wenn, dann alle!« – zum gegenüberliegenden Haus, in dem es Toiletten gab. Unwillkürlich drängte sich mir der Gedanke an meinen Kindergarten auf. »So jetzt gehen wir alle schön aufs Töpfchen«, hatte Tante Inge immer gesagt, bevor wir etwas unternehmen wollten.

Nach dem Toilettengang für Erwachsene stapften wir wieder zur Hütte zurück. Fühlt sich an, als wären wir in Haft genommen, dachte ich. Als die Sonne bereits untergegangen war, hörten wir am Motorengeräusch, dass unser Wagen weggefahren wurde.

Holger stand auf. »Was machen Sie denn mit unserem Jeep?«, wollte er wissen.

»Kontrolle«, entfuhr es dem Mann hinter dem Schreibtisch.

Nach einer Stunde holten sie Holger zur Inspektion dazu. Später berichtete er, dass er in einer Halle unser gesamtes Gepäck ausgebreitet gesehen hatte und dass sie es sorgsam Stück für Stück durchleuchtet hatten. Holger sollte ihnen helfen, die Räder abzuschrauben. Das Auto wurde komplett auseinandergenommen. Nahmen sie an, wir hätten noch jemanden versteckt? Oder dachten sie, ähnlich wie ich für einen kurzen Moment, daran, dass wir ausreißen wollten? Dass wir Munition hinter den Radkappen verstauten, mit der wir uns durch die Grenze nach Österreich sprengen könnten?

In unserem Kabuff war die Luft durch den Zigarettenqualm unerträglich. Ich konnte nicht mehr lesen, der Schlaf übermannte mich. Irgendwann wurden die Türen aufgerissen, und ich schreckte auf. Die Uniformierten, die jetzt hereinkamen, kannten wir noch nicht. Wahrscheinlich ein Schichtwechsel. Holger war bei ihnen und nickte uns zu, wobei ich daraus nicht schließen konnte, ob dies ein positives oder negatives Zeichen sein sollte. Jeder von uns musste hinter einen Vorhang treten und sich bis auf die Unterwäsche ausziehen. Meine Klamotten wurden untersucht, ich wurde abgetastet.

Draußen senkte sich die Dunkelheit über den Grenzposten.

Nachdem alle die Filzaktion über sich hatten ergehen lassen, kam einer mit unseren Papieren in der Hand. Er tat wichtig, vermutlich war er der Chef. »Sooo«, begann er mit einem überheblichen Ausdruck im Gesicht, »in Ihren Papieren fehlen die Adressen.«

»Welche Adressen?«, entfuhr es Jörg kleinlaut.

»Die genaue Fahrtroute mit den Adressen, wo Sie übernachten«, zischte er. »Ohne nachweisbare Adressen dürfen Sie nicht fahren.«

Natürlich hatten wir daran nicht gedacht, denn wir wollten reisen, einfach reisen, heute hier, morgen dort, und einmal sehen, was sich an einem Ort ergab, bevor wir unsere Zelte aufschlugen.

»Ach so, ist der Zettel nicht mit dabei?«, fragte ich und tat erstaunt. »Geben Sie mir ein Blatt, ich schreib alles noch mal auf.« Mit diesem Geistesblitz konnte ich endlich auch einen entscheidenden Beitrag zum Gelingen dieser Reise leisten. Ich überlegte mir in Sekundenschnelle mögliche Adressen für alle Städte, die mir für unsere Route einfielen. Ich erfand Namen, Postleitzahlen und Straßen, um daraus eine Adressliste zu verfassen. Sollten sie von diesem Häuschen aus erst mal nachweisen, dass es Nikolai Petrokonis in 4887 Sofia, Ulitza Alexandrowa 27a nicht gab.

Der Chef starrte lange auf meine Liste, spitzte dann die Lippen und gab jedem von uns seine Papiere zurück. Er hatte keine Wahl, er musste uns fahren lassen.

Die nächsten Stunden waren wir sehr wach. Nicht nur, weil die Aufregung noch nachwirkte und uns der kalte Nachtwind jetzt um die Ohren fegte, sondern weil wir so glücklich waren, die Tortur überstanden zu haben. Das Gefühl des Eingesperrtseins fiel von uns ab. Auch wenn diese Freiheit nur den Weg in eine Richtung frei gab, freuten wir uns und schrien: »Auf in den Osten!«

Ein Urlaub auf herkömmliche Art und Weise wurde das nicht. Wir besuchten natürlich auch die im Reiseführer beschriebenen Sehenswürdigkeiten und waren fasziniert von der großartigen Landschaft, aber viel interessanter waren oft die Blicke hinter die Kulissen in Stadtvierteln und Gegenden, wo kein Reisebus hält.

Wir waren darauf angewiesen, dass wir Kontakte zu den Menschen knüpften, denn das Geld, das wir per ausgehändigten »Verrechnungsschecks« offiziell in deren Währung umtauschen durften, war so begrenzt, dass es eigentlich nicht einmal gereicht hätte, uns notdürftig zu ernähren. Mit der DDR-Mark ließ sich hier nichts bezahlen, sie war auch weiter im Osten nichts wert. Kein Wunder, dass die Grenzbeamten eine Reise, wie wir sie vorhatten, für kaum möglich hielten.

Wir sprachen häufig die Bauern am Gartenzaun an und tauschten für Tomaten und Zucchini ein paar für diesen Zweck mitgebrachte Dinge aus unserer Kiste, wie quietschbunte Hemden aus den Siebzigern oder getragene Kinderklamotten, und manchmal öffneten die Menschen für uns mehr als ihren Garten.

Als das Getriebe unseres Wagens eines Tages gefährlich zu klappern anfing und wir deshalb in einer ländlichen Autowerkstatt anhielten, durften wir im Tausch für »Rondo«-Bohnenkaffee und Zigaretten der Marke »Kent« auf die Reparatur warten. Bis zum Abend hatten wir alle Dorfkinder kennengelernt und wurden von deren Eltern mit Obst und Gemüse für die nächsten drei Tage versorgt.

Natürlich schliefen wir immer unter freiem Himmel, dort, wo es uns gefiel. Die osteuropäischen Länder waren schön, keine Frage, aber an unseren allabendlichen Lagerfeuern malten wir uns manchmal aus, wie es wäre, einfach weiterzureisen, von Bulgarien runter ans Mittelmeer nach Griechenland, zurück über Jugoslawien, die Adria kennenlernen, Italien und die Schweiz. Denn auf unserem Globus war die Welt keine Sackgasse.

Zweitausend Kilometer sind es von Leipzig quer durch den Osten bis ans Schwarze Meer. Weil es dort für uns nicht weiterging, fuhren wir einfach wieder zurück. Wer heute Abenteuer sucht, dem empfehle ich diese Reise. Nichts ist dort noch so, wie es war, aber den Wilden Westen gibt es ja auch nicht mehr.

DIE ENTSCHEIDUNG

Das Zimmer in der Redaktion würde ich fortan mit Hannah teilen, einer waschechten Leipzigerin, die ein Jahr vor mir ihren Abschluss in Philosophie gemacht hatte. Sie saß mir am Schreibtisch gegenüber, direkt unter dem in einem Rahmen aus heller Buche gefassten Schwarz-Weiß-Porträt von Erich Honecker. Links davon hatte sie das Plakat eines nicaraguanischen Befreiungskämpfers gepinnt, der auf einem Stuhl saß – das Gewehr lässig an sein Bein gelehnt – und in einem Lenin-Buch las. Darüber stand: »1983 – Karl Marx – seine Ideen erobern die Welt«. Rechts von Erich hing eine Reproduktion von Heidrun Hegewalds Gemälde »Tanzmeister, ein Bild über die falschen Töne«, auf dem der Tod in blutüberströmtem Kriegsgewand mit einem nackten Mädchen tanzte. Mir erschien es auf den ersten Blick sehr düster, und ich war wenig begeistert von der Aussicht, dass ich es von nun an ständig vor Augen hatte.

Hannah hatte schlohweißes, dichtes langes Haar, aber ein junges Gesicht, denn sie war sicher nicht einmal zehn Jahre älter als ich.

»Ist nach meinem dreißigsten Geburtstag passiert«, sagte sie, als hätte sie meine unausgesprochene Frage erraten. »Von heute auf morgen war einfach die Farbe verschwunden. Auf einmal war ich weiß. Komisch, was?« Lachfältchen umkränzten die braunen Augen unter den immer noch dunklen Brauen.

»Können wir ein anderes Poster an die Wand pinnen?«, bat ich sie schon einige Tage später, weil ich den tanzenden Tod nicht mehr länger ertragen konnte.

Hannah drehte sich um und betrachtete die Bilder. »Meinst du Nicaragua? Das ist Weltrevolution – Wahnsinn, was da passiert. Oder hast du was gegen die Hegewald? Das ist meine Lieblingsmalerin.«

»Na ja, ich find die ja auch gut.« Nun galt es, vorsichtig vorzugehen, um den blutigen Tod loszuwerden. Es war nicht einmal gelogen, denn in einer Ausstellung für Moderne Malerei hatten mich die Gemälde der Malerin fasziniert. »Aber weißt du, hier für unsere optimistischen Beiträge ist mir das Motiv einen Tick zu düster.«

An ihren Gesichtszügen konnte ich nicht ablesen, ob sie die Anspielung auf die überfröhlichen Beiträge, die wir schreiben mussten, verstanden hatte. Dafür erreichte ich aber mein Ziel, denn am nächsten Tag hängte sie den Tod ab und ersetzte ihn probehalber durch ein Plakat, auf dem in großen Lettern der Slogan »Rock für den Frieden« prangte, wobei das O von »Rock« durch die Illustration einer Weltkugel ersetzt worden war, auf der eine Friedenstaube saß.

»Besser?«, fragte Hannah und sah mich erwartungsvoll an.

Das Poster weckte in mir die Erinnerung an die Fernsehübertragung des Konzerts. Mir waren im Publikum brave Jugendliche in Blauhemden aufgefallen. Das sind ja tolle Rocker, hatte ich damals gedacht und die Kiste nach fünf Minuten ausgeschaltet. Dennoch war dieses in meinen Augen peinliche Poster immer noch tausendmal besser für meine Gemütslage als das Gemetzel von Frau Hegewald. Ich lächelte und nickte Hannah zu.

»Ich war da, beim Konzert letztes Jahr im Palast der Republik. Irre«, schwärmte sie und versuchte, das Plakat mit Reißzwecken an die Wand zu pinnen. Die erste knickte an der harten Wand ab, und ich reichte ihr eine neue. »Karat, Ute Freudenberg, Stern Meißen – hab ich alle gesehen. Dieses Jahr kommt Tamara Danz, da muss ich unbedingt wieder hin.«

Ich reichte Hannah zwei neue Reißzwecken für die unteren Ecken. Tamara Danz mochte ich, das war doch die mit der aufgeplusterten, punkigen Frisur, die Frontfrau von Silly, die Rebellin.

»Woher kriegst du denn dafür eine Karte?«, fragte ich.

Hannah drückte die Reißzwecken, mit denen sie die Ecken befestigt hatte, noch einmal kräftig mit dem Daumen nach. »Na ja, schon von der Partei. Ich kenn da jemanden, der besorgt mir eine.«

Ich schwieg, denn dass sie in so enger Verbindung zu solch einem »Besorger« stand, konnte bedeuten, dass ich in Zukunft gut überlegen musste, was ich in ihrer Gegenwart sagte und was besser nicht.

Sie setzte sich wieder und blickte konzentriert auf das Blatt, das in ihrer elektronischen Schreibmaschine eingespannt war. Blitzschnell bewegten sich ihre schlanken Finger über die Tastatur. Sie war eins mit dem, was sie tat und sagte, und in gewisser Weise beneidete ich sie darum, dass sie so in dem aufging, was sie glaubte.

In den folgenden Wochen wurde mir immer deutlicher bewusst, dass Hannah eine überzeugte Kommunistin und eine begeisterte Streiterin für ihre Botschaft war. So einen Menschen hatte ich bisher noch nicht kennengelernt. Wenn sie nicht gerade schrieb, dann führte sie Debatten über den Sozialismus, am liebsten mit unserem Chef im Zimmer nebenan. Durch die Wand hindurch hörte sich das an, als würden Lenin und Marx eine neue Weltrevolution vorbereiten. Man konnte Hannahs raue Stimme besonders deutlich vernehmen, sie klang beinahe wie ein Mann. Stunden später kam sie mit roten Flecken auf den Wangen zurück ins Zimmer.

»Das macht mich rasend!«, schnaubte sie in erhitztem Ton und schlug unsere Tür zu. »Es ist so sinnlos, wenn man nicht wirklich nach strategisch intelligenten Lösungen im Sinne des parteilichen Überbaus sucht!«

Ich hatte unterdessen nicht nur meine eigenen, sondern auch ihre Nachrichten aus der Buchhandelsbranche für die kommende Ausgabe redigiert und für den Druck vorbereitet. Da ich wenig Lust auf eine Weiterführung ihres Revolutionsthemas verspürte, starrte ich angestrengt auf mein Manuskript.

»Ach, du bist schon fertig«, registrierte sie mit einem Blick. »Schön.« Sie begann ihre Post aufzureißen und wetterte dabei weiter über unseren Chef und seine, wie sie fand, kleinkarierte Haltung.

Hannah war mit ihrer DDR alles in allem sehr zufrieden. Angesichts ihrer glühenden Leidenschaft für diesen Staat wurde mir immer stärker bewusst, dass ich nur noch mitmachte, weil man es von mir verlangte. Meinen naiven Glauben an das Gute in der DDR hatte ich irgendwo zwischen Rotem Kloster, Abrisshäusern und Free Jazz verloren.

An der Musik konnte es allerdings nicht liegen, denn ich erfuhr bald, dass auch Hannah Free Jazz mochte.

»Hey, Petra, schön, dich hier zu treffen!« Ihr schlanker Arm umfasste meine Schulter, ich zuckte unmerklich zusammen. Ich hatte geglaubt, dass bei den alternativen Jazzsessions im privaten Keller eines Posaunisten nur Anarchisten und Freidenker zusammenkämen, mit einer linientreuen Kommunistin hatte ich hier nicht gerechnet.

Zum Diskutieren war es eindeutig zu laut, also verlegte sie sich auf eine Art Schütteltanz. Ihre Kleider ließen sie an diesem Ort etwas altmodisch wirken, denn diesbezüglich war sie in den Siebzigern stecken geblieben; sie trug ein Kleid im Schlabberlook und Jesuslatschen. Ich hatte ein altes schwarzes Jackett mit breiten Schulterpolstern und Revers an, das mein Onkel abgelegt hatte, trug die Ärmel aufgekrempelt und dazu eine Karottenjeans. Wir standen an der Wand, und ich nickte im Takt der Musik mit dem Kopf. Hannahs Zappeln passte zu ihr. Ich fand es befremdlich, sie überhaupt hier zu sehen. Das war doch meine Welt.

Neben Jazz hatte ich eine Leidenschaft für die Leipziger Künstlerszene entwickelt. In diesem Milieu gab es immer mehr Menschen, die ihre Ideen ohne staatliche Reglementierung in privaten Aktionen verwirklichten. Als ich zum ersten Mal zu einer von Judys[28] Galerie Eigen + Art organisierten Ausstellung in einem besetzten Hinterhof der Südvorstadt ging, war Hannah ebenfalls dort. Schon vom Eingang aus sah ich sie drinnen mit jemandem reden, zugewandt und mit wachem Blick, stark gestikulierend, so wie ich sie aus der Redaktion kannte.

»Ich bin gerade mit Künstlern in eine große WG gezogen«, erzählte sie mir, nachdem wir uns begrüßt hatten. »Irre interessant. Wir suchen halt nach neuen Formen.«

Irre war eines ihrer Lieblingswörter. Politisch korrekt und irre sein war für sie kein Widerspruch.

Wenn Hannah in der Redaktion nicht schrieb und sich nicht mit dem Chef ins Hinterzimmer zurückzog, dann las sie. Parteitagsbeschlüsse, Karl Marx oder Heiner Müller. In den Leipziger Buchhandlungen war sie Stammkundin und stand vermutlich auf allen Wartelisten für gefragte Neuerscheinungen. Vielleicht half ihr auch hier ein Genosse weiter, denn sie hatte beinahe jedes begehrte Buch, selbst solche, die es gar nicht erst bis auf den Ladentisch geschafft hatten.

»Du willst *Kassandra* von Christa Wolf lesen? Bring ich dir morgen mit. Dann lies auch Irmtraud Morgners *Amanda. Ein Hexenroman*«, riet sie mir. »Da steckt viel mehr weibliches Selbstbewusstsein drin als in den Erzählungen von der Wolf.«

---

28 Heute ist Gerd Harry »Judy« Lybke einer der größten Galeristen überhaupt. Zu den von ihm vertretenen Künstlern gehören Neo Rauch, Martin Eder und Carsten Nicolai. Seinen Spitznamen hat Judy wegen seines ehemals rotblonden Wuschelkopfes, der die Leipziger Westfernsehjunkies an einen Protagonisten aus der amerikanischen TV-Serie *Lieber Onkel Bill* erinnerte.

Am nächsten Morgen lagen die Bücher auf meinem Schreibtisch. Komisch, dachte ich, wir lesen die gleichen Bücher und trotzdem kommt bei jedem etwas anderes an.

Hannah schaffte es, dass ich mir als Journalistin neben ihr schäbig vorkam, unehrlich wie ein Betrüger. Mit ihrer konsequent positiven Haltung zu allem und jedem und ihrem ungebrochenen Kämpfergeist ging sie mir auf die Nerven. Und während ich sah, wie sie alles in sich aufsog und es im Geiste des Sozialismus wieder von sich gab, konnte ich es immer weniger ertragen, dass mir in der Redaktion gesagt wurde, wie ich denken und schreiben sollte. Während der Chef auf mich einredete und ich mir mal wieder anhören musste, wie ein »richtiger« Beitrag auszusehen hätte, stieg immer häufiger ein Gefühl der Abscheu in mir auf, das körperliche Übelkeit auslöste.

»Sie können doch die Lieferprobleme des Verlags Neues Leben nicht in den Vordergrund stellen!«, belehrte er mich einmal und warf meinen Beitrag auf seinen Schreibtisch, vor den er mich zitiert hatte.

Aber nur darum ging es, nichts anderes hatte ich bei meinen Recherchen herausgefunden.

»Mensch, das geht doch nicht, die sind letztes Jahr mit der Wanderfahne des Ministerrates ausgezeichnet worden. Versuchen Sie eher auf deren Höchstleistungsschichten zum Weltfriedenstag einzugehen, und dann sehen Sie zu, dass Sie ...«

Während er sich in Rage redete, sah ich an ihm vorbei aus seinem Bürofenster auf die zwei riesigen alten Rotbuchen und wünschte mir nichts sehnlicher, als sein Büro wieder zu verlassen. Auf Artikel, die sich die DDR schönredeten, hatte ich keine Lust mehr. In mir stiegen Wut und Ohnmacht auf. Wem nützte diese Scheinwelt in einem Land, in dem man zugucken konnte, wie die Städte in sich zusammenfielen und es an allen Ecken bröckelte? Das kam mir verantwortungslos vor. Journalisten sollen aufklären und nicht verhüllen!, dachte ich, sprach es jedoch nicht aus. Nee, mein Lieber, den Scheiß kannst du alleine schreiben. Ich war nicht mehr so naiv wie zu Bummiflocke-Zeiten. Als ich das Gespräch hinter mir hatte, meldete ich mich krank.

Die Erlösung aus dieser quälenden Situation kam schneller als gedacht. Ich gründete mit Christoph eine Familie und verließ die Redaktion nach knapp neun Monaten. Doch auch so ein Mutterjahr ging einmal zu Ende – und der Konflikt blieb. Ich konnte mir nicht vorstellen, an diesen Arbeitsplatz zurückzukehren. An einen anderen auch nicht, denn das Grundproblem war überall gleich. Ich würde die Informationspolitik dieses Landes nicht ändern können.

Auch meine Freundin Susa, die sich so auf ihre Kulturseite in der Tageszeitung gefreut hatte, machte die gleichen Erfahrungen, Maggie war schon durch eine Heirat in den Westen ausgereist, und der am Tag der Abschlussfeier heillos betrunkene Andreas hatte sich auf tragische Weise mit einem Strick am Dachbodenbalken in einem Ostberliner Mietshaus das Leben genommen. Diese Nachricht hatte mich schockiert. Es gab bestimmt mehrere Gründe für seinen Schritt, aber einer davon war sicherlich, dass er nicht der sein durfte, der er war: ein intelligenter Kopf, der die Dinge durchschaute, sie aber nicht aussprechen durfte und etwas vollkommen anderes daraus machen sollte. Seine Eltern waren hohe Bonzen in der SED, und angesichts dieses Drucks hatte er wohl keine Alternative gesehen.

»Ich kann nicht in die Redaktion zurück«, gestand ich Christoph.

Wir hatten die Problematik zuvor bereits in unendlichen Gesprächen umkreist, und eines Tages sprach er es aus. »Wir gehen hier weg.«

Ich war ihm dankbar für seine Entschiedenheit und stimmte sofort zu. »Wir stellen einen Ausreiseantrag.«

Einmal in Worte gefasst, nahm dieser Gedanke Gestalt an. Es gab viele Gleichgesinnte, mit denen wir darüber reden konnten, denn wir waren nicht die ersten aus unserem Bekanntenkreis, die auf diese Weise einen Ausweg suchten. Einige unserer Freunde hatten ebenfalls einen Ausreiseantrag gestellt oder waren sogar schon im Westen. Es konnte mitunter sehr lange dauern, bis er genehmigt war, und in einigen Fällen, die mir bekannt waren, war er sogar abgelehnt worden.

Aber es gab auch jene, die zwar dachten wie wir, jedoch niemals gehen würden. »Das ist doch meine Heimat, ich kann hier nicht weg«, hatte Holger gesagt. Auch diese Entscheidung konnte ich verstehen. Meine Heimat war es ebenso und würde es immer bleiben. Ob es aber weiter mein Zuhause sein konnte, in dem ich leben wollte und mich wohlfühlte, konnte ich nicht mehr wie er beantworten. Ein Zuhause musste für die Zukunft gemacht sein, und die sah ich hier für mich nicht mehr.

Einerseits erleichterte mich der Plan, in den westlichen Teil Deutschlands auszureisen, andererseits bedeutete es die Trennung von meinen Eltern. Bei meinem kurz nach unserem Entschluss anberaumtem Besuch versicherte ich ihnen, dass ich zwar das Land verlassen würde, aber niemals sie.

»Wie stellst du dir das vor?«, hatte mein Vater betroffen gefragt und darauf hingewiesen, dass es unmöglich war, sich wiederzusehen. Ausgereiste durften nicht zurück, zu keinem Geburtstagsfest und keiner Weihnachtsfeier – nicht einmal, wenn es um ein wichtiges Familienereignis ging oder man den Zusammenhalt schlicht brauchte. Das war der Preis für die ideologische Abkehr, die letzte perfide Handhabe dieses diktatorischen Systems.

Meine Mutter versuchte unsere Entscheidung zu verstehen, fand aber immer wieder zurück zu den Schwierigkeiten. »Nur noch kontrollierte Briefe«, sagte sie leise.

»Wie lebendig begraben«, entfuhr es meinem Vater, und wir hatten zusammen geweint.

»Lernen, lernen und nochmals lernen!«, verlangte Lenin, ist aber mit seinen Ansprüchen an der Realität gescheitert. Vielleicht lag es auch daran, dass Kommunismus und Blümchentapete im Grunde nicht zusammenpassen.

Trotz dieses Schmerzes glaubte ich, keine andere Wahl zu haben. Denn was ich ganz sicher wusste, war, dass ich kein Teil dieses Systems mehr sein wollte.

Zurück in Leipzig setzten Christoph und ich uns an den Tisch und begannen unsere Begründungen für den »Antrag auf Entlassung aus der Staatsbürgerschaft der DDR« niederzuschreiben. Es war, als hätte sich alles für diesen Moment angestaut, denn wir brauchten nicht einmal eine Stunde, um alle Beweggründe auf zwei eng beschriebene DIN-A4-Schreibmaschinenseiten zu tippen. Wir beriefen uns auf das Menschenrecht auf Freiheit, den Wunsch, die Welt zu bereisen, und die Bedeutung freier Meinungsäußerung.

... Ich, Petra Nadolny, so stand in meinem Schreiben zu lesen, kann als Journalistin den Rezipienten aufgrund der einseitigen Informationspolitik weder Antwort geben noch fragend und in aller Widersprüchlichkeit, die die Zeit in sich und weiter trägt, mit ihnen im Gespräch sein. Deshalb sehe ich in diesem Beruf für mich keine Berufung mehr. Ihn mit Grundsatzerklärungen und der Beschreibung, wie es sein sollte, auszufüllen, empfinde ich als sinnlos. Diese Entscheidung schließt die Austrittserklärung aus der SED mit ein. 1979 bin ich dieser Partei mit ehrlicher Überzeugung beigetreten, mit ebensolcher möchte ich sie verlassen. Ich fühle mich den Genossen nicht mehr verbunden ...

Tags darauf gaben wir unser Schreiben beim zuständigen Rat des Stadtbezirkes Südwest, Abteilung Inneres/Genehmigungswesen, ab und hatten damit den Stein ins Rollen gebracht.

Der Erste, der sich daraufhin ein paar Tage später meldete, war mein Arbeitgeber. Ich wurde zum »Anhörungstermin« ins Hauptgebäude des Verlags bestellt.

Bevor ich ins Besprechungszimmer ging, wollte ich es Hannah sagen. Kein langes Gespräch, nur meine Entscheidung wollte ich ihr mitteilen. Ich hatte sie während meines gesamten Mutterjahres nicht gesehen, nicht einmal, wenn ich hin und wieder einen Abend in den Klubs verbrachte, die sie auch aufsuchte. Am Empfang fragte ich nach ihr.

»Nisch mehr da«, sagte der Pförtner. »Isch glob, die is och angeeckt.«

Angeeckt? »Was ist denn passiert?«, fragte ich verwundert.

»Hab'sch nur gehört, Genaues weeß isch och nisch, jetzt isse in Berlin.«

Hannah in Berlin? So einfach umziehen, weil man mal Lust auf einen Ortswechsel hatte, das war in diesem Land nicht möglich. Ob sie wie ich den Antrieb verloren hatte, weiter in dieser Scheinwelt zu agieren? Sicher würde sie auch dabei aus voller Überzeugung heraus handeln. Vor meinem inneren Auge stieg das Bild einer Hannah auf, die zu den Oppositionellen übergelaufen war und im Kellerloch einer Wohnung im Prenzlauer Berg wild auf die Tasten einer schwarzen Vorkriegs-Schreibmaschine einhämmerte, um den Umsturz des maroden sozialistischen Systems vorzubereiten. Oder arbeitete sie aus lauter Überzeugung etwa an einer Neuausgabe des *Kommunistischen Manifestes*? Und war ihr dabei von heute auf morgen vielleicht genauso ein grauer Bart gewachsen wie Karl Marx? Egal was es in Wahrheit war, an irgendeiner Front würde sie schon wieder kämpfen, da war ich mir sicher.

»Und gibt's sonst noch jemanden, der nicht mehr da ist?«, fragte ich, noch halb in meine Fantasien verstrickt.

Der Pförtner sah an mir herab, als wollte er sagen: Wenn Sie nicht so plemplem wären, würde ich an Ihrer Stelle mal in den Spiegel gucken.

Ich musste mich sputen, um rechtzeitig in den Konferenzraum, Zimmer zwei, zu kommen, in dem mein Gespräch stattfinden sollte. Als ich eintrat, war noch niemand da, aber ein kleiner Holzstuhl stand vor einer Tischreihe und schien auf mich zu warten. Ich setzte mich.

Pünktlich um elf betraten die für dieses Gespräch Abgesandten aus Betriebsleitung, Partei und Gewerkschaft den Raum. Der Chefredakteur war nicht unter ihnen. Sie gaben mir nicht die Hand, sondern setzten sich hinter die Tische und bauten sich mit ihren Mappen vor mir auf wie das Hohe Gericht. »Also, Frau Nadolny«, begann der Betriebsleiter. »Wie konnte das nur passieren?« Er blickte väterlich über seine Brille. »So vom Weg abzuweichen.«

Eigentlich freute ich mich fast darauf, angehört zu werden. »Ich möchte keine Wirklichkeit mehr beschreiben, die es nicht gibt. Das bringt das Land hier nicht weiter. Probleme müssen benannt werden. Als Journalistin ...«

»Danke«, unterbrach mich der Parteisekretär. »Ich denke, diesen Müll müssen wir uns nicht anhören.« Er redete über Treue zum Sozialismus, den journalistischen Auftrag, die Partei zu unterstützen, weil sie als einzige Kraft zum Wohle des Volkes ...

Wer hier wohl Müll redet, dachte ich und spürte, wie bei seinem Monolog ein bekanntes, bitteres Gefühl in mir hochstieg. Die wollen gar nicht, dass ich etwas sage. Die wollen ihre Reden halten. Einer nach dem anderen sprach sein Verslein. Aus dem Augenwinkel versuchte ich die Zeit von meiner Uhr abzulesen, es waren schon lange vierzig Minuten vergangen. In eine kurze Pause hinein sagte ich: »Sie tun mir irgendwie leid. Sehen Sie nicht, was hier los ist? Können Sie nicht normal die Tatsachen ...«

»Wissen Sie, wer uns leidtut?«, unterbrach der Betriebsleiter mich mit barscher Stimme. »Ihre kleine Tochter, die nichts dafür kann, in ein System der Ausbeutung und Chancenlosigkeit ...«

Für einen Moment durchzuckte mich die Angst. Ich hatte von Familien gehört, denen sie die Kinder weggenommen hatten, dies hatte sich zwar zumeist in den Siebzigern und den Jahren davor zugetragen, aber man wusste ja nie, welche Register die Machthaber ziehen würden. Wollte er mir drohen? Ich nahm mir vor, von nun an lieber nichts Voreiliges mehr zu sagen.

»... in den Sensationsjournalismus wechseln, obwohl hier richtige Aufgaben auf Sie warten!«, schimpfte er weiter.

Ob sie sich das selbst glaubten?

»Fünf Jahre Studium genossen, schön alles mitgenommen von der DDR und dann gehen!«, warf er mir vor und betonte, dass er das widerlich fände.

So war das ja auch nicht geplant gewesen, dachte ich, außerdem ist jeder Staat für die Bildung seiner Bürger verantwortlich. Und mit einem Gehalt von achthundertsiebzig Mark brutto musste ich mir nicht vorkommen wie ein Schmarotzer.

Kaum hatte ich das gedacht, wurde ich auch schon als solcher bezeichnet. Das Maß wäre voll, ich würde von allem ausgeschlossen werden. Nicht nur von meinem Arbeitsplatz, sondern auch aus der Partei. Mit sofortiger Wirkung.

»Einverstanden«, sagte ich, und fünf verärgerte Blicke trafen mich. Als ich mich kurz darauf verabschiedete, wünschte ich jedem von ihnen alles Gute.

»Auch noch Spaß an Ironie!«, kommentierte der Betriebsleiter.

Im Flur rannte mir unsere Sekretärin nach, eine stille, unscheinbare Frau.

»Ich bewundere Sie«, flüsterte sie, als sie mich eingeholt hatte.

»Wieso?«

»Weil Sie so mutig sind. Von denen da drin denken doch viele auch so.«

»Das Gefühl hatte ich eben gar nicht.«

»Tja, die müssen das doch so machen. Ich drück Ihnen die Daumen.«

Ich wollte sie spontan in den Arm nehmen, aber sie huschte schon wieder in eines der Zimmer, in denen sich vorwiegend Menschen aufhielten, die sich selbst betrogen.

Als ich nach draußen auf die Straße trat, ließ ich die Gründerzeittür langsam, ganz langsam hinter mir ins Schloss fallen, um den Moment, in dem sie einrastete, ganz deutlich wahrzunehmen. Dabei stieg eine Leichtigkeit und Freude in mir auf, als habe die Tür alles Dunkle und Schwere zurück ins Haus gedrückt. Endlich. Ich kam mir vor, als hätte ich mein Leben entrümpelt, atmete bewusst die warme Sommerluft ein, sah den blauen Himmel und genoss die leichte Brise auf meiner Haut. Was für ein Tag! Egal, was nun geschah, ich war bereit. Von Weitem hörte ich das Ächzen der Straßenbahn, die nun gemächlich um die Kurve bog. Ich ging die Karl-Heine-Straße hinauf zum heruntergekommenen Eckhaus des alten Felsenkellers. Autos und LKWs knatterten an mir vorbei, die Menschen eilten wie immer durch die Straßen, in Geschäfte und über den Platz. Alles fühlte sich viel bunter, lauter, intensiver an.

Jetzt nur nicht so schnell gehen. Zu Hause werde ich darauf anstoßen, beschloss ich. Wenn Christoph noch nicht da ist, dann eben alleine.

In meiner Straße angekommen, erwartete mich bereits eine Nachbarin aus dem Nebenhaus, die Ellenbogen auf das Fensterbrett gestützt. Ohne zu grüßen, rief sie mir zu: »Wenn euch was passiert, müsst ihr euch nicht beschweren.«

Mann, dachte ich, der Stasibuschfunk ist ja schneller, als ich es jemals sein könnte. »Wieso das denn, was soll denn passieren?«, rief ich nach oben. Hatte sie gerade einen Beitrag im Westradio gehört, wie die Stasi versuchte, Köpfe der Opposition wie Freya Klier oder Stephan Krawczyk mundtot zu machen?

»Ihr provoziert das doch!«, stichelte sie weiter.

Ich reagierte nicht weiter darauf, sondern ging ins Haus und riss das Kalenderblatt in der Küche ab: Donnerstag, 24. Juli 1986. Das würde ich mir aufheben, um mich an diesen Tag zu erinnern. Schon jetzt verspürte ich ein Gefühl der Freiheit, obwohl mir klar war, dass ich nicht nur Berufsverbot hatte, sondern von diesem Tag an von der Stasi beschattet werden würde.

Natürlich war mir bewusst, dass mir das Schlimmste noch bevorstand. Die Trennung von meinen Eltern. Der Gedanke, dass ich sie nicht wiedersehen würde, fuhr mir, wenn ich darüber nachdachte, und auch in unerwarteten Momenten, oft wie eine Faust in die Magenkuhle. Aber hier konnte ich nicht bleiben, und nun gab es ohnehin kein Zurück mehr.

GROSSES THEATER
IN DER REPUBLIK

Ganz ohne Geld war natürlich auch im Land der Pfennigbrötchen nix los, und vom Antrag auf Ausreise konnte man nicht leben. Das Berufsverbot hatte mir den Geldhahn zugedreht, deshalb stiefelte ich zum zuständigen Büro für Arbeit und Löhne im Stadtbezirksamt Leipzig Südwest. Ein Arbeitsamt gab es nicht, schließlich hatten ja offiziell alle Arbeit.

»Tja, was soll isch mit Ihnen mach'n?«, sächselte meine Sachbearbeiterin, Frau Kunze, eine junge Frau mit dunklen Haaren hinter dem Schreibtisch, während sie in meinen Unterlagen blätterte. Sie seufzte, stand auf und holte dicke Ordner aus ihrem Regal, um diese zu Rate zu ziehen.

Ich musste feststellen, dass uns die gleiche Dauerwellenfrisur verband: Afrolook. »Einfach waschen, trocknen, tragen«, hatte die Friseurin mir geraten, als ich etwas erschrocken in den Spiegel gestarrt hatte, nachdem sie die kleinen Wickler entfernt, die stark nach Ammoniak stinkende Brühe herausgewaschen und die in alle Richtungen stehenden krausen Löckchen trocken geföhnt hatte.

»Ich seh aus wie Angela Davis!«, war es mir beim Anblick meines Spiegelbildes entfahren. Das war die schwarze Bürgerrechtlerin, für deren Freilassung wir als Thälmannpioniere Briefe in die USA geschickt hatten.

»Aber in Blond«, sagte die Friseurin und umnebelte meinen Kopf mit einer Wolke aus Haarspray. »Total in!«

Als ich nach Hause kam, hatte Christoph bloß gesagt: »Ich liebe dich trotzdem«, wohingegen meine kleine Tochter Anna einen Schreikrampf bekommen hatte. Mit der Friese sah ich wohl einem Untier aus ihrem Bilderbuch ähnlich.

229

Wächst ja wieder raus, versuchte ich mich selbst zu beruhigen. Aber auch vier Wochen später, als ich Frau Kunze gegenübersaß, sah ich immer noch aus wie Struwwelpeter unter Strom. Meine Frisurdoppelgängerin im Stadtteilbüro blickte jetzt auf und zuckte mit den Schultern. »Isch weeß o nisch.«

»Aber ich habe Abitur und fünf Jahre lang studiert – irgendwas werden Sie doch für mich haben«, sagte ich.

Frau Kunze klappte ihren Ordner zu. »Mit dem Ausreisedingens ham Se natürlisch 'nen Fleck in der Vita. Da darf isch Ihnen gor nischt anbieten an passenden Jobs. Woll' mer hoffen, dass is schnell geht, was?«

Das hoffte ich auch, war allerdings etwas erstaunt über so viel Offenheit und Zuspruch auf dem Amt.

»Noch bin ich hier, und ein bisschen arbeiten und Geld verdienen wäre nicht schlecht«, antwortete ich ihr.

Frau Kunze blickte von ihrem Ordner auf. »Ham Se geen Mann?«

»Doch.«

»Na und, was macht der?«

»Der ist Musiker und spielt in verschiedenen Bands.«

»Dann lassen Se den doch spiel'n«, sagte sie und verschränkte die Arme vor der Brust. »Der kann do och amal was mach'n. Nisch immer nur wir Frau'n. En Kind ham Se doch o noch. Reischt an Arbeit für de Frau.«

Das hätte ich an manchen Tagen sofort unterschrieben, drängte sie aber weiter, sich mit meinem Problem zu beschäftigen. »Wissen Sie, so dicke haben wir es mit der Kohle auch nicht, deshalb würde ich gern was machen. Haben Sie denn gar keine Arbeit?«

»Hier«, sagte sie und wies auf ihre Unterlagen. »Putze und Hilfssekredärin. Aber ob Ihnen dis gefällt?«

Der Job wäre auch noch außerhalb von Leipzig gewesen, und so musste ich einsehen, dass mein Ansinnen fruchtlos war. Ich begann, meine Unterlagen wieder einzupacken.

230

Die junge Frau beugte sich jetzt vor, wobei ihre krausen Locken fast die meinen berührten. »Under uns, isch räum hier bald meinen Platz. Isch moach och nübbor«, raunte sie mir zu. Na, da hatten wir ja noch etwas gemeinsam. Wie weit war der Staat denn schon gekommen, wenn sogar Mitarbeiter der Stadtverwaltung das Land verlassen wollten?, fragte ich mich. »Und da können Sie hier weiter arbeiten, bei der Stadt?«, flüsterte ich zurück.

»Isch hab eenen auf der Messe gennengelernt – von drüben. Mir heiraten«, erklärte Frau Kunze ungeniert. »Geschen Liebe können se nischt machen. Das wär geschen dis Menschenrescht.«

»Ooch für de Messe hübsch gemacht?«, wäre mir beinahe rausgerutscht, ein Ausspruch, den man öfter hörte, wenn aufgetakelte Frauen zur Messezeit in der Innenstadt unterwegs waren. Ich biss mir aber auf die Zunge und verabschiedete mich nur mit den Worten. »Viel Glück! Auch mit der Liebe.«

Frau Kunze schüttelte meine Hand und lächelte beseelt. »Im Übrigen, wenn Se Florena-Creme in de Haare schmier'n, seh'n se nisch so strohisch aus. Nur so als Tipp.«

Zu Hause entband ich meine Nachbarn vom Babysitten und guckte sofort in den Flurspiegel. Mein Afrolook sah an den Spitzen tatsächlich strohig aus. Ich nahm reichlich Florena-Creme zwischen die Hände und verteilte sie in meinen Haaren.

Es klopfte.

Wer konnte das sein? Holger, Susa oder die Nachbarin, die immer mehr über mich wusste als ich selbst?

Vor der Tür stand Christophs Bruder Hannes mit seiner Frau Ute und Klein-Sandra.

»Kommst du mit?«, fragte er. »In der Stadt ist Sommerfest, da gibt's Fressbuden, Musik und Theater.«

Ich nickte. Das würde sicher helfen, mich von meinem Arbeitsdilemma und der explodierten Frisur abzulenken. Christoph war für ein paar Tage mit der Band unterwegs, da war ich sowieso mit Anna allein. Ich nahm sie auf den Arm und warf beim Rausgehen einen letzten Blick in unseren Spiegel ... Durch die Creme sahen meine Haare jetzt aus wie geraspeltes Sauerkraut, das man durch die Fritteuse gezogen hatte.

»Wartet mal eben!«, rief ich, übergab mein Kind Hannes, zog ein buntes Halstuch von der Garderobe und band die Haare damit straff nach hinten.

»Neuer Look?«, fragte Ute und grinste.

»Hm.« Ich verdrehte die Augen. »Total in.«

Auf dem Weg entfachte sich eine lebhafte Diskussion über ein Theaterstück, das wir vor Kurzem gesehen hatten. Auf den Bühnen der Stadt, die alternative Programme hatten, entwickelten sich gerade eine Menge neuer Ausdrucksformen, und es fühlte sich für uns an wie ein Aufbruch in eine neue Zeit.

»Krause-Zwieback müsst ihr euch auch unbedingt ansehen«, sagte ich, »das ist ein Clown, der mischt Theater mit Musik und Poesie, sehr eigen.«

Hannes kannte Wenzel & Mensching, eine Clown-Truppe, die auf witzige Art hintergründige Geschichten aus dem Alltag erzählte. Die hatte ich auch gesehen. Aus Spaß improvisierten Hannes und ich sofort eine Szene aus deren Programm und schüttelten uns danach vor Lachen.

»Du solltest so was machen«, fand Hannes. »Hast doch jetzt Zeit!«

Ich winkte ab, denn das war sicher nichts für mich. Hannes hatte gut reden. Seit Jahren tingelte er neben seinem Beruf mit einer Artistengruppe als Clown durch die Gegend. Die ganze Familie meines Mannes war im Unterhaltungsgeschäft zu Hause. Mein Schwiegervater als Entertainer, mein Mann als Musiker. Aber ich doch nicht. Ich hatte genug damit zu tun, mich mit Leipziger Poeten zu treffen, und quälte mich mit dem Schreiben einer Erzählung.

Auf der Wiese im Clara-Zetkin-Park angelangt, sahen wir vor einer aufgestellten Stoffbühne eine Traube Menschen sitzen. »Was gibt's denn hier?«, fragte ich einen Mann, der gerade seine Jacke ausbreitete, um sich daraufzusetzen.

»Theater Zinnober aus Berlin«, antwortete er.

Wir sicherten uns einen schattigen Platz unter Bäumen. Während der einen Stunde, die sie spielten, war ich wie elektrisiert. Die Darsteller füllten ihre absurden Geschichten so gut aus, dass es ein Vergnügen war, ihnen zuzuschauen. Unmittelbar und kommunikativ, so gefiel mir Theater. Sie wandten sich direkt dem Publikum zu und kritisierten durch die Blume auch immer wieder Verhaltensweisen in unserem ideologisch verbrämten System.

Als ich mir danach an einer der Buden einen Wein holte, stand plötzlich einer der Schauspieler neben mir.

»Wie seid ihr denn dazu gekommen, so ein Theater zu gründen?«, platzte es aus mir heraus.

»Na, wir hatten Lust und haben's einfach gemacht.« Er wirkte erstaunt.

»Eine doofe Frage, was?«

»Aber nicht die Antwort«, bekräftigte Hannes, der nun auch gekommen war, um sich ein Wasser zu bestellen. »Machen musst es, Peti! Meine Devise.«

Als wir abends wieder zu Hause waren und die Kinder ins Bett gebracht hatten, saßen wir noch gemütlich beisammen. Nach der zweiten Flasche Wein fassten Hannes und ich einen folgenreichen Entschluss: »Wir machen's einfach. Prost auf unser Theater!«

Am nächsten Morgen beim Frühstück stellten sich bei wieder nüchterner Betrachtung die ersten logistischen Probleme.

»Kriegst du das denn neben deinen anderen Jobs überhaupt hin?«, fragte ich ihn, als er mit frischen Brötchen durch die Tür kam.

Er winkte ab und erklärte, dass er als selbstständiger Elektriker so flexibel sei, dass er sich neben seiner Clown-Truppe durchaus noch ein weiteres Engagement leisten könne.

»Was, wenn sie euch bei der ersten Vorstellung von der Bühne holen?«, gab Ute zu bedenken. »Hier geht doch nichts ohne Genehmigung. Und mit dem Ausreiseantrag werden die uns nicht gerade wohlgesinnt sein.« Auch Hannes und Ute hatten sich entschlossen, der DDR den Rücken zu kehren, genau wie Christoph und ich.

Danach hätte ich den Schauspieler gestern mal fragen sollen, dachte ich, während ich mein Brötchen mit selbst gemachter Marmelade bestrich.

Hannes schenkte Kaffee nach. »Genau, wir müssen uns als Amateurtheater registrieren lassen, dann können sie uns gar nichts«, wusste er. »Ute, du kennst doch eine von dem Amt, das solche Zulassungen vergibt, oder?«

Die Frau vom Rat für Kultur hieß Frau Renn und ließ sich mit zwei Flaschen Rotkäppchensekt von Ute überzeugen, sich in vier Wochen unser Stück anzusehen – die Voraussetzung, um sich als Amateurgruppe anzumelden. Den Aufführungsort organisierten wir in einer Schule, in der eine Freundin von Ute als Lehrerin arbeitete. Nun mussten wir nur noch ein Stück zusammenschustern, das den Schülern gefallen könnte. Hannes und ich schrieben Szenen und stürzten uns mit Eifer in die Proben. Das Resultat war weit davon entfernt, ernsthaftes Theaterspiel zu sein, aber man musste ja irgendwie anfangen.

Dann war der große Tag gekommen – viel schneller, als erwartet. Ich trug Frack und Zylinder, dazu eine weiße Kriegsbemalung, und hielt das Spiel mehr oder weniger als Erzählerin zusammen, während Hannes in voller Clownmontur Scherze trieb. Achtzig Schulkinder sahen uns eine Stunde lang zu, und zum Schluss sangen wir mit ihnen das Lied von der kleinen weißen Friedenstaube.

»Großartig, das war ja wirklich niedlich«, sagte Frau Renn, die mit zwei Mitarbeitern gekommen war und uns nach der Aufführung in der Aula ansprach. Sie kannte Hannes aus der

Artistentruppe und war hellauf begeistert, dass er dabei war. »Ihre halsbrecherischen Einlagen – toll«, lobte sie. »Ja, Kunst kommt halt von Können. Wenn Sie beide so weitermachen, landen Sie bald bei der KGD.« Was sollte das heißen? Ich sah fragend zu Hannes, der mich nur undurchsichtig anlächelte. Erst später in einem der Klassenzimmer, das wir zur Garderobe umfunktioniert hatten, erklärte er mir, dass damit die staatliche Konzert- und Gastspieldirektion gemeint war, die Profis vermittelte, sie aber auch politisch kontrollierte.

Da Frau Renn versprochen hatte, dass wir uns schon am nächsten Tag unsere Papiere abholen könnten, standen wir gleich am folgenden Morgen bei ihr auf der Matte.

»Sehr gut«, sagte sie und strich sich ihr dünnes graues Haar hinter das Ohr. »Wir haben Ihnen ein ›Sehr gut‹ gegeben.«

Ich öffnete den Ausweis aus lappigem Papier, der gleich mit zwei offiziellen Hammer-Sichel-und-Ährenkranz-Stempeln – den Symbolen des DDR-Wappens – versehen war. Qualitätsstufe: Sehr gut, stand dort. Darunter war zu lesen, dass der »Förderungsbetrag für selbständige Auftritte« fünfzehn Mark betrug. Das sollte die Gage sein, die wir beim Veranstalter in Rechnung stellen konnten?

Ich tippte Hannes an und zeigte auf den Hinweis im Ausweis. Er nickte gelassen. Wie bitte? Natürlich stand ich aus Freude am Spiel auf der Bühne, aber ein paar Mark mehr hätte ich in meiner gegenwärtigen Situation nicht völlig verkehrt gefunden.

»Für ›Sehr gut‹ darf man fünfzehn Mark kassieren, für ›Befriedigend‹ drei Mark, was?«, rutschte es mir heraus.

»Nein, nein«, antwortete Frau Renn lächelnd, »immer fünfzehn. Tja, ist nicht viel, aber Sie wollen doch damit auch nicht reich werden.«

Nein, reich zu werden hatte ich mir nicht mehr erhofft in meinen gezählten DDR-Tagen. Das hätte bei dieser Summe auch wirklich lange gedauert, und ich wusste ja, dass es ohnehin gegen alle sozialistischen Ideale verstieß. Was sollte man in diesem Land auch schon mit viel Geld machen? Im Deli für fünfzehn Mark die Büchse Aprikosen kaufen oder im Exi eine Bluse für hundertsiebzig? Das waren die liebevollen Abkürzungen für die Läden, wo die besser Betuchten ihr Geld ließen. Aber Deli und Exi interessierten mich nicht. Frau Renn drückte jedem von uns noch zwei weitere Ausweise in die Hand. Der eine erlaubte es uns, in Zukunft vierzig Mark je Auftritt für die Requisiten zu verrechnen, und achtzig Mark würde es für denjenigen geben, der die Technik bediente. An Technik gab es bei uns nur einen Verstärker und zwei Lautsprecher, aber Frau Renn zwinkerte uns zu und löste das Rätsel sogleich auf, indem sie in verschwörerischem Ton verriet:»Mit diesen Papieren kommen Sie auch auf Ihr Geld.«

Ich steckte unsere neuen »Berufsausweise« ein und wunderte mich nur ein wenig darüber, dass es für das Knopfdrücken auf den Verstärker das Fünffache von dem gab, was wir als Akteure bekommen sollten. Diese Logik konnte nur dem einleuchten, der den Arbeiter- und Bauernstaat begriff.

Für unsere erste Aufführung entlohnte Frau Renn uns gleich vor Ort. Mit dem Geld in der Tasche wollten wir nun weitere Auftritte ins Rollen bringen. Wir mussten auf uns aufmerksam machen und dazu etwas tun, das der Sozialismus eigentlich nicht nötig hatte: Werbung machen.

Das Internet war noch nicht bekannt, ein Telefon hatten wir nicht, aber in den Achtzigern gab es auch im Osten Papier. Um das zu bedrucken, brauchte man allerdings wieder eine Genehmigung. Doch die bekamen wir als Ausreisewillige nicht.

Klar, immerhin standen wir im Verdacht, die Menschen mit Flugblättern gegen das System mobilisieren zu wollen. Weil im Grunde jeder verdächtig war, gab es keine Kopierer oder andere Vervielfältigungsmöglichkeiten – höchstens Blaupapier aus dem Schreibwarenhandel zum Durchdrücken.

»Vergiss es«, stöhnte ich, als ich Christoph und unserem gemeinsamen Freund Stephan von den Schwierigkeiten mit der Druck-Genehmigung erzählte. »Soll ich mit Kuli und Blaupapier Briefe an alle möglichen Veranstalter schreiben, um eingeladen zu werden?«

Als Bürger der DDR im Umgang mit schwierigen Bedingungen geübt, fanden wir jedoch rasch eine Lösung für unser Problem. Unser Freund Stephan kannte den Drucker Rainer, und dieser liebte Johnnie Walker, einen Scotch Whisky, den meine Schwiegermutter Helga in ihrer »Anbaureihe Karat«[29] aufbewahrte. Für diesen Genuss würde Rainer uns einen kleinen Gefallen tun.

Christoph konnte sehr gut zeichnen, malte zwei Clowns auf ein Blatt und entwickelte die Idee, unsere Werbung als einfache Postkarte mit Rückantwort zu gestalten. Er entwarf eine Klappkarte mit abtrennbarer Antwortseite, auf der ein Jahreskalender zu sehen war. Hier konnten die Veranstalter Wunschtermine ankreuzen und sie an uns zurücksenden.

Drucker Rainer blieb an einem sonnigen Freitag etwas länger als üblich nur bis fünfzehn Uhr am Arbeitsplatz. Seine Brigademitglieder waren schon unterwegs zur Datsche oder standen bereits für ihre Wochenendeinkäufe im Supermarkt an. Schnell druckte er fünfhundert dieser Postkarten, was niemandem auffallen würde, weil er sich für solche Fälle immer wieder mal Papier »zurückgelegt« hatte. Freudig nahm er den Johnnie Walker entgegen und ging nun ebenfalls in den wohl verdienten Feierabend.

Hannes und ich suchten aus dem Telefonbuch die Adressen der umliegenden Schulen heraus, verschickten die ersten hundertfünfzig Karten – und wenig später hatten wir um die sechzig Einladungen im Briefkasten.

---

29 *Die* DDR-Schrankwand schlechthin. Nach der Wende ist das Markenzeichen sozialistischen Wohngeschmacks meistens auf dem Sperrmüll gelandet, so auch die von Schwiegermutter. Man kann »Karat« heute im DDR-Museum in Berlin bestaunen.

Als angehende Künstlerin teilte ich meine Afrolook-Frisur mit einem Scheitel und schnitt auf der einen Seite die Haare kurz. Das sah zwar nicht besser aus, war aber schräg im wahrsten Sinne des Wortes.

Zur ersten Veranstaltung stürmten zweihundertachtzig Grundschulkinder in eine Turnhalle, in der eine Akustik wie in einer Bahnhofshalle herrschte. Die Kinder brüllten und kabbelten sich auf den Gymnastikmatten. Man konnte sein eigenes Wort nicht verstehen. Die Lehrer standen in kleinen Gruppen zusammen und schwatzten.

Hannes und ich beäugten das Geschehen durch einen Schlitz im Bühnenvorhang. Mir zitterten die Knie. »Vielleicht sollten wir erst mal für Ruhe sorgen«, sagte Hannes.

»Wir machen das einfach«, antwortete ich.

Dann öffnete ich den Bühnenvorhang.

Was nun geschah, konnte ich später nicht mehr genau sagen, aber es gelang uns wie durch ein Wunder, unser kleines Publikum nicht nur zu beruhigen, sondern eine ganze Stunde lang für uns einzunehmen. Von da an drängte es mich, auf der Bühne zu stehen. Ich spürte die ungeheure Faszination des Unmittelbaren, die Lebendigkeit und den Rausch, in einem Moment vollkommen ausgefüllt zu sein mit dem, was ich tat.

Es war absurd, aber durch das ganze Theater, das der Staat mit uns veranstaltete, hatte ich in einer scheinbar ausweglosen Situation zum Schauspiel gefunden. Dieser Ersatz für meinen ursprünglichen Beruf wurde zu einer Leidenschaft, die mich fortan durchs Leben trug.

Kleines Theater mit kleinen Leuten. Deren Größe wird nach wie vor unterschätzt.

TSCHÜSS DDR

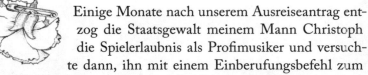 Einige Monate nach unserem Ausreiseantrag entzog die Staatsgewalt meinem Mann Christoph die Spielerlaubnis als Profimusiker und versuchte dann, ihn mit einem Einberufungsbefehl zum Militärdienst zu zwingen. Die Entscheidung, ob er verweigern sollte oder nicht, bereitete uns viele schlaflose Nächte, in denen wir weitere Möglichkeiten staatlicher Willkür abklopften. Was, wenn sie ihn deswegen ins Gefängnis steckten? Diese Angst war nicht aus der Luft gegriffen, bislang waren alle, die ich kannte und die dies gewagt hatten, bestraft worden. Nachdem er den Brief mit der Verweigerung abgeschickt hatte, warteten wir auf die Antwort. Doch es passierte ... nichts. Keine Anhörung, keine Abholung, keine Abschiebung.

Dennoch fühlten wir uns in dieser angespannten Situation nicht allein. Jeden Montagnachmittag um fünf Uhr gingen wir zu den Friedensgebeten in die Nikolaikirche, die von den Pfarrern Christoph Wonneberger und Christian Führer für Ausreisewillige und Andersdenkende veranstaltet wurden. Hier trafen wir etliche, die unsere Erfahrungen teilten. Und es wurden jeden Montag mehr Menschen, die die Kirchenbänke füllten, um hier Andacht zu halten und Probleme zu besprechen, die woanders totgeschwiegen wurden.

Deutlich politischer ging es in oppositionellen Arbeitsgruppen zu, für die Pfarrer Wonneberger aus der Lukasgemeinde seit Mitte der Achtziger konkrete Anlaufstellen geschaffen hatte. Die »Arbeitsgruppe Menschenrechte« gehörte dazu. Nach einer Lesung erklärte mir Joachim, einer der Aktiven dort, woran sie sich orientierten. »Wir fühlen uns der Kant'schen Aufklärung verpflichtet und wollen dem Widerspruch zwischen Außendarstellung und Wahrheit nachgehen«, sagte er.

»Steht ihr dadurch nicht schon mit einem Bein im Knast?«, fragte ich ihn.

Joachim rückte seine Nickelbrille zurecht. »Der Staat hat sich auf seine Fahnen geschrieben, dass er das Beste für seine Bürger will. Davon gehen wir aus und prüfen die realen Verhältnisse. Das kann keiner verbieten.«

Ein kluger Schachzug. Ich ging ein paar Mal zu diesen Treffen und zollte den »Revoluzzern«, die sich mit Themen wie Gerechtigkeit, Umweltschutz und Wehrdienstzwang beschäftigten, meinen Respekt. Ich überlegte, ob ich auch etwas beisteuern könnte, und recherchierte über Berufsverbote in der DDR, denn das beschäftigte mich und war seit dem Entzug von Christophs Spielerlaubnis als Musiker auch für ihn wichtig.

Ich fand heraus, dass diese Repressalie gegen die, die anders dachten und dies öffentlich machten, ob sie nun einen Ausreiseantrag gestellt hatten oder nicht, seit früher DDR-Geschichte eine beliebte Methode war, um die Menschen zu zermürben und damit zurück in die Arme des Regimes zu zwingen oder sie abzuschieben. Und ich erfuhr, dass dies neben den Berufsgruppen, von denen eine ideologische Gefahr ausgehen konnte, wie Pädagogen, Künstler oder Publizisten, auch Menschen aus anderen Bereichen treffen konnte. Damit verstieß der Staat gegen Menschenrechtsbestimmungen, zu denen er sich mit der Unterschrift unter die KSZE-Schlussakte von Helsinki verpflichtet hatte.

Diese Ängste und das Warten auf die Genehmigung unseres Antrags zehrten an unseren Kräften. Wir konnten nicht aufhören, darüber zu reden, und mussten aufpassen, dass es uns nicht in einen Zustand der Lähmung versetzte, indem wir alle unsere anderen Vorhaben auf später verschoben. Nur nicht denken: »Wenn wir erst drüben sind, dann aber ...« Nein, Leben ist immer jetzt. Um die Gegenwart zu spüren, war eine körperliche Tätigkeit wie das Schauspiel gerade recht, und so stieg Christoph ebenfalls in unser Theater ein, das sich mittlerweile zu meinem zentralen Betätigungsfeld entwickelt hatte. Und das nicht nur, weil es seit kurzer Zeit unsere einzige Einkommensquelle darstellte, sondern weil es mir zunehmend gefiel, Geschichten auf diese Weise erzählen zu können.

Absurd fanden wir es schon, dass Christoph nicht mehr als Musiker arbeiten durfte, denn wir konnten uns nicht vorstellen, dass es systemuntreue Noten gab. Außerdem war es für uns ein Widerspruch, dass im Gegensatz dazu unser Theater nie Stein des Anstoßes gewesen war. Vielleicht fielen die unter »Amateur« eingestuften Künstler nicht in das Beobachtungsfeld der Stasi, weil diese mit der Kontrolle von Profis schon genug zu tun hatte. Immerhin traten wir mithilfe unserer bewährten Postkarte, von denen noch immer einige Exemplare übrig waren, über hundert Mal im Jahr auf.

Mit dieser Werbung hatten wir uns im Sommer 1988 auch eine Tournee durch die Veranstaltungsbühnen der Ostseebäder organisiert. Doch bevor wir dorthin aufbrachen, hielt ich im Rahmen der kirchlichen »Arbeitsgruppe Menschenrechte« vor einigen hundert Leuten in einem Leipziger Gemeinderaum einen Vortrag zu dem Thema, über das ich bereits reichlich recherchiert hatte, das Berufsverbot im Sozialismus.

Tags darauf fuhr ich mit Christoph und Anna gen Norden. In Berlin legten wir einen Zwischenstopp ein, weil Christoph sich in der Umweltbibliothek der Zionskirche mit einigen Bekannten der dort angesiedelten Oppositionsszene treffen wollte. Außerdem enthielt die Bibliothek in den Kellerräumen des Gemeindehauses zahlreiche politische Bücher und Zeitschriften aus dem Westen, die uns neue Einblicke ermöglichten.

Unsere Tochter Anna war gerade drei geworden und hatte weder für Gotteshäuser noch für Gespräche von Erwachsenen etwas übrig. Viel faszinierender fand sie den jungen Mann, der auf einer Bank vor der Kirche die Sonne genoss. Besonders die weiße Ratte, die auf seiner Schulter geschickt zwischen den spitz geformten Metallnieten auf seiner angeranzten Lederjacke hin und her spazierte, hatte es ihr angetan.

Ich selbst hatte panische Angst vor Nagern aller Art und versuchte, meine Tochter in eine andere Richtung zu ziehen, ohne Erfolg. Der Punker trug einen grünen Irokesenkamm auf seinem ansonsten kahl geschorenen Schädel, und sein Geschmeide aus Stahlmuttern und Klo-Ketten glitzerte in der Sonne. Seine sehr enge karierte Hose ließ ihn fragil erscheinen, trotz oder gerade wegen der dicken Arbeitsschuhe. Verkleidungen kannte Anna aus unserem Theater. Vielleicht hatte sie deswegen keine Scheu und rannte direkt auf ihn zu, um ihn eingehend zu mustern.

»Anna, komm!«, rief ich.

Keine Regung.

Anna stierte so lange, bis die Ratte in ihre Richtung schnüffelte. Der Punker blinzelte. »Na?«

»Na?«, übernahm sie seinen Tonfall. »Eine Ratte.«

»Jap.«

»Warum läuft die nicht weg?«

»Weil dit meene is.«

»Kann sie ja trotzdem weglaufen.«

»Macht se aber nich.«

Ich hatte meine Scheu vor dem Rattentier unterdrückt und war zu ihnen getreten, um Anna wegzulotsen. »Du, wir wollen dich nicht nerven«, sagte ich zu dem jungen Mann und griff nach der Hand meines Töchterchens, »wir gehen mal weiter.«

Anna blieb stocksteif stehen, während der Punker sich gerade hinsetzte, zur Seite rückte, mit seiner flachen Hand auf die Bankmitte klopfte und sagte: »Wat is 'n, Mädels? Hier is doch Platz, wenn ihr ditte wollt, setzt ihr euch hin, wa!«

243

Ehe ich etwas sagen konnte, hatte Anna sich von meiner Hand losgemacht und war auf den Sitzplatz neben ihm geklettert.

Der Punker lächelte. Er war noch jung, vielleicht siebzehn, und hatte zarte Gesichtszüge, einen kleinen Schmollmund und große schwarz geschminkte Augen. Anna beugte sich ein wenig zu ihm hinüber und streckte ihre Hand der Ratte entgegen. Dabei berührte sie die Metallnoppen auf seiner Schulter. Die Ratte lief über ihren Arm auf ihre Schulter und blickte sie an. Mir blieb das Herz stehen, Anna kicherte.

»Siehst du, jetzt läuft sie doch weg«, sagte sie zu dem Punker. »Jetzt ist sie meine Ratte. Guck mal, Mama!«

»Dit is 'ne treulose Tomate, wa!«, sagte darauf der Punker, und Anna wiederholte: »Treulose Tomate, wa!«

Mir fiel auf, dass ihm ein Schneidezahn fehlte. Das ließ ihn noch jünger aussehen, ein bisschen wie einen Buben, dem ein Milchzahn ausgefallen war.

Anna zeigte auf seinen Mund. »Du siehst komisch aus.«

Er entblößte jetzt sein gesamtes Gebiss, was die schwarze Lücke noch größer erscheinen ließ. »Ham se mir rausjekloppt, die Faschos«, sagte er und klang fast ein wenig stolz.

»Was?« Das wollte ich genauer wissen, und er erzählte. Im vorigen Oktober war er bei dem Überfall der Skinheads nach dem Punkkonzert in der Zionskirche dabei gewesen, der durch die Berichterstattung der Westmedien überregional hohe Wellen geschlagen hatte. Die Ost-Band Firma und die Westmusiker von Element of Crime hatten ein friedliches Konzert gegeben, direkt vor dem Altar. Nachdem die Musik gegen zehn Uhr abends verklungen war, versuchten Rechtsradikale das Gotteshaus zu stürmen. »Juden raus« und »Sieg Heil!« brüllten sie und schlugen mit Fäusten, Brettern und Eisenketten auf die friedlichen Konzertbesucher ein, erzählte uns Ratte. Und die Polizisten hatten nicht eingegriffen, obwohl sie aus unmittelbarer Nähe rund um den Rosenthaler Platz das Geschehen beob-

244

achteten. Hofften sie, diese »negativ-dekadenten Jugendlichen«, wie es im DDR-Jargon hieß, würden sich gegenseitig einfach totschlagen? Der Punker zeigte auf eine Narbe, die von der Stirn unter dem Irokesenkamm bis über den halben Kopf reichte. Die Wunde war im Krankenhaus genäht worden, den rausgeschlagenen Zahn hatte er jedoch nicht ersetzen lassen wollen. »Dit is dit Mahnmal«, meinte er, »damit ick ditte nich so schnell verjesse.«

Ich hatte damals auch durch die Westmedien von diesem Überfall erfahren – die eigene Presse schwieg dazu – und war schockiert gewesen. Bis dahin hatte ich wie so viele andere auch geglaubt, dass es so etwas wie ein faschistisches Gedankengut und Rechtsradikale in der DDR nicht gab.

Anna zeigte ihm ihre Schrammen auf dem Knie, die von einem Sturz mit dem Roller vor ein paar Tagen herrührten, dann stieg sie auf die Bank und begutachtete die Narbe am Kopf. »Oh«, machte sie mitfühlend. Dann wechselte sie das Thema. »Du hast grüne Haare. Wie heißt du?«

»Ratte.«

»Nein«, sagte Anna und schüttelte den Kopf. Sie zeigte auf das weiße Nagetier, das sich auf der Bank gefährlich auf mich zubewegte. »Das ist eine Ratte.«

Der Punker lachte. »Ja, jut, dat is eene, und die heißt Renate, aber icke«, und damit zeigte er auf sich, »ick heiße Ratte.«

»Renate«, wiederholte Anna und hatte eine Weile mit dieser Information zu tun, bevor sie ihn weiter löcherte. »Wohnst du in Lin?« Lin war ihre Abkürzung für Berlin.

»Na klar«, sagte Ratte und grinste. »In ›Lin-Pankow‹.«

»Meine Mama will auch nach Lin.«

Während Ratte meiner Tochter nun zeigte, wie man Renate mit Haferflocken dazu brachte, Kunststücke zu vollbringen, schweiften meine Gedanken ab. Kinder verrieten wirklich alles, was sie aufschnappten, dachte ich amüsiert. Ja, es stimmte, ich wollte gerne nach »Lin«.

Ich erinnerte mich, wie ich während des Studiums zu einem Praktikum in der Stadt gewesen war. Als Studenten mussten wir hin und wieder Arbeitseinsätze in der Produktion verrichten, um die »Nähe zur Arbeiterklasse« nicht zu verlieren, wie es hieß. Die Nachweise wurden dann in unser Studienbuch eingetragen.

Meine ganz persönliche Arbeiterklasse bestand aus einem Häuflein Frauen und Männer, die in einer Wellblech-Halle Pakete nach West- und Ostadressen sortierten und auf entsprechende Förderbänder warfen. Es war Februar, alle trugen wattierte Jacken, die vom Betrieb gestellt wurden. Jedes Mal, wenn ein Postauto einfuhr, zog ein eiskalter Wind durch die unbeheizte Halle. Für mich musste die Wattejacke erst noch geordert werden, deshalb trug ich meinen eigenen Mantel.

»Junge Dame, ick kümmer mir ma um die Jacke«, hatte der Chef im Einarbeitungsgespräch gesagt.

»Und was muss ich hier machen?«, hatte ich gefragt.

»Na, ditte wie die andern och!«

Damit verschwand er auf Nimmerwiedersehen.

Die Angestellten hier schienen nicht besonders glücklich zu sein. Daran konnte nicht mal der Blaue Würger, den sie reihum reichten, etwas ändern.

Am ersten Tag warf ich mit vor Kälte steifen Fingern ein Päckchen in den falschen Korb und hatte Mühe, es wieder herauszufischen.

Der Älteste meiner Kollegen, ein Mann mit tiefen Furchen im Gesicht, beobachtete, wie ich mit einem Haken versuchte, es zu mir heranzuziehen.

»Stell dir man nich so an, wirste eben dreckich!«, fuhr er mich an. Handschuhe waren keine für mich da. »Kriejen deine feinen Griffel och ma Risse!«

Die anderen lachten.

»Haste noch nie jearbeitet, wa?«, rief einer.

Die Pakete waren furchtbar schwer, und zu den Blasen an

den Händen kam bald ein schmerzender Rücken. Die Frauen und Männer hier kannten das.

»Hau ma rein! Dit is so!«, sagte der Alte am Abend, als ich endlich nach Hause durfte. »Springste abends inne Wanne, datte die Knochen wieder jeschmeidich kriechst. Nich heulen!« Aber abends hatte ich etwas Besseres vor, immerhin wollte ich die Stadt unsicher machen. Leider hatte meine Berliner Freundin Elke schon etwas anderes vor, und in den darauffolgenden Tagen konnte ich nicht mehr. Mir tat alles weh. Ich schleppte mich von der Halle ins Bett und morgens wieder zur Arbeit. Nach einer Woche war ich völlig am Ende.

»Jetzt siehste aus wie wir«, sagte eine dürre Frau mit Kopftuch. »So schnell jeht ditte. Hier inne Halle, dit macht keener lange mit.«

Ich hielt noch eine weitere Woche durch, dann fuhr ich vollkommen entkräftet nach Leipzig zurück und fragte mich, wie mein Häuflein Arbeiterklasse es aushielt, unter solchen Bedingungen sein Geld zu verdienen.

Auf der Zugfahrt nahm ich mir vor, der Metropole noch einmal eine Chance zu geben. Und wirklich, bei meinen nächsten Besuchen in Berlin sog ich das Leben hier geradezu in mich auf, erlief mir die Stadt, besichtigte alles, was möglich war, und ging abends aus.

Direkter als in Berlin konnte man durch den Anblick der Mauer nicht mit Politik konfrontiert werden und auch nicht mit dem Gefühl, von der Diktatur eingesperrt zu sein. Daneben prallten Kunst und Kultur zusammen wie an keinem anderen Ort. Ja, es stimmte, was meine Tochter zu Ratte gesagt hatte, ich hätte diese Stadt gern näher kennengelernt.

Nun saß ich vor der Zionskirche in Berlin-Mitte und beobachtete, wie ein freundlicher junger Punker meiner Tochter vorführte, wie seine Ratte Renate mit dem Schnäuzchen einen Tennisball in ein Sandloch stupsen konnte.

Ich reichte selbst gebackenen Apfelkuchen herum. Ratte
freute sich.

»Schmeckt jut«, sagte er zwischen zwei Bissen. »Ick bin
Vejetarier.«

Daraufhin gab ich ihm gleich ein zweites Stück.

»Ick mach hier och mit in dem Umweltkreis vonne Kirche«,
offenbarte er.

»Und was treibst du sonst so?«, fragte ich ihn.

»Mich triffste am Kinderkarussell im Plänterwald. Am weißen Schwan«, erklärte er.

»Du arbeitest da beim Rummel?«

»Ja, nee«, sagte er und schüttelte den Kopf, »manchmal helf
ick da, aber meistens lungere ick da rum. Und abends mach
ick Mugge. Also ick spiel Schlachzeuch inner Band. Ihr müsst
unbedingt kommen, euch dit ankieken.«

Ratte war also einer der Jungs, die ihren Frust und ihre op-
positionelle Haltung über die Musik loswurden.

»Und wat macht ihr denn so?«, wollte er wissen.

»Kindertheater.«

»Dit is ja lustig, och so Bekloppte, wa!« Er wandte sich mir
zu. »Nee, also wenn de wirklich hier inne Stadt willst, kannste
erst ma bei mir wohnen. In meinem Haus is noch fast allet frei.«

Christoph kam aus der Bibliothek zurück und war sofort
einverstanden, Rattes Einladung anzunehmen. Anna freute
sich, als wir mit ihm nach Pankow fuhren.

Es war jetzt früher Nachmittag. Die Sonne stand hoch am
Himmel, durch die grauen Straßen waberte heiße Luft, sodass
sich kaum einer draußen herumtrieb.

Das Gründerzeithaus, auf das Ratte schon von Weitem
zeigte, stand in einer Reihe neben anderen alten Häusern. Der
Zustand war ruinös, der Putz abgeblättert und mit Farbe be-
schmiert, die Fenster im Erdgeschoß mit Brettern zugenagelt.
Auf den ersten Blick wollte man gar nicht glauben, dass hier
noch jemand wohnte.

248

Während wir im finsteren Durchgang zu den Treppen über Müll und Bauschutt stolperten, erzählte Ratte, dass er erst sechzehn und von zu Hause ausgerissen war, damit er die Lehre zum Rundfunkmechaniker nicht machen musste.

»Ick will nich betuttelt werden, nich von meene Ollen und ooch nich vom Staat. Ick will Musiker werden und wat anderet probieren«, sagte er.

In der dritten Etage drückte er uns vor einer staubigen Tür einen Schlüssel in die Hand.

»Kiekt ma, ick glob, die Mieter kommen nich mehr. Sin in Westen!«

»Und die Behörden?«

»Weeß ick nich. War noch keener da. Die jehn mir eh am Arsch vorbei, wa.«

Die Wohnung war verwohnt und dreckig, wie wir es von Leipziger Altbauten kannten. Letzteres konnte man beheben, deshalb beschlossen wir, ein paar Tage zu bleiben. Durch das Fenster blickte ich in den genauso runtergekommenen Innenhof hinab. Im dicken Staub, zwischen einer Reihe grauer runder Mülltonnen, einem Schutthaufen aus Sand und Steinen, einer kaputten Holztreppe und allerlei Müll aus Eisenstangen, verbeulten Rädern und ausgedienten Möbeln spielten drei Kinder, die vollkommen nackt waren. Das kleinste war wohl so alt wie unsere Tochter und saß in einem demolierten Puppenwagen, der vom größeren Mädchen, vielleicht fünf Jahre alt, hin und her geschaukelt wurde, denn fahren konnte sie mit dem Ding nicht, dem Wagen fehlten die Räder. Der Junge, vielleicht fünf oder sechs, hielt seinen Kopf in einen Eimer Wasser, schüttelte sich dann und bespritzte so die Mädchen mit dem Nass, worauf die Ältere vor Spaß jauchzte und das kleine Mädchen zu schreien anfing. Ein alter Mann mit nacktem Oberkörper erschien in einer Fensteröffnung und brüllte: »Schnauze da unten!«

»Wem wohl wat inne Schnauze jehört!«, zischte darauf Ratte.

249

Sein spärlich mit einer Matratze und ein paar Kisten einge-
richtetes Zimmer lag im Stockwerk unter uns, und am Abend
trafen wir uns dort, um zu quatschen. Zwei Tage übernachteten wir in der Wohnung, dann mussten wir weiter.

»Beim nächsten Mal kommen wir in dein Konzert«, versprach ich, und Ratte schien mir fast ein bisschen traurig darüber zu sein, dass wir wieder abfuhren. Wir nahmen den Schlüssel mit, versprachen, auf dem Rückweg noch einmal in Berlin
Station zu machen, und fuhren weiter nach Mecklenburg zu
meinen Eltern.

Unsere Theateraufführungen in den Ostseebädern fanden in
Konzertmuscheln, auf Bretterbühnen am Zeltplatz oder vor
Kurhäusern statt. Fast immer waren die Veranstaltungsorte
draußen, sodass ich schließlich das Gefühl hatte, diesen Sommer im Freien verbracht zu haben. Ich mochte diese besondere Herausforderung, bei der wir es ohne auf uns gerichtete
Spots und die Ruhe eines Theaterraumes schaffen mussten, das
eigentlich auf Strand eingestellte Publikum so durch unser
Spiel zu fesseln, dass es uns seine ungeteilte Aufmerksamkeit
zukommen ließ.

Als unsere Tournee an der Ostsee im September beendet
war, packte Christoph unseren Škoda mit Malerutensilien voll
und fuhr nach »Lin-Pankow« zu Ratte, um ein Zimmer zu
streichen und herzurichten. Wir hatten uns entschlossen, uns
dort ein zweites Zuhause einzurichten, denn wer wusste schon,
wie lange wir noch im Land bleiben würden, und ob wir jemals
ausreisen durften.

Wie gut sich die Dinge manchmal fügen, dachte ich und
freute mich über die Aussicht, nun öfter in Berlin zu sein. Aber
es sollte anders kommen. Als Christoph nach den Malerarbei-
ten aus der Hauptstadt zurückkehrte, wollten wir uns noch ein
wenig Urlaub bei meinen Eltern auf dem Land gönnen. Doch

bereits an unserem zweiten Tag kam Frau Heiner, unsere Postfrau, aufgeregt auf den Hof gerannt und wedelte mit einem Telegramm.

»Kinnings, dat geht los, dat geht los!«, rief sie schon von Weitem.

Ich wusste im ersten Moment gar nicht, was sie meinte.

»Was denn, Frau Heiner?«

»Ausreise.« Sie schnaufte vor Anstrengung, drückte mir dann das Telegramm in die Hand. Es stammte von meiner Schwiegermutter aus Leipzig, die wir ermächtigt hatten, unsere Post entgegenzunehmen. Die Briefträgerin fiel mir um den Hals und drückte mich.

Ausreise. Obwohl wir nun seit über zwei Jahren darauf gewartet hatten, wollte sich keine rechte Freude oder Erleichterung einstellen. Das hatte ich allerdings auch nicht erwartet, bedeutete sie doch gleichzeitig, auch Abschied zu nehmen.

Noch in der gleichen Nacht fuhren wir nach Leipzig zurück. Eine Woche hatten sie uns gegeben, den »Laufzettel« abzuarbeiten, uns überall abzumelden, die Wohnung aufzulösen und für die Zollkontrolle alles aufzulisten, was wir mitnehmen wollten. Wir fuhren über Berlin, wo wir Ratte nicht antrafen, aber den Schlüssel mit ein paar erklärenden Zeilen vor seiner Tür ablegten. Nun hatte ich es doch nicht mehr geschafft, in sein Konzert zu gehen.

Im Konsument-Warenhaus Leipzig beschafften wir uns zwei Riesenkoffer aus braun-weiß karierter Pappe, wie sie Seemänner als Ersatz für ihre Schränke benutzen. Selbst leer waren sie kaum von einer Person allein anzuheben, weshalb links und rechts zwei Griffe angebracht waren, die es ermöglichten, einen solchen Koffer zu zweit zu tragen. In diese Ungetüme, zwei weitere Reisetaschen und den guten alten schwarzen Koffer meines Vaters, der mich so oft begleitet hatte, packten wir alle Dinge, die uns wichtig erschienen.

Am Ausreisetag hatten wir beim Rat des Bezirks zu erscheinen. Ein Beamter tauschte meinen Personalausweis gegen eine Identitätsbescheinigung aus und übergab mir eine abgestempelte »Urkunde zur Entlassung aus der Staatsbürgerschaft der DDR«. Die Urkunden, die mir bislang in diesem Land verliehen worden waren, hatten einen anderen Charakter gehabt. Ich hatte sie als Schülerin »Für hervorragende Leistungen in der Schule«, als »Auszeichnung für Aktivitäten im Klub der Deutsch-Sowjetischen-Freundschaft« und in der Redaktion als »Mitglied des Kollektivs der sozialistischen Arbeit« erhalten. Nun also eine Urkunde für die Ausbürgerung.

»Ach, werd ich jetzt dafür ausgezeichnet?«, entfuhr es mir.

Der Mann hinter der Glasscheibe verdrehte die Augen.

Ich begriff. »Wie oft hören Sie das am Tag?«

Er atmete laut auf, deutete ein Lächeln an und zuckte mit den Schultern.

Wer wusste es schon, vielleicht hatte er eine Wanze am Schreibtisch, die ihn zum Schweigen verpflichtete, daher ließ ich ihn in Ruhe.

Unsere nächste Station war der Leipziger Zoll. Diese Stelle war extra für Ausreisende eingerichtet worden, damit solche aufwendigen Kontrollen nicht im Zug stattfanden. In unserem Fall hatten sie dafür offensichtlich viel Zeit eingeplant, denn kurz nach unserem Eintreffen um zehn Uhr hängte ein Beamter das Schild »Heute geschlossen« von außen an die Bürotür.

Ich hatte in den Ärmeln von Annas Mäntelchen das Manuskript einer Erzählung versteckt, die ich geschrieben hatte, und Christoph schmuggelte in der Rückwand eines gerahmten Posters Grafiken von Künstlern, die er bewunderte. Die Mitnahme des Manuskripts wäre genehmigungspflichtig gewesen, aber ich hatte es gar nicht erst in Erwägung gezogen, den Text offiziell anzugeben, weil er das Gegenteil linientreuer Gedanken enthielt. Die Grafiken hingegen galten als Kulturgut der DDR und durften deshalb nicht ausgeführt werden.

Nachdem ich beobachtet hatte, wie akribisch die Zollbeamten alles durchsuchten und mit unserer Liste verglichen, wurde mir klar, dass sie auch diese versteckten Dinge finden würden. Mein Herz begann schneller zu pochen, es schnürte mir den Hals zu, ich sah uns bereits für die nächsten Jahre ins Gefängnis wandern. Es sollten fast sechs lange Stunden Kontrollarbeit vergehen, bis sie mein Manuskript entdeckten. Der Chef ließ mich in sein Zimmer holen. Er stierte auf meine zirka zweihundert eng mit Schreibmaschine bedruckten Seiten.

Ich hatte beschlossen, in die Offensive zu gehen. »Entschuldigung, das sind meine Tagebuchaufzeichnungen, ich möchte Sie nicht langweilen.«

Hätte er nur drei Minuten darin gelesen, wäre ihm aufgefallen, dass das nicht stimmte. Er wirkte erschöpft und sah müde zu mir hoch. »Haben Sie sich die denn vom Ministerium abzeichnen lassen?«

»Muss man denn das?«, fragte ich. »Das sind doch nur ganz persönliche Dinge.«

»Oh ja, das muss man«, sagte der Beamte und wischte sich mit einem Stofftaschentuch den Schweiß von Stirn und Glatze.

In meiner Not bat ich ihn kurzerhand, die Papiere zerreißen zu dürfen. »Dann sind sie weg. Eigentlich brauch ich sie doch gar nicht mehr.«

Dieser Vorschlag schien ihm zu gefallen, vielleicht hegte er die Hoffnung, auf diese Weise doch noch in den geregelten Feierabend zu kommen, anstatt kurz vor Schluss eine aufwendige Untersuchung in Gang setzen zu müssen. Jedenfalls stutzte er, tupfte mit dem Taschentuch wieder über sein Gesicht und nickte.

Ich zerriss meine Aufzeichnungen in Hunderte von Schnipseln und warf sie vor seinen Augen in einen Papierkorb aus braun gestrichenem Metall.

Als ich zurückkam, war Christoph mit den zwei Mitarbeitern schon beim Einpacken.

»Na, alles in Ordnung?«, fragte er angespannt.

Ich nickte und dachte an die vielen Schnipsel. Daraus konnten sie mir keinen Strick mehr drehen. »Und bei euch?«

Er nickte ebenfalls.

Nun kam der schwerste Moment: der Abschied von den Eltern. Unseren Schritt, die DDR zu verlassen, hatten wir in vielen Begegnungen zuvor von allen Seiten beleuchtet. Sie schienen uns zu verstehen. Wir würden versuchen, uns in Prag wiederzusehen oder in Budapest, das hatten wir uns vorgenommen – ein kleiner Hoffnungsschimmer.

»Kein Drama am Bahnhof«, hatten wir uns gesagt. Es schmerzte ohnehin genug. Darum verließen unsere Eltern nach der Umarmung den Bahnsteig, noch bevor der Schaffner »Zurückbleiben bitte!« schrie und in seine Trillerpfeife blies.

Die Türen schlossen sich, der Zug fuhr an, rollte aus dem Bahnhof und suchte sich auf den vielen Gleisen seine Spur. Ich erblickte das Hochhaus der Universität für die Geisteswissenschaftler, das über die grauen Dächer der Stadt ragte, den »Weisheitszahn«, in dem ich studiert hatte. Diesen Zahn sollte man ziehen, dachte ich, und zwar ehe seine Belegschaft mit dem Verdrehen der Wahrheit noch mehr Schaden anrichten kann. Unweit davon erkannte ich die Kirchturmspitze der Nikolaikirche. Von Joachim und ein paar weiteren Bekannten aus den oppositionellen Arbeitsgruppen hatten wir uns einige Tage zuvor verabschiedet. Sie würden nicht mit ihrer aufklärerischen Arbeit aufhören, hatten sie versichert. »Viel Kraft euch und viel Glück!«, dachte ich.

Als wir Leipzig hinter uns ließen und der Zug die Fahrt Richtung Westen aufnahm, fragte Anna, ob wir ihr Märchenbuch eingepackt hätten. Ich suchte es für sie heraus. Dabei kam mir der Gedanke, dass ich ihr irgendwann von meiner Zeit in der DDR und von diesem dicken Kloß im Bauch er-

URKUNDE

Petra Nadolny

geboren am 11.01.1960 in Jarmen

wohnhaft in Leipzig, Siemeringstraße 12

wird gemäß § 10 des Gesetzes vom 20. Februar 1967 über die Staatsbürgerschaft der Deutschen Demokratischen Republik (GBl. I S. 3) aus der Staatsbürgerschaft der Deutschen Demokratischen Republik entlassen. Die Entlassung erstreckt sich auf folgende kraft elterlichen Erziehungsrechts vertretene Kinder:

Nadolny

geboren am 14.03.1985 in Leipzig

— —

geboren am in

— — —

geboren am in

Die Entlassung aus der Staatsbürgerschaft der Deutschen Demokratischen Republik wird gemäß § 15 Abs. 3 des Staatsbürgerschaftsgesetzes mit der Aushändigung dieser Urkunde wirksam.

Leipzig

den 20.09.1988

3 0. 09. 88

Ausgehändigt am

Für alles gab es eine Urkunde, so auch für die Entlassung aus der Staatsbürgerschaft. Mussten wir vielleicht deshalb so lange auf unsere Ausreise warten, weil es Engpässe in der Dokumentproduktion gegeben hatte?

zählen würde, den ich beim Verlassen meiner Heimat gespürt hatte.

Als wir einige Stunden später den Grenzübergang Gerstungen passierten, sah ich vom Zugfenster aus auf den Stacheldraht zurück und verspürte eine Mischung aus Wehmut und Freude.

Tschüss DDR, dachte ich.

GOLDEN EAGLE IM WESTEN

Das Durchgangslager Gießen, das wir nach der Einreise am Grenzübergang Gerstungen direkt mit dem Zug ansteuerten, weil es seit den Sechzigerjahren das Standard-Aufnahmelager für DDR-Bürger war, machte uns innerhalb von zwei Tagen zu Bundesbürgern. Ich hatte das Gefühl, in Quarantäne gesteckt zu werden, denn man checkte hier nicht nur unsere Daten, sondern auch unsere Gesundheit und schenkte jedem von uns zum Abschied einen Jogginganzug. Meiner war hellblau und trug auf der Brust die Aufschrift »Golden Eagle«. Ich zog ihn an und kriegte einen Lachanfall, weil ich in dem Ding aussah wie das genaue Gegenteil eines sportlichen Adlers.

»Du, doa musste goar nisch lach'n«, sagte Familienvater Uwe aus Halle, mit dem wir das karge Barackenzimmer, eingerichtet mit Doppelstockbetten, Spind, Tisch und sechs Stühlen, für zwei Nächte geteilt hatten, im Brustton der Überzeugung. »Hier im Westen gannste den och uff der Straße dragen. Da guckt geen Mensch. Im Westen gannste machen, was de willst.«

»Na, da bin ich ja beruhigt«, sagte ich und quetschte den goldenen Polyesteradler in meine Tasche. Ob ich ihn jemals auf der Straße tragen mochte, darüber würde ich mir später Gedanken machen.

Ausgestattet mit Ausweispapieren und Anträgen ging es von Gießen in eine kleine Stadt im Siegerland, wo Christophs Bruder Hannes, der ein halbes Jahr vor uns hatte ausreisen können, bereits mit seiner Familie wohnte. Als wir mit unseren Seemannskoffern, auf die noch jeweils ein Federbett geschnallt war, unseren Taschen und dem Kind an der Hand auf dem winzigen Bahnhof ankamen, guckte uns eine alte Dame mit weißen Löckchen schräg von der Seite an.

»Wir kommen aus dem Land, wo sich Frau Elster und Herr Fuchs gute Nacht sagen«, rief ich. Die Dame schüttelte den Kopf und sah schnell wieder weg.

Hannes war noch nicht da, um uns abzuholen, deshalb blieben wir mit dem vielen Gepäck an der Station stehen und warteten. Anna freute sich, als ein neuer Zug einfuhr.

»Mama, ist der Urlaub jetzt vorbei?«, fragte sie plötzlich. »Ich will nach Hause.«

Ein richtiger Urlaub wäre das nicht gewesen, erklärten wir ihr, und ein neues Zuhause müssten wir erst einmal finden.

Die kleine Stadt im Siegerland, so stellte sich schnell heraus, war es nicht. Hannes und seine Familie versuchten dort den Neubeginn und hatten schon Kontakte geknüpft. Sie fühlten sich wohl, aber mich machten die Vorgärten mit ihren beschnittenen Buchsbaumhecken und die nachpolierten Äpfel in den schicken Auslagen am Marktplatz unruhig. Außerdem hatte die Verkäuferin des einzigen Supermarktes mich gleich am ersten Tag entlarvt, als sie mich an der Kasse einen Moment zu lange im Portemonnaie nach den Münzen suchen sah.

»Na, Sie sind wohl nicht von hier, junge Frau?«, fragte sie mit einem netten Lächeln.

Ich brach in Tränen aus. Sie hatte recht, ich fühlte mich plötzlich sehr fremd.

Wir versuchten unser Glück in einer größeren Stadt. Dort würden wir sicher weniger auffallen. Das nahe gelegene Köln schien uns dafür bestens geeignet. Herr Müller von »Immobilien-Müller – der hat's immer« war bereits unser fünfter Versuch, in dieser Stadt eine Bleibe zu finden. Das durch seine Zeitungsannonce im Wohnungsmarktteil angebotene Objekt Nummer zweiundzwanzig, vor dem wir jetzt standen, war jedoch leider wieder einmal das hässlichste Haus der ganzen Straße, an der Ecke gelegen und eingerahmt von zwei Stadtautobahnen. Doch da wir nun schon einmal hier waren, wollten wir uns die Wohnung über der Kneipe wenigstens ansehen. Etwa zwanzig Menschen drängten sich durch die kleine Diele, das dunkle Bad, die ebenso düster-muffige Küche und die zwei kleinen Zimmer, während man von draußen das Rauschen der vorbeisausenden Autos hörte.

»Ja, eine Stadt darf auch mal laut sein!«, hörte ich den optimistisch lächelnden Mann im grauen Anzug sagen, der mit vielen Papieren in der Hand am Fenster stand. Das musste er sein, der Immobilienexperte vom Telefon, der uns und vermutlich auch den zehn anderen Paaren die Perle zum Schnäppchenpreis schon so gut wie zugesagt hatte. Natürlich nur unter dem Vorbehalt: »Wenn Se sisch beeilen.«

Wirkliche Begeisterung kam während der Besichtigung weder bei Christoph noch bei mir auf, aber Herr Müller verstand es, uns diskret auf unsere Situation hinzuweisen. »Ja, unter zehn Mark de Quadratmeter, wo finden Se dat heute noch, bitte schön?«

Erst mal ausfüllen, dachte ich mir und nahm, wie die übrigen auch, die Papiere von ihm entgegen. Darin musste ich alles über unser Null-Einkommen offenbaren und Informationen preisgeben, über die man nicht so gerne spricht.

Herr Müller warf einen Blick darauf, rückte dabei seine verschmierte Brille gerade und streckte mir die Unterlagen wieder entgegen.

»Liebelein«, sagte er und sah mich lächelnd an, »mit Sozialhilfe brauchst de disch nit für die Wohnung zu bewerben.« Er richtete sich an die Runde. »Dat gilt übrigens für alle: ohne Arbeitsstelle keine Wohnung! Da müssen Se zum Amt gehen.«

Wir gingen lieber ins Ruhrgebiet, denn da war der Wohnungsmarkt nicht so überlaufen. Großtante Hedwig musste zwar auch hier einem Immobilienmakler eine Provision für unsere Wohnung zahlen, aber außer uns wollten wohl nicht so viele Menschen nach Recklinghausen-Süd, ein Stadtbezirk, der uns ein neues Schlagwort für ein uns neues Problem lieferte: »sozialer Brennpunkt«.

»Der Teppich ist noch gut«, fand unser Vormieter bei der Schlüsselübergabe, »wenn Sie mir dafür zweihundert Mark geben, lasse ich ihn drin.« Mal davon abgesehen, dass wir diese zweihundert Mark dafür nicht hatten, sah diese Auslegeware aus blauem Plüschkunststoff grauenhaft aus und hatte ihre besten Jahre bereits lange hinter sich gelassen.

»Das stimmt«, antwortete ich, »Ihr Teppich ist noch total gut, besonders hier.« Ich zeigte auf die Fleckenansammlung im Flur, die sich wie eine Landkarte auf dem Plüsch abzeichnete. »Nehmen Sie ihn am besten mit.«

Auf einmal war er bereit, uns den Teppich ohne Zusatzkosten zu überlassen, und schwärmte in den höchsten Tönen von der Auslegeware, die er sonst auf den Sperrmüll hätte bringen müssen.

Es war auch interessant, was unsere lieben Nachbarn nach unserem Einzug anschleppten, um uns bei der Möblierung unserer Wohnung zu unterstützen. Alte Schränkchen im Stil des Gelsenkirchener Barock, durchgesessene Couchgarnituren, die alten Stühle aus der Garage. Manche wollten Geld, andere wollten einfach helfen.

Nein, ich fand die ersten Erfahrungen im Westen nicht schrecklich, nicht einmal den Umstand, dass wir eine Zeitlang aus dem Koffer leben mussten. Was braucht man denn schon? Zu essen und ein Bett – und sonst nicht viel. In einem leeren Raum kann man gut überlegen, worauf es einem ankommt und was man eigentlich vom Leben will. Für mich hatte diese Zeit ein bisschen was von dem Moment vor einem Spiel, in dem die Karten neu gemischt werden. Mit vielen Unbekannten, vielen Fragen. Werden wir Glück haben? Gibt es einen Joker?

Das Ruhrgebiet war der erste Joker, wie sich bald herausstellte. Veranstaltungshäuser gab es hier eine Menge, genau wie Künstler, und so traten wir der Kooperative Freier Theater Nordrhein-Westfalens in Herne bei, um Leute kennenzulernen und Informationen zu sammeln. Von den sechshundert D-Mark Begrüßungsgeld, die uns im Durchgangslager Gießen als »einmalige Überbrückungshilfe der Bundesregierung« überreicht worden waren, ließen wir einen kleinen Prospekt für unser Theater drucken. Das ging hier sogar ohne Johnnie-Walker-Bestechung und erwies sich zusammen mit dem Telefon – ein absolutes Novum für uns! – als gute Grundlage, um Kontakte zu Veranstaltern zu knüpfen, die uns Neuankömmlingen erste Auftritte ermöglichten.

Schon nach zwei Monaten gab es für mich im Nachbarort Herne Arbeit als Journalistin im Kulturbereich und für Anna einen Kindergartenplatz. Das waren die nächsten Glückskarten in unserem Lebensspiel. Mit diesem Einkommen im Rücken ließ sich die Organisation von Theaterauftritten entspannter angehen. Im Ruhrgebiet war kulturell eine Menge in Bewegung, viele Künstler probierten Neues aus, waren frech, provokativ, grenzüberschreitend. Wir kamen uns dagegen fast brav vor und sogen die neuen Einflüsse regelrecht auf. Theater mischte sich mit Clownerie, Musik und Show. Wir schrieben neue Stücke, dachten bald an so etwas wie eine eigene Comedy-Show. Das Wort hatten wir zuvor gar nicht gekannt, Comedy. Uns faszinierten die absurden Geschichten, wie wir sie beim Comedy-Festival in Moers von solchen Künstlern wie theatre du pain aus Bremen, Leo Bassi aus Spanien oder Le Funambule aus Belgien erlebten. Wir begriffen, dass wir einfach alles machen konnten, was wir wollten. Also hieß es ausprobieren, dazulernen!

Als sich nur ein Jahr später die Ereignisse im Osten überschlugen, verfolgten wir die Meldungen vor unserem kleinen Fernseher, den wir uns extra angeschafft hatten, um die vielen Sendungen dazu nicht zu verpassen. Ich konnte kaum begreifen, was ich dort sah. Von den Menschenmassen ging eine Kraft und ein Sehnen nach Veränderung aus, wie ich es in den achtundzwanzig Jahren davor nie gespürt und darum auch nie für möglich gehalten hatte. Als wären die Menschen aus einem Dornröschenschlaf erwacht. Siebzigtausend Leipziger gingen am neunten Oktober selbstbewusst auf die Straße und riefen: »Wir sind das Volk!« Sie marschierten von der Nikolaikirche über den Innenstadtring vorbei an der »Runden Ecke« der Stasi. Ich konnte meinen Blick kaum vom Bildschirm lösen, war in Gedanken nur dort und hatte Angst, dass so etwas geschehen könnte wie das Massaker auf dem Platz des Himmlischen Friedens wenige Monate zuvor. »Keine Gewalt!«, schrien die Tausenden von Demonstranten. In den Wochen darauf wurden es Hunderttausende, auch in anderen Städten wie Berlin, Plauen oder Dresden, bis dann die Nachrichten einen Monat später verkündeten: »Die Mauer ist gefallen!«

In Recklinghausen war von diesem historischen Ereignis nicht viel zu spüren. Der Stadtbus brachte mich wie jeden Morgen mit anderen müden Gestalten zur Arbeit nach Herne, und auch dort erlebte ich ganz normalen Alltag, obwohl ich von allen Seiten hörte: »Hömma, hasse gesehn, die Mauer iis auf!« – »Kär', da geht abba wat los getz!«

Ich reichte Urlaub ein, um Tage später in Berlin zu sein. Vom Brandenburger Tor schritt ich die Straße Unter den Linden ab und lief dann wieder zurück. Ich beobachtete die sich umarmenden Menschen und wusste, dass uns alle dasselbe glückliche Gefühl durchströmte: endlich aus der Spuk. Endlich frei.

Vor dem S-Bahnhof Friedrichstraße warteten meine Freunde aus Leipzig und Ostberlin, und am Abend setzte ich mich in den Zug und fuhr zu meiner Familie nach Wilhelminenthal. Nun hatten wir doch nicht endlos warten müssen, sondern gerade einmal ein Jahr, bis wir uns wiedersahen.

Im Osten änderte sich nun alles in einem Wahnsinnstempo. Schnell wurde auch für meine Eltern und meine Freunde dort alles anders, alles neu. Vatis »Landkino« gab es bald nicht mehr, und auch der Konsum, in dem Mutti gearbeitet hatte, wich großen Supermärkten.

Die Umwälzungen kamen manchmal schneller, als die Menschen es wahrhaben mochten oder verarbeiten konnten. Knapp siebzehn Millionen mussten sich verabschieden: vom gewohnten Alltag, von der sozialistischen Idee, viele von ihrem Arbeitsplatz und Wohnort, vom Trabi und vom Lebona-Nussöl. Alles änderte sich. Mit dem Segen, aber auch mit den Herausforderungen der persönlichen Freiheit mussten die Menschen im Osten einen Neubeginn starten. Mussten ihr Leben umkrempeln und von heute auf morgen eine neue Gesellschaftsform annehmen. Wie es ihnen dabei ergangen ist, darüber wird jeder seine eigene Geschichte zu erzählen haben.

Endlich der Griff in die Freiheit! Jetzt hieß es Hammer und Meißel statt Hammer und Sichel.

NACHWORT

 Gerade nutze ich eine Spielpause im Theater und besuche seit Langem wieder einmal meine alte Heimat. Meck-Pomm nennen wir diesen Landstrich liebevoll, und die zahlreichen Ostseetouristen aus dem ganzen Land haben diese Bezeichnung übernommen. »Drüben« sagt inzwischen kaum noch jemand zum östlichen Teil Deutschlands, schon gar nicht in der Generation meiner Tochter. Die Jüngeren kennen die DDR nur noch aus dem Geschichtsbuch, vom Museumsbesuch mit der Schulklasse und aus Erzählungen wie in diesem Buch.

Meine Geschichten sind Erinnerungen an meine Kindheit und Jugend. Was ich beim Schreiben erfahren habe, ist, dass die scheinbar so lebendigen Erinnerungen verblassen können und dass sich Bilder und Gefühle mit den Jahren wohl verändern. Manchmal war ich mir nicht sicher, ob ein Gedanke wirklich der Zeit selbst entstammte oder ob er sich durch die Gegenwart, durch die Erzählungen von anderen darüber gelegt und sie gefärbt hat. Erstaunt war ich oft beim Durchstöbern alter Zeitungen und Studienbücher und auch beim Sichten alten Filmmaterials: Mit so viel ideologischem Irrsinn hatte ich nicht gerechnet.

Mit dem Abstand, den ich heute habe, erscheinen mir viele Erlebnisse aus der DDR erst recht skurril, und ich erinnere mich, dass die Ostdeutschen bereits damals gern ihren Frust über das System mit Witzen und frechen Sprüchen hinter vorgehaltener Hand abreagiert haben. Auch ich hatte manchmal geglaubt, es nur mit Ironie aushalten zu können. Als ich vor Kurzem auf einer CD mit alten Pionierliedern einen Kinderchor das Lied »Unsere Patenbrigade« vom Leistungsstand in der Bonbonfabrik singen hörte, habe ich mich vor Lachen ausgeschüttet.

Die sieben Tage, die ich diesmal mit meinen Verwandten und Freunden hier verbringen kann, genieße ich sehr, denn wir sehen uns viel zu selten, weil der hektische Alltag und das Berufsleben uns einfach keine Zeit lassen. Gemeinsam suchen wir vertraute Plätze am Meer auf und erholen uns bei den Wanderungen um die Seen im Hinterland. Die Landschaft ist seit meiner Kindheit die gleiche geblieben, ansonsten hat sich in den Städten und Dörfern, aber vor allem unter den Menschen viel verändert, denn sie stellen sich wie andernorts auch der Gegenwart mit all ihren Chancen, Veränderungen und Problemen. Und so drehen sich die Gespräche um die Ideen, das Glück und die Aufgaben eines jeden. Ich erfahre unter anderem, dass die neuen Windräder auf den Feldern nicht nur auf Zustimmung gestoßen sind und dass das DDR-Museum Tutow gerade in die großen Hallen der ehemaligen Konservenfabrik umgezogen ist.

Die letzte Neuigkeit aus der alten Heimat ist, dass der Zug, der mich nach dem Kurzurlaub von Demmin wieder zurück in mein heutiges Zuhause bei Köln bringen soll, nicht fährt.

»Wir kriegen neue Gleise. Endlich!«, sagt der Beamte am Bahnschalter, lächelt und reicht mir die gewünschte Fahrkarte. »Aber keine Sorge, es gibt SEV.«

Ich schaue ihn verdutzt an.

»Schienenersatzverkehr«, schiebt er nach und zeigt durch das Fenster auf den Bus, der mich zur nächsten Zugstation bringen wird.

SEV, typisch dieser ostdeutsche Hang zu nervigen Abkürzungen, schießt es mir durch den Kopf, als ich mir meinen Koffer schnappe und durch die morgendliche Dunkelheit zum wartenden Transportmittel eile. Doch dann muss ich an ein Theatergastspiel in Tübingen denken, bei dem mir ebenfalls gesagt wurde, dass ein SEV eingesetzt würde. Es scheint also doch ein gesamtdeutsches Phänomen zu sein.

Im Bus versuche ich, wie die anderen fünf Insassen auch, die Nachtruhe ein wenig auszudehnen, denn immerhin ist es noch sehr früh, doch der Busfahrer schaltet das Radio ein und singt laut auf Plattdeutsch mit: »Sing man tau, sing man tau, von Herrn Pastor sien Kauh, jau jau, sing man tau ...«

Ich öffne widerwillig die Augen. So wird das nichts mit dem Schlafen. Was ist eigentlich aus all den griesgrämigen Servicekräften geworden, deren Klischee weit über die DDR hinaus Bestand hatte?

»Sing man tau, von Herr Pastor sien Kauh ...«, trällert der Mann am Steuer unbeirrt weiter und meint mit einem Blick in den Rückspiegel auf uns sechs trübe Tassen: »Kinnings, wenn der Tach so anfängt, kriecht man doch gleich gute Laune, oder?«Dann hebt er erneut zu seiner Paarhuferhymne an: »Sing man tau ...!«

Ich bemerke, dass der junge Mann auf dem Sitz schräg gegenüber grinst, und muss ebenfalls schmunzeln. Langsam erwachen wir Fahrgäste aus unserer Lethargie. Der Busfahrer scheint recht zu haben und das Lied hundert Strophen. Ich wage einen Blick in die Runde, alle sind jetzt wach. Eine Frau fällt bei der Strophe »un de ole Stadtkapell ...« sogar mit in den Gesang ein und muss am Ende lauthals lachen.

»Nu hab ich meine Mission erfüllt«, kommentiert der Fahrer und macht das Radio leiser. »Wat gibt dat Schöneres, als die Leude zum Lachen zu bringen?«

Der Mann spricht mir aus dem Herzen. Als Comedian kenne ich dieses Hochgefühl nun seit mittlerweile fünfundzwanzig Jahren. Dass es mit den Formaten, in denen ich für das Fernsehen arbeiten durfte und auch heute noch mitwirke, anscheinend gelingt, ist ein wahres Glück für mich. Denn ich liebe den Beruf, für den ich mich kurz nach meiner Ankunft im Westen endgültig entschieden habe – sowohl die Arbeit auf der Bühne als auch die vor der Kamera. In *Switch reloaded* zappen wir für alle, die Parodien und Satire mögen, durch das deutsche Fernsehprogramm, und ich schlüpfe für die Sendung in Rollen von bekannten Moderatorinnen, Schauspielerinnen und Politikerinnen. Das Theater ist meine andere Leidenschaft. Es erfüllt mich nach wie vor, einen Charakter darzustellen und den Zuschauer dadurch eine Geschichte erleben zu lassen. Auf diese Weise entsteht eine wunderbare Kommunikation. Dass ich in der DDR groß geworden bin, habe ich in meinem Beruf nie als Nachteil empfunden. Es gibt natürlich regionale Unterschiede, wenn es darum geht, worüber die Menschen lachen, genauso wie es unterschiedliche Temperamente und Vorlieben gibt, aber das macht die Vorbereitung auf eine Figur und die späteren Auftritte nur noch spannender.

Unser SEV rumpelt gerade über buckeliges Kopfsteinpflaster, mit dem einige Verbindungsstraßen zwischen den kleinen Dörfern hier befestigt sind.

»So, nu ma festhalten jetzt!«, ruft der Busfahrer. Wumms! Ein Schlagloch, dem er nicht ausweichen konnte. Einige Koffer im Gang purzeln durch den Bus, wir hüpfen ein paar Zentimeter von unseren Sitzen in die Luft.

»Huch!«, entfährt es ein paar Fahrgästen.

»Is doch wat, oder?«, ruft er. »Wenn ich gewusst hädde, dat wir heute so viele sind, hädde ich noch 'ne gemeinsame Wildtierfüdderung organisiert.« Er schaut über den Rückspiegel auf uns paar Hanseln in seinem Riesenschwenkbus, der jetzt einen Wald durchquert.

Mit Blick auf meinen Reisekoffer, der ein ganzes Stück nach vorn gerutscht ist, fällt mir ein, dass darin ein paar neue Texte für einen Sketch über Familie Feuerstein liegen. Ich soll die Wilma parodieren. Wahrscheinlich muss ich dafür länger in alten Demobändern kramen und auf Youtube Filmausschnitte suchen als meine Kollegen aus dem Westen, die mit der Fernsehserie groß geworden sind. Einmal ging es in einem Sketch um Klementine, eine Figur aus einem alten westdeutschen

Waschmittel-Werbespot, die ich nicht kannte, ebenso wie die Serie *Der Kommissar*. Aber Nostalgie-Sketche sind äußerst selten. Einen haben wir gespielt, in dem es um Margot Honecker ging. Da war ich fein raus.

Mittlerweile fühle ich mich im Rheinland heimisch und empfinde es heute als Bereicherung, den ehemaligen Osten und auch den Westen zu kennen. In manchen Momenten lassen mich kleine Bemerkungen oder der Dialekt aufhorchen und stoßen mich darauf, dass mein Gegenüber offenbar ebenfalls die Jugendweihe aufgedrückt bekommen oder Pfennigbrot im Konsum gekauft hat. Dann fühle ich mich seltsam verbunden, und mir wird bewusst, dass viele Millionen Menschen noch immer die Erfahrung teilen, eine Zeit ihres Lebens in der vierzig Jahre währenden sozialistischen Diktatur mit ihren sehr eigenwilligen Bedingungen hinter Mauern verbracht zu haben. Es ist wichtig, darüber nachzudenken, welche Rolle man darin gespielt hat, um heute nicht alles leichtgläubig mitzumachen und eine eigene Haltung einzunehmen. Denn Menschen mit Ideologien und abstrusen Ideen begegnen einem immer wieder.

Der Bus biegt in eine kleine Straße ab, die auf eine noch schmalere Allee aus Lindenbäumen führt. Dass das Gefährt überhaupt auf diesen engen Pfad passt, grenzt an ein Wunder. So erreichen wir Sternfeld, ein Dorf, das nur aus ein paar Häusern besteht, in denen an diesem Morgen noch kein Licht brennt. Auf einem Hof voller Pfützen halten wir an.

»Jetzt stehn wir im Schlamm«, stellt der Busfahrer fest.

Kein Mensch steigt aus oder ein, dennoch warten wir ordentlich die Zeit ab.

»Na, Hauptsache da gewesen«, meint er nach einer Weile trocken und startet wieder.

Ob ich jemals meinen Anschlusszug bekomme?, frage ich mich gerade, als plötzlich aus dem Nichts ein Bäckerfahrzeug heranprescht.

»Oh, da muss ich hinterher, sonst kriech ich kein Frühstück!« Unser Fahrer tritt das Gaspedal durch. Der Motor jault
auf, die Räder drehen durch und schleudern den Dreck bis an
die Scheiben hoch. Ich kann es nicht glauben, aber er überholt
den Minibus des Bäckers, hupt kurz, bremst dann und steigt
aus, um sich ein Brötchen zu holen. »Jo, jeder muss zusehn, wo
er bleibt«, sagt er beim Zurückkommen und beißt genüsslich
hinein. »Für Sie is doch inner Mitropa gesorgt, stimmt's?«

Als wir weiterfahren, blitzt am Horizont genau vor uns zwischen den Baumreihen das erste Rot der Sonne durch.

»Sehn Se mal, sehn Se mal, der Sonnenaufgang!«, ruft unser
Busfahrer voller Begeisterung. »Sie dürfen wat erleben! Im Osten geht die Sonne auf!«

Als der Baumbestand aufhört und wir auf der Landstraße
mitten zwischen Feldern hindurchfahren, bietet sich uns ein
wahrhaft fantastisches Panorama. Die Frau, die beim Mitsingen vorhin gelacht hat, beginnt als Erste zu klatschen, wir
anderen stimmen mit ein.

In Gnevkow, dem nächsten kleinen Dorf, traue ich meinen
Augen kaum, als wir an einem Straßenschild vorbeikommen.
Wir fahren auf der Straße »Der Zukunft entgegen«. Das passt
ja, denke ich bei mir.

DANKE

Dieses Buch ist keine Autobiografie, sondern ein Buch voller Geschichten. Manche sind wahr, manche ausgedacht. Sie basieren auf erlebten Hintergründen, doch Dialoge, Namen und Details habe ich frei gestaltet.

Danke an alle, die mich beim Schreiben unterstützt haben, denn so ein Buch braucht viel Zeit und macht verdammt viel Arbeit: an meine Lektorin Ann-Kathrin Schwarz, die keine umgeschmissenen Zeitpläne durcheinanderbringen (»... das kriegen wir alles hin!«), an Sachbuchleiter Steffen Haselbach, an Gisela Kullowatz für die Illustrationen, an Birte Meyer, Daniela Jarzynka, an Thomas, Gisela, Gerhard, Nadja, Marie, Franz, Thomas, Stefanie, Severin, Sandra und alle Freunde, die mich in den letzten Monaten vermisst haben.